W0324815

Économie

BTS 1re année

Édition mise à jour

Pascal Besson

Dominique Boyer

Maurice Gabillet

Olivia Lenormand

Professeurs agrégés d'économie et gestion

Nathan
TECHNIQUE

Mode d'emploi

L'édition mise à jour de cette pochette à feuillets détachables propose une approche active du nouveau programme de 1re année de BTS en Économie. Elle prépare efficacement l'étudiant(e) à l'épreuve de BTS.

L'étudiant(e) s'approprie le cours à travers des documents nombreux, variés et récents (articles de presse, extraits d'ouvrages, sites Internet, graphiques, cartes, etc.) qui permettent la mise en pratique des notions.

Une page d'introduction situe le chapitre dans le programme d'Économie. L'étudiant(e) identifie les **compétences attendues** et les principales notions traitées à travers le **plan du chapitre**.

Le **cas pratique**, qui traite d'un problème d'économie, est annoncé.

Des **mots-clés** sont associés au thème du chapitre et définis dans le lexique en fin d'ouvrage.

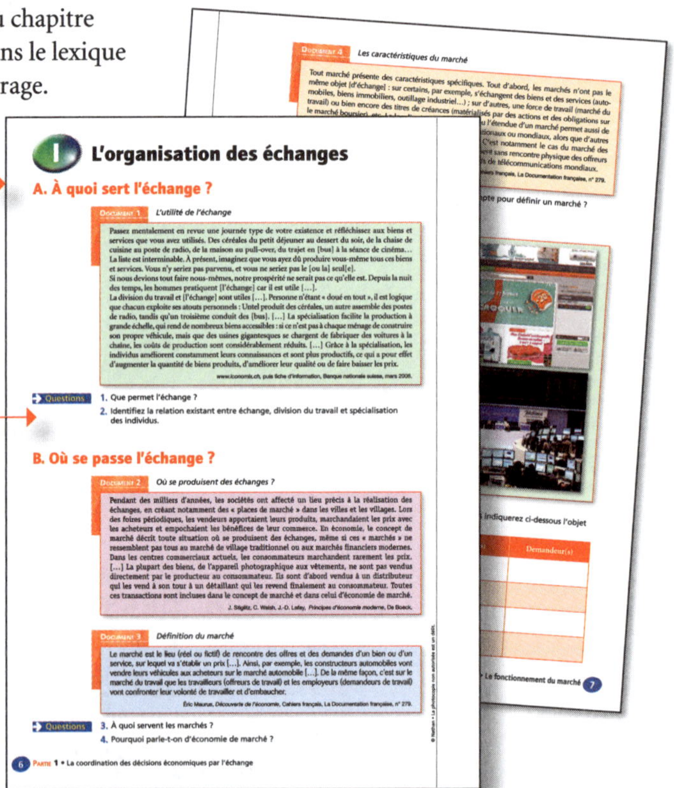

Quatre à huit pages de documents permettent de comprendre les concepts et de les mettre en œuvre.

Des **questions progressives** permettent à l'étudiant(e) d'observer, d'analyser et de conceptualiser.

Édition : Catherine Maugé – Marion Deroin
Coordination artistique : Isabelle Jalfre
Mise en pages : Facompo
Fabrication : Maria Pauliat
Iconographie : Estelle Dhenin

© Nathan – 25 avenue Pierre de Coubertin, 75013 Paris
Avril 2013 – ISBN : 978-2-09-162762-5
ISBN version i-manuel : 978-2-09-162888-2

Un **entraînement** clôture le chapitre et permet de mettre en pratique plusieurs notions et compétences.

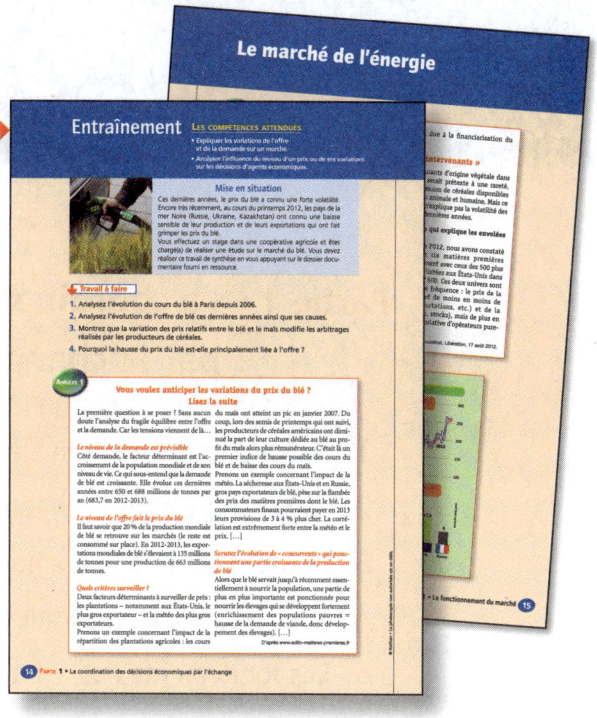

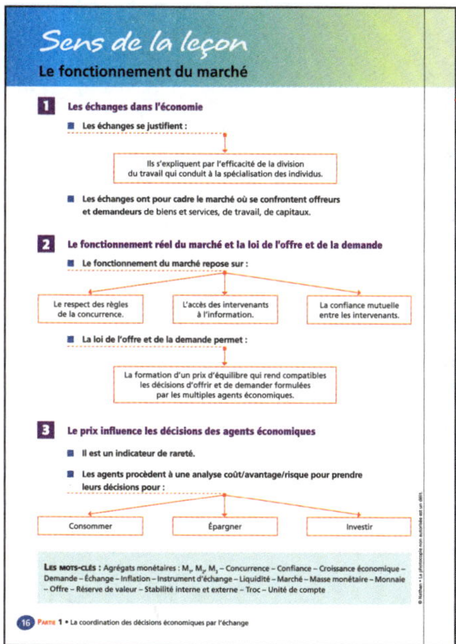

Un schéma récapitulatif en fin de chapitre donne à l'étudiant(e) le **sens de la leçon**.

Tout au long de l'ouvrage, **trois entraînements à l'épreuve de BTS** mettent l'étudiant(e) en situation d'examen, en couvrant plusieurs compétences.

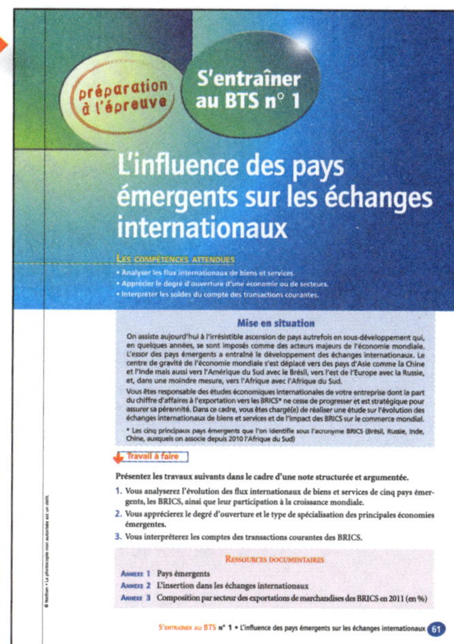

La méthodologie de **préparation à l'épreuve** permet à l'étudiant(e) d'acquérir les savoir-faire et les compétences nécessaires à la réussite de l'examen.

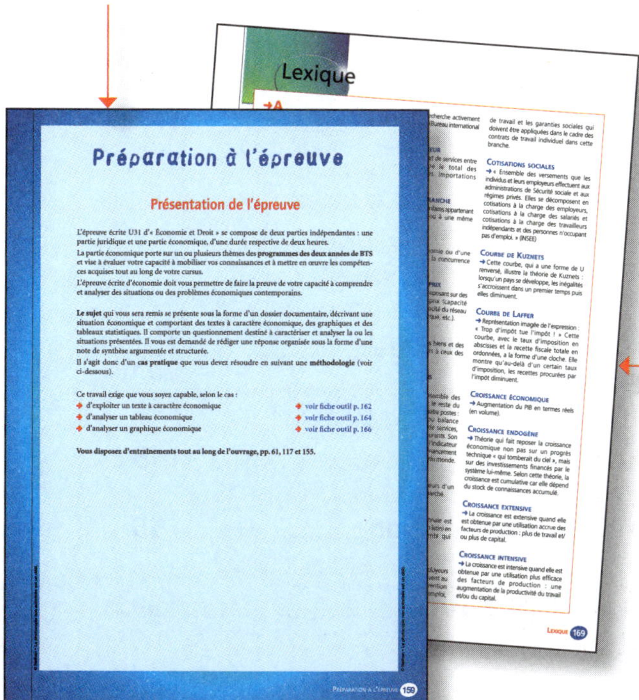

Un **lexique** propose les définitions des mots-clés rencontrés dans les différents chapitres.

Sommaire

Partie 1 • La coordination des décisions économiques par l'échange

Partie 2 • La création de richesses et la croissance économique

Partie 3 • La répartition des richesses

1

Le fonctionnement du marché

Le référentiel

1. La coordination des décisions économiques par l'échange *(20 heures)*

1.1. L'échange sur les marchés *(13 heures)*

Les compétences attendues

- Analyser l'influence du niveau d'un prix ou de ses variations sur les décisions d'agents économiques.
- Expliquer l'évolution des prix sur un marché à partir des variations de l'offre et de la demande.

Le plan du chapitre

I L'organisation des échanges

- **A. À quoi sert l'échange ?** → Document 1
- **B. Où se passe l'échange ?** → Documents 2 à 5

II Les règles de fonctionnement du marché

- **A. Les règles de concurrence** → Documents 6 à 9
- **B. L'accès à l'information** → Document 10
- **C. La confiance mutuelle** → Documents 11 et 12

III La détermination du prix

- **A. Le rôle de l'offre et de la demande de biens et services** → Document 13
- **B. Le prix, un indicateur de rareté** → Document 14

IV Les décisions des agents économiques

- **A. L'influence du prix sur les décisions des agents économiques** → Documents 15 à 17
- **B. Les arbitrages des agents économiques** → Documents 18 à 21

Mise en situation

Le marché du blé

Ces dernières années, le prix du blé a connu une forte volatilité. Encore très récemment, au cours du printemps 2012, les pays de la mer Noire (Russie, Ukraine, Kazakhstan) ont connu une baisse sensible de leur production et de leurs exportations qui ont fait grimper les prix du blé. Comment fonctionne le marché du blé et comment se fixe son prix ?

I L'organisation des échanges

A. À quoi sert l'échange ?

Document 1 *L'utilité de l'échange*

Passez mentalement en revue une journée type de votre existence et réfléchissez aux biens et services que vous avez utilisés. Des céréales du petit déjeuner au dessert du soir, de la chaise de cuisine au poste de radio, de la maison au pull-over, du trajet en [bus] à la séance de cinéma… La liste est interminable. À présent, imaginez que vous ayez dû produire vous-même tous ces biens et services. Vous n'y seriez pas parvenu, et vous ne seriez pas le [ou la] seul[e].
Si nous devions tout faire nous-mêmes, notre prospérité ne serait pas ce qu'elle est. Depuis la nuit des temps, les hommes pratiquent [l'échange] car il est utile […].
La division du travail et [l'échange] sont utiles […]. Personne n'étant « doué en tout », il est logique que chacun exploite ses atouts personnels : Untel produit des céréales, un autre assemble des postes de radio, tandis qu'un troisième conduit des [bus]. […] La spécialisation facilite la production à grande échelle, qui rend de nombreux biens accessibles : si ce n'est pas à chaque ménage de construire son propre véhicule, mais que des usines gigantesques se chargent de fabriquer des voitures à la chaîne, les coûts de production sont considérablement réduits. […] Grâce à la spécialisation, les individus améliorent constamment leurs connaissances et sont plus productifs, ce qui a pour effet d'augmenter la quantité de biens produits, d'améliorer leur qualité ou de faire baisser les prix.

www.iconomix.ch, puis fiche d'information, Banque nationale suisse, mars 2008.

Questions

1. Que permet l'échange ?
2. Identifiez la relation existant entre échange, division du travail et spécialisation des individus.

B. Où se passe l'échange ?

Document 2 *Où se produisent des échanges ?*

Pendant des milliers d'années, les sociétés ont affecté un lieu précis à la réalisation des échanges, en créant notamment des « places de marché » dans les villes et les villages. Lors des foires périodiques, les vendeurs apportaient leurs produits, marchandaient les prix avec les acheteurs et empochaient les bénéfices de leur commerce. En économie, le concept de marché décrit toute situation où se produisent des échanges, même si ces « marchés » ne ressemblent pas tous au marché de village traditionnel ou aux marchés financiers modernes. Dans les centres commerciaux actuels, les consommateurs marchandent rarement les prix. […] La plupart des biens, de l'appareil photographique aux vêtements, ne sont pas vendus directement par le producteur au consommateur. Ils sont d'abord vendus à un distributeur qui les vend à son tour à un détaillant qui les revend finalement au consommateur. Toutes ces transactions sont incluses dans le concept de marché et dans celui d'économie de marché.

J. Stiglitz, C. Walsh, J.-D. Lafay, *Principes d'économie moderne*, De Boeck.

Document 3 *Définition du marché*

Le marché est le lieu (réel ou fictif) de rencontre des offres et des demandes d'un bien ou d'un service, sur lequel va s'établir un prix […]. Ainsi, par exemple, les constructeurs automobiles vont vendre leurs véhicules aux acheteurs sur le marché automobile […]. De la même façon, c'est sur le marché du travail que les travailleurs (offreurs de travail) et les employeurs (demandeurs de travail) vont confronter leur volonté de travailler et d'embaucher.

Éric Maurus, *Découverte de l'économie*, Cahiers français, La Documentation française, n° 279.

Questions

3. À quoi servent les marchés ?
4. Pourquoi parle-t-on d'économie de marché ?

Document 4 *Les caractéristiques du marché*

Tout marché présente des caractéristiques spécifiques. Tout d'abord, les marchés n'ont pas le même objet [d'échange] : sur certains, par exemple, s'échangent des biens et des services (automobiles, biens immobiliers, outillage industriel…) ; sur d'autres, une force de travail (marché du travail) ou bien encore des titres de créances (matérialisés par des actions et des obligations sur le marché boursier), etc. La localisation géographique ou l'étendue d'un marché permet aussi de le distinguer des autres : ainsi, certains seront locaux, nationaux ou mondiaux, alors que d'autres n'auront aucune localisation géographique spécifique. C'est notamment le cas du marché des changes, sur lequel la vente et l'achat de devises s'effectuent sans rencontre physique des offreurs et des demandeurs, mais par l'intermédiaire de dispositifs de télécommunications mondiaux.

Éric Maurus, *Découverte de l'économie*, Cahiers français, La Documentation française, n° 279.

Question 5. Quelles sont les caractéristiques à prendre en compte pour définir un marché ?

Document 5 *Des exemples de marchés*

Question 6. Pour chaque marché présenté dans le document 5, vous indiquerez ci-dessous l'objet de l'échange, les offreurs et les demandeurs.

	Objet de l'échange	Offreur(s)	Demandeur(s)
Marché traditionnel			
Marché en ligne			
Agence Pôle emploi			
Bourse de Francfort			

II Les règles de fonctionnement du marché

A. Les règles de concurrence

Document 6 *La concurrence*

Situation où il existe plus d'un producteur d'un type de bien ou de service donné, chacun de ces producteurs s'efforçant de capter des clients, fût-ce au détriment des autres. [...] Cette situation incite chaque producteur à comprimer ses **prix** et/ou à améliorer ses **produits**.
→ La concurrence stimule les efforts des producteurs et explique que l'**économie de marché** se soit révélée nettement plus efficace et nettement plus innovatrice que les **économies planifiées**. [...]
Toutefois, [...] des concurrents peuvent s'entendre sur des règles au détriment des acheteurs, tandis que la différenciation des produits peut convaincre les acheteurs que seul un producteur déterminé est en mesure de leur vendre ce qu'ils cherchent à acheter.
La réalité économique est donc très différenciée. La concurrence existe bel et bien, mais le plus souvent elle est imparfaite [et peut être très éloignée de la concurrence pure et parfaite].

Denis Clerc, « L'économie de A à Z », *Alternatives économiques*, hors-série n° 40.

Document 7 *Le modèle de concurrence pure et parfaite*

Conditions de la concurrence pure et parfaite* :
- **atomicité :** acheteurs et vendeurs sont nombreux, aucun ne peut à lui seul influencer les prix ;
- **homogénéité :** les produits échangés sont identiques et substituables les uns aux autres (ils permettent de satisfaire un même besoin) ;
- **transparence :** l'information des agents économiques (en particulier sur la qualité des produits) est totale ;
- **libre entrée :** il n'existe aucune entrave, aucune barrière à l'entrée de nouvelles entreprises [sur le marché] ;
- **mobilité des facteurs de production :** le déplacement d'une activité à l'autre s'effectue sans délai, ni coût, aussi bien pour le travail que pour le capital.

* Il suffit qu'une des conditions ne soit pas respectée pour que la concurrence ne soit pas pure et parfaite mais imparfaite.

Document 8 *Téléphones*

Document 9 *Commerce électronique et concurrence pure et parfaite*

Pour observer dans quelle mesure le commerce électronique rend les marchés plus concurrentiels, nous allons voir son effet sur les hypothèses de la concurrence pure et parfaite.
Un grand nombre d'entreprises : la croissance du commerce électronique amène de nouvelles entreprises à s'y lancer. Ce sont des petites structures qui se créent chaque jour.
Information parfaite : le commerce électronique améliore l'information à la disposition des consommateurs. Il génère une plus grande transparence sur les prix qui peuvent être comparés.
Liberté d'entrée : les sociétés virtuelles ont généralement des coûts d'entrée inférieurs à leurs concurrents traditionnels. Les coûts de marketing sont moindres. Elles externalisent le transport.

John Sloman, Alison Wride, *Principes d'économie*, 7e édition, Pearson France.

→ Questions

1. Comment peut s'expliquer l'efficacité de l'économie de marché ?
2. Les situations présentées dans le document 8 et le document 9 s'apparentent-elles à la concurrence pure et parfaite ? Justifiez votre réponse.
3. La concurrence pure et parfaite s'observe-t-elle dans l'économie réelle ? Justifiez votre réponse.

B. L'accès à l'information

Document 10 *Les informations essentielles*

Informations permettant aux petits producteurs de tirer profit du commerce : le cacao au Cameroun

Les producteurs de cacao du Cameroun reçoivent entre 15 % et 8 % du prix international moyen pour chaque kilo de cacao vendu au moment de la récolte. L'écart de prix entre Yokodouma (à 800 km du port de Douala) et Mbanga (à 60 km de Douala) peut aller jusqu'à 50 %. Cet écart, caractéristique du prix des produits de base dans la plupart des pays en développement, résulte de dysfonctionnements du marché, par exemple :
– les producteurs n'ont pas accès aux informations requises pour négocier au mieux les conditions de vente de leurs produits ;
– les acheteurs et les exportateurs sont bien mieux informés, en particulier de la qualité requise par le marché international et du cours international de référence au jour le jour.
Ces asymétries dans l'accès aux informations essentielles sur les marchés des produits de base nuisent à l'efficacité des marchés et aggravent la situation des petits producteurs.
Le problème vient en partie du manque de sources fiables d'information. Lorsque les informations sont disponibles, elles ne sont pas toujours actualisées ou présentées sous une forme accessible. En outre, les producteurs ne sont pas habitués à aller chercher de telles informations et, plus important encore, à identifier les informations qui pourraient leur être utiles ou à les analyser. Par exemple, il est inutile d'être informé du cours quotidien du cacao à Londres [(où est fixé le cours mondial du cacao)] si l'on ne connaît pas le cours de référence du cacao du Cameroun.

CNUCED, *www.unctad.org*

Questions

4. Quels dysfonctionnements observe-t-on sur le marché du cacao au Cameroun ?

5. Pourquoi l'accès à l'information constitue-t-il une règle essentielle de l'échange sur un marché ?

C. La confiance mutuelle

Document 11 *Le cas eBay*

La confiance règne sur eBay

Pourquoi des dizaines de millions de personnes envoient-elles de l'argent à des étrangers *via* eBay sans être sûres qu'elles recevront leur achat ? Parce que l'équité prend le dessus sur l'égoïsme dans les choix financiers, et que ce site Internet s'est forgé une réputation solide.

Achèteriez-vous une voiture d'occasion sur Internet, sans l'avoir vue ni conduite ? Et un avion ? Toutes les 60 secondes, une voiture change de mains sur eBay ; un jet privé a même été vendu pour plus de trois millions d'euros. À chaque instant, les acheteurs échangent des millions d'euros par eBay, envoyant de l'argent à des inconnus sans garantie que les biens qu'ils achètent seront effectivement livrés. Pourtant, en général, personne n'est déçu.

Christoph Uhlhaas, *Cerveau et psycho*, n° 26.

Document 12 *L'espace sécurité de eBay*

Acheter et payer sur eBay relève essentiellement du bon sens.

eBay vous propose toutefois quelques outils et astuces pour que vous puissiez acheter et payer sur le site en toute confiance et sécurité.

1. Consultez toujours le profil d'évaluation du vendeur avant d'effectuer un achat.
2. En cas de doutes, contactez le vendeur
3. Utilisez un mode de paiement sécurisé comme PayPal
4. Bénéficiez d'une protection des Achats à hauteur de 100%
5. Ne payez jamais avec Western Union ou MoneyGram sur eBay
6. Avant d'effectuer un achat d'un montant élevé, vérifiez les évaluations détaillées du vendeur

ebay.fr

Questions

6. Présentez les intervenants qui se rencontrent par l'intermédiaire d'eBay.

7. Identifiez quelques raisons qui expliquent le succès d'eBay.

8. Identifiez les règles de fonctionnement qui font d'eBay un véritable marché.

III La détermination du prix

A. Le rôle de l'offre et de la demande de biens et services

Document 13 *Exemple de formation d'un prix*

Prenons l'exemple d'un marché local de la pêche (le fruit). Les offres et les demandes sont indiquées dans le tableau suivant : elles sont évidemment en fonction du prix au kilogramme. [...] On peut représenter ces offres et ces demandes par des courbes : ce sont la **courbe d'offre** et la **courbe de demande**.

Offre (en kg)	Prix (en €)	Demande (en kg)
2 000	3,0	600
1 500	2,0	1 200
1 400	1,8	1 400
1 000	1,0	2 200
500	0,6	3 000

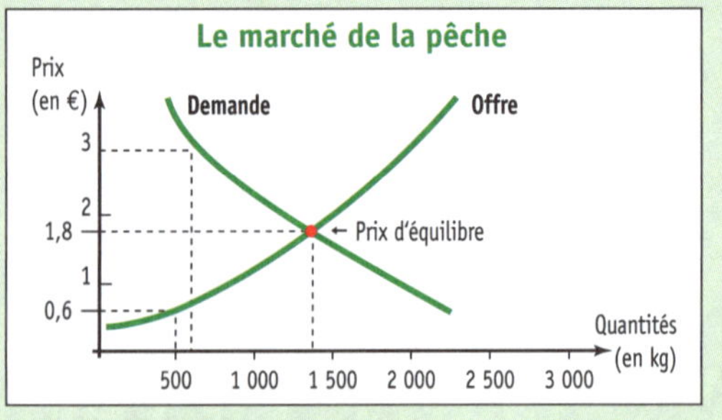

Si dans un premier temps le prix du marché est de 3 euros le kg, les producteurs proposent à la vente 2 000 kg. Mais pour ce prix, la demande des commerçants et des grossistes n'est que de 600 kg. Comme les nombreux producteurs qui sont en concurrence cherchent à écouler le maximum de produits, le prix proposé aura tendance à baisser. Si le prix passe de 3 à 2 euros, la demande double pour monter à 1 200 kg. Si le prix passe enfin à 1,8 euro le kg, vendeurs et acheteurs sont d'accord sur les quantités qu'ils peuvent échanger à un tel prix. Cet exemple nous montre la façon dont se forme un **prix d'équilibre** sur un marché. Le mécanisme de marché ainsi décrit correspond donc à un processus d'ajustements successifs entre les agents économiques présents, à un processus de « tâtonnements » qui se déroule jusqu'à la détermination d'un prix d'équilibre.

Jean-Yves Capul, Olivier Garnier, *Dictionnaire d'économie et de sciences sociales*, Hatier, 2011.

Questions

1. Comment évolue le prix lorsque l'offre augmente ? lorsqu'elle diminue ? lorsque la demande augmente ? lorsqu'elle diminue ?
2. Proposez une définition du prix d'équilibre. Quel est-il dans le cas du marché de la pêche présenté ci-dessus ?

B. Le prix, un indicateur de rareté

Document 14 *Le marché de l'immobilier neuf à Paris*

La rareté du foncier

Construire des logements neufs à Paris reste un vrai défi. D'abord parce que la rareté du foncier[1] entraîne un renchérissement des prix.

Une hausse des prix

« Dans la capitale, tous les terrains sont intéressants mais, s'agissant surtout de terrains privés, les propriétaires sont très gourmands, d'autant qu'il y a une vive concurrence entre promoteurs », indique Thierry Barbier (promoteur immobilier).

www.immoneuf.com, 6 déc. 2011.

1. Les terrains constructibles.

Questions

3. Comment peut-on expliquer le prix élevé des logements neufs à Paris ?
4. Présentez la relation qui existe entre rareté et mouvements des prix.

IV Les décisions des agents économiques

A. L'influence du prix sur les décisions des agents économiques

DOCUMENT 15 *Tabac : prix en hausse, consommation en baisse*

Pour la Banque mondiale et l'Organisation mondiale de la santé (OMS), l'augmentation du prix est la méthode la plus efficace pour faire baisser les ventes de tabac. Selon leur calcul, une hausse de 10 % du prix réellement payé par le fumeur réduit de 4 % les ventes dans les pays développés et de 8 % la consommation des jeunes. Selon l'OMS, les jeunes sont trois fois plus sensibles au facteur prix que les plus âgés.

Martine Pérez, *Le Figaro*, 5 septembre 2012.

DOCUMENT 16 *Carburants : les prix continuent de grimper, la consommation recule*

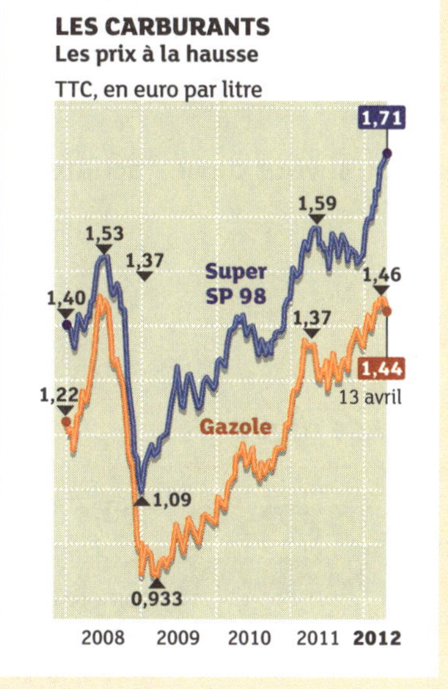

Les Français consomment moins de carburant

Confrontés à la flambée des prix des carburants, les Français sont-ils en train de lever le pied et de laisser la voiture au garage ? La consommation de carburant sur le marché français a reculé de 3,5 % en mars 2012, par rapport à mars 2011.

« Si l'on compare les douze derniers mois aux douze mois précédents, la consommation a reculé de 1,2 % : c'est significatif », commente Jean-Louis Schilansky, le président de l'Ufip (Union française des industries pétrolières). La flambée de l'or noir à l'été 2008, où le baril de pétrole avait atteint 147 dollars, avait entraîné un recul d'environ 2 % de la consommation sur l'année. Le même phénomène semble être à l'œuvre alors que le baril, exprimé en euros, a retrouvé ses sommets historiques.

Fabrice Nodé-Langlois, *Le Figaro*, 16 avril 2012.

Question

1. En vous appuyant sur les documents 15 et 16, montrez l'influence du prix sur le comportement des ménages.

DOCUMENT 17 *iPhone 5 : fabrication en Chine par des étudiants chez Foxconn*

Shanghai Daily dénonce les méthodes d'embauche de l'usine Foxconn, sous-traitante d'Apple en Chine. En effet, 10 000 étudiants ont été recrutés pour effectuer un « stage rémunéré imprévu » pour la fabrication de l'iPhone 5. En plus d'être contraints de participer à ce stage, les étudiants chinois travaillent six jours sur sept à raison de douze heures par jour pour 243,97 dollars par mois (frais de déplacement, logement, nourriture à leur charge).

www.transeet.fr, 20/09/2012.

Question

2. Comment peut se justifier la décision d'Apple de fabriquer son iPhone 5 dans les conditions présentées dans le document 17 ?

B. Les arbitrages des agents économiques

1. Prévisions et arbitrages d'un consommateur

DOCUMENT 18 *Voiture : acheter ou louer ?*

Vous avez besoin d'une voiture pour vous déplacer. Le choix suivant se présente alors à vous : acheter un véhicule avec un crédit sur cinq ans ou le louer. Pour améliorer votre prise de décision, vous avez mené une analyse coût/avantage/risque. Les résultats de cette analyse apparaissent dans le tableau suivant.

	Achat	Location
Éléments de coût	– Coût d'achat du véhicule. – Frais d'entretien. – Coût du crédit. – Assurance.	– Loyers pendant la durée de la location. – Assurance tous risques.
Avantages	– Immédiatement propriétaire du véhicule. – Choix de la formule d'assurance.	– Pas d'investissement de départ. – Coût d'entretien nul.
Risques	– Valeur à la fin du remboursement du crédit faible. – Obligation possible de débloquer une épargne placée à un taux attractif.	– Le contrat s'impose au loueur. – Coût élevé. – En cas d'accident ou de vol, une garantie ne prévoit pas la prise en charge des loyers.

Question

3. Quel serait le résultat de votre arbitrage si vous deviez acheter ou louer une voiture ? Justifiez votre décision.

2. Prévisions et arbitrages d'un épargnant

DOCUMENT 19 *Placement financier par rendement et niveau de risque*

Placement financier	Durée de l'investissement	Niveau de risque	Rendement
Compte rémunéré	Court terme	Aucun	€
Compte épargne-logement	Court terme	Aucun	€
Compte à terme	Court à moyen terme	Aucun	€ €
Livret épargne	Moyen terme	Aucun	€ € €
Plan épargne-logement	Moyen terme	Aucun	€ € €
Investissement sur l'or	Long terme	Modéré	€ €
Immobilier (investissement locatif)	Long terme	Modéré à élevé	€ € € €
Bourse	Long terme	Élevé	€ € € € €

Coûts des produits d'épargne

Pas de frais sur l'épargne bancaire (compte et plan d'épargne-logement, compte à terme, compte rémunéré, livret épargne).
Frais : droits d'entrée et frais de gestion (assurance vie fonds euros et unités de compte), frais de garde et de courtage des actions (bourse), frais de courtage, frais de gestion (or), frais de notaire, frais d'agence, taxe foncière (immobilier locatif).

« Le guide indépendant de l'épargne », *francetransactions.com*

Questions

4. Si vous recherchez la sécurité, quelle sera votre stratégie d'épargne ? Justifiez votre réponse en faisant apparaître les avantages et les risques éventuels.

5. Si vous recherchez le rendement, quels seront les types de placements que vous retiendrez ? Faites apparaître dans votre réponse les coûts (frais divers lors de l'achat et/ou de la vente), les avantages et les risques des différents placements.

6. Pourquoi conseille-t-on généralement aux épargnants de diversifier leurs placements financiers ?

3. Prévisions et arbitrages d'un investisseur

Document 20 *Des hypermarchés s'équipent de caisses automatiques*

Ils tiquent sur les caisses automatiques

Les caisses automatiques sont implantées à Carrefour depuis septembre 2008 et à Leclerc depuis mars 2011. [...] Fluidifier le passage en caisse est un enjeu majeur pour la grande distribution. Les hypermarchés E. Leclerc et Carrefour sont équipés d'un îlot de cinq caisses automatiques. Le premier avait même investi, il y a un an, dans un mur de « scanettes », ces lecteurs de code-barres qui permettent d'enregistrer les produits au fur et à mesure qu'on les met dans son chariot et d'éviter ainsi le passage à une caisse traditionnelle.

Jean-Paul Oger, le patron du Leclerc d'Avernes, estime que ces équipements vont « dans le sens de l'histoire en répondant aux attentes des consommateurs. J'ai décidé d'en mettre pour rester dans le coup, car la concurrence en avait déjà installé. L'enjeu, c'est à la fois de ne pas perdre de clients, mais aussi d'en attirer de nouveaux. C'est pour cela que nous avons, en plus des caisses automatiques, le "scanservice". Davantage de clients, c'est davantage d'emplois ! Et les postes ne sont pas supprimés, mais répartis différemment pour un meilleur service. Je vais doubler les effectifs en boucherie, pâtisserie et fromagerie pour plus de proximité avec les clients et aussi moins de pénibilité pour les salariés ». [...] Martine Mayoge, déléguée CGT chez Carrefour, estime, elle, que « ces nouvelles technologies suppriment des emplois : même s'il n'y a pas eu de licenciement, tous les départs de caissières ne sont pas remplacés. En juillet 2009, on était 262, au 14 mars, cette année, on est 230 ».

« Il s'agit d'évolutions lentes sur plusieurs décennies. Il n'est pas question d'hypermarchés sans caissière », veut rassurer Jean-Paul Oger.

Elsa Charnay, *lamontagne.fr*, 6 avril 2011.

Document 21 *Hypermarché : le passage aux caisses*

Un samedi après-midi dans un hypermarché.

Aux caisses traditionnelles

Aux caisses automatiques

www.olivierdauvers.fr

Questions

7. Quel objectif poursuivent les enseignes Carrefour et E. Leclerc en équipant leurs hypermarchés de caisses automatiques ?

8. Quels sont les avantages et les risques présentés par ce nouveau système d'enregistrement des achats ?

Entraînement

LES COMPÉTENCES ATTENDUES

- Expliquer les variations de l'offre et de la demande sur un marché.
- Analyser l'influence du niveau d'un prix ou de ses variations sur les décisions d'agents économiques.

Mise en situation

Ces dernières années, le prix du blé a connu une forte volatilité. Encore très récemment, au cours du printemps 2012, les pays de la mer Noire (Russie, Ukraine, Kazakhstan) ont connu une baisse sensible de leur production et de leurs exportations qui ont fait grimper les prix du blé.

Vous effectuez un stage dans une coopérative agricole et êtes chargé(e) de réaliser une étude sur le marché du blé. Vous devez réaliser ce travail de synthèse en vous appuyant sur le dossier documentaire fourni en ressource.

Travail à faire

1. Analysez l'évolution du cours du blé à Paris depuis 2006.
2. Analysez l'évolution de l'offre de blé ces dernières années ainsi que ses causes.
3. Montrez que la variation des prix relatifs entre le blé et le maïs modifie les arbitrages réalisés par les producteurs de céréales.
4. Pourquoi la hausse du prix du blé est-elle principalement liée à l'offre ?

ANNEXE 1

Vous voulez anticiper les variations du prix du blé ? Lisez la suite

La première question à se poser ? Sans aucun doute l'analyse du fragile équilibre entre l'offre et la demande. Car les tensions viennent de là…

Le niveau de la demande est prévisible

Côté demande, le facteur déterminant est l'accroissement de la population mondiale et de son niveau de vie. Ce qui sous-entend que la demande de blé est croissante. Elle évolue ces dernières années entre 650 et 688 millions de tonnes par an (683,7 en 2012-2013).

Le niveau de l'offre fait le prix du blé

Il faut savoir que 20 % de la production mondiale de blé se retrouve sur les marchés (le reste est consommé sur place). En 2012-2013, les exportations mondiales de blé s'élevaient à 135 millions de tonnes pour une production de 663 millions de tonnes.

Quels critères surveiller ?

Deux facteurs déterminants à surveiller de près : les plantations – notamment aux États-Unis, le plus gros exportateur – et la météo des plus gros exportateurs.

Prenons un exemple concernant l'impact de la répartition des plantations agricoles : les cours du maïs ont atteint un pic en janvier 2007. Du coup, lors des semis de printemps qui ont suivi, les producteurs de céréales américains ont diminué la part de leur culture dédiée au blé au profit du maïs alors plus rémunérateur. C'était là un premier indice de hausse possible des cours du blé et de baisse des cours du maïs.

Prenons un exemple concernant l'impact de la météo. La sécheresse aux États-Unis et en Russie, gros pays exportateurs de blé, pèse sur la flambée des prix des matières premières dont le blé. Les consommateurs finaux pourraient payer en 2013 leurs provisions de 3 à 4 % plus cher. La corrélation est extrêmement forte entre la météo et le prix. […]

Scrutez l'évolution de « concurrents » qui ponctionnent une partie croissante de la production de blé

Alors que le blé servait jusqu'à récemment essentiellement à nourrir la population, une partie de plus en plus importante est ponctionnée pour nourrir les élevages qui se développent fortement (enrichissement des populations pauvres = hausse de la demande de viande, donc développement des élevages). […]

D'après *www.edito-matieres-premieres.fr*

Le marché du blé

Annexe 2

Pour l'économiste David Bichetti, la flambée des prix est due à la financiarisation du marché des matières premières.

« Les spéculateurs représentent 85 % des intervenants »

Vous affirmez que les aléas climatiques ne sont pas les seuls responsables des envolées des cours de matières premières agricoles…
De tout temps, la fixation du prix du boisseau de maïs ou de la tonne de blé a dépendu de l'offre et de la demande. La demande a toujours été relativement stable et prévisible, la population et ses modes de consommation évoluant de manière régulière. Le problème se situe plutôt du côté de l'offre, car celle-ci dépend des conditions de production, des engrais qu'on y met, du beau et du mauvais temps… Généralement, par le passé, les prix s'envolaient lors d'épisodes climatiques entraînant de mauvaises récoltes. C'est un peu ce qui se passe aux États-Unis cette année, avec la sécheresse, ou en Russie, en 2010, au moment où le pays a interdit les exportations de céréales.
Depuis peu, les opérateurs aiment bien mentionner d'autres facteurs pour expliquer le bondissement des prix, comme l'obligation d'incorporer des carburants d'origine végétale dans les réservoirs qui serait prétexte à une rareté, puisqu'il y aurait moins de céréales disponibles pour l'alimentation animale et humaine. Mais ce type d'événement n'explique pas la volatilité des prix observée ces dernières années.

Du coup, qu'est-ce qui explique les envolées des cours ?
Dans notre étude de 2012, nous avons constaté que les cours des six matières premières évoluaient parallèlement avec ceux des 500 plus grandes entreprises listées aux États-Unis dans l'indice boursier S&P 500. Ces deux univers sont corrélés à très haute fréquence : le prix de la tonne de blé dépend de moins en moins de l'offre (climat, exportations, etc.) et de la demande (commande, stocks), mais de plus en plus de l'humeur spéculative d'opérateurs purement financiers.

Propos recueillis par Laure Noualhat, *Libération*, 17 août 2012.

Annexe 3

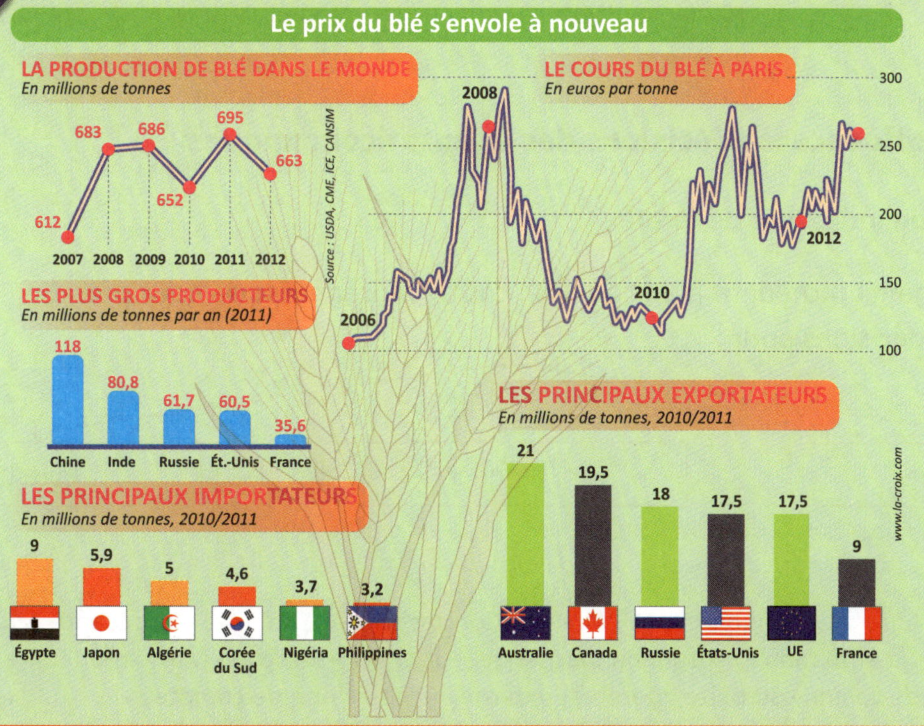

Sens de la leçon

Le fonctionnement du marché

1 Les échanges dans l'économie

- **Les échanges se justifient :**

  Ils s'expliquent par l'efficacité de la division du travail qui conduit à la spécialisation des individus.

- **Les échanges ont pour cadre le marché où se confrontent offreurs et demandeurs** de biens et services, de travail, de capitaux.

2 Le fonctionnement réel du marché et la loi de l'offre et de la demande

- **Le fonctionnement du marché repose sur :**
  - Le respect des règles de la concurrence.
  - L'accès des intervenants à l'information.
  - La confiance mutuelle entre les intervenants.

- **La loi de l'offre et de la demande permet :**

  La formation d'un prix d'équilibre qui rend compatibles les décisions d'offrir et de demander formulées par les multiples agents économiques.

3 Le prix influence les décisions des agents économiques

- **Il est un indicateur de rareté.**

- **Les agents procèdent à une analyse coût/avantage/risque pour prendre leurs décisions pour :**
  - Consommer
  - Épargner
  - Investir

Les mots-clés : Agrégats monétaires : M_1, M_2, M_3 – Concurrence – Confiance – Croissance économique – Demande – Échange – Inflation – Instrument d'échange – Liquidité – Marché – Masse monétaire – Monnaie – Offre – Réserve de valeur – Stabilité interne et externe – Troc – Unité de compte

2

La monnaie dans l'échange

Le référentiel

1. La coordination des décisions économiques par l'échange *(20 heures)*

1.1. L'échange sur les marchés *(13 heures)*

La compétence attendue

- Analyser les effets de la quantité et de la qualité de la monnaie sur les décisions des agents économiques.

Le plan du chapitre

I Les fonctions de la monnaie

- **A. La monnaie comme intermédiaire dans les échanges** → Document 1
- **B. La monnaie comme instrument de mesure de la valeur** → Documents 2 et 3
- **C. La monnaie comme instrument de réserve de la valeur** → Documents 4 et 5

II Les qualités attendues de la monnaie

- **A. La stabilité de la monnaie** → Documents 6 à 10
- **B. La confiance dans la monnaie** → Documents 11 et 12

III La quantité de monnaie dans l'économie

- **A. La mesure de la masse monétaire** → Documents 13 à 15
- **B. Les effets de l'évolution de la masse monétaire** → Documents 16 à 21

Mise en situation

La BCE et l'activité économique dans la zone euro

Lors de sa réunion du 5 juillet 2012, le Conseil des gouverneurs de la Banque centrale européenne (BCE) a constaté une atténuation des tensions inflationnistes et des perspectives de croissance de la zone euro faibles dans un contexte de renforcement de l'incertitude qui pèse sur la confiance et le climat des affaires. Quels sont les moyens à la disposition de la BCE pour agir sur l'activité économique de la zone euro ?

I Les fonctions de la monnaie

A. La monnaie comme intermédiaire dans les échanges

Document 1 *La monnaie, un substitut au troc*

La fonction première de la monnaie est de faciliter le commerce, c'est-à-dire les échanges de biens et de services bénéficiant aux deux parties concernées. Cette fonction est appelée « **instrument d'échange** ». Lorsque l'échange a lieu par échange direct de biens, sans utilisation de monnaie, on dit qu'il s'agit d'un troc. Par exemple, il y a troc quand un garagiste remplace le compteur de vitesse défectueux de la voiture d'un plombier en échange de la réparation d'un évier qui fuit. Les nations signent parfois des traités fondés sur le troc. Un certain nombre de barils de pétrole peuvent par exemple être échangés contre un montant donné de machines ou d'armes.

Le troc fonctionne mieux dans des économies simples. On peut imaginer que, dans un petit village, un paysan fasse du troc avec le forgeron, le tailleur, l'épicier ou le médecin. Toutefois, pour que le troc soit possible, il doit exister une *double coïncidence entre les besoins respectifs*. Un individu doit donc posséder ce que l'autre désire, et *vice versa*. Si Hélène possède des CD et veut des DVD et si Henri possède des DVD et souhaite avoir des CD, alors le troc augmentera la satisfaction de l'un et de l'autre. Cependant, si Henri ne veut pas de CD, alors le troc que souhaite Hélène pour ses DVD nécessitera qu'au moins l'un d'entre eux recherche des personnes possédant d'autres biens et ayant des préférences différentes pour instaurer un échange multilatéral. La monnaie est un moyen de simplifier considérablement l'échange multilatéral. Hélène échange ses CD contre de la monnaie et utilise cet argent pour acheter les DVD d'Henri. La monnaie est un outil indispensable d'échange pour mener à bien les milliards d'échanges qui ont lieu dans une économie moderne.

J. Stiglitz, C. Walsh, J.-D. Lafay,
Principes d'économie moderne, De Boeck.

Questions

1. Pourquoi, lors d'un troc, doit-il y avoir une « double coïncidence entre les besoins respectifs » ?
2. Qu'est-ce qu'un échange multilatéral ? Pourquoi la monnaie simplifie-t-elle l'échange multilatéral ?
3. Montrez que le troc constitue un frein au développement de l'activité économique.

B. La monnaie comme instrument de mesure de la valeur

Document 2 *Une unité de compte*

La monnaie sert d'instrument de mesure des valeurs relatives des différents biens. Il s'agit de sa fonction d'unité de compte. Si un ordinateur portable vaut [1 000 €] et un ordinateur fixe [500 €], alors le premier vaut le double du second. Les personnes voulant faire des échanges à ce niveau le feront sur la base de deux ordinateurs fixes pour un ordinateur portable. La monnaie est un étalon simple et pratique pour mesurer les valeurs de marché relatives des biens et services.

J. Stiglitz, C. Walsh, J.-D. Lafay,
Principes d'économie moderne, De Boeck.

Questions

4. En quoi la monnaie constitue-t-elle un instrument de mesure de la valeur ou une unité de compte ?
5. Que signifie l'expression « valeurs relatives des biens et services » ? Pourquoi est-elle rattachée à la notion d'unité de compte ?

Document 3 *Monnaie et calcul économique*

Un hôtel particulier dans un quartier historique, une bicyclette ou un déjeuner dans un grand restaurant ont en commun de coûter un certain prix en monnaie. La monnaie vient fixer la valeur, elle contribue ainsi à l'émergence d'un système de prix qui permet le calcul économique en éclairant les différents agents dans leurs stratégies individuelles et collectives. Un consommateur, lorsqu'il déambule entre les linéaires d'une grande surface, adapte le niveau de ses dépenses à celui de son pouvoir d'achat. L'entrepreneur embauche de nouveaux collaborateurs ou investit en fonction de son budget et de ses prévisions de vente. Sans monnaie, le calcul économique est rendu impossible ; à cet égard, la monnaie est un des vecteurs de la croissance et du développement.

Jean-Claude Drouin, *Tous économistes, Guide d'introduction à l'économie*, coll. « Major », PUF, 2011.

Question

6. Pourquoi la monnaie constitue-t-elle un élément déterminant de la prise de décision par les agents économiques ?

C. La monnaie comme instrument de réserve de la valeur

Document 4 *La monnaie résiste au temps*

La monnaie sert également de **réserve de valeur** : c'est un pouvoir d'achat mis en réserve et transférable dans le temps. Une réserve de valeur sert à épargner du pouvoir d'achat entre le moment où un revenu est reçu et celui où il est dépensé. Cette fonction de la monnaie est utile, car en général on ne souhaite pas dépenser son revenu immédiatement quand on le reçoit, et on préfère le garder jusqu'au moment où on a le temps et le désir d'acheter.

Tant que le niveau général des prix ne varie pas beaucoup (ce qui est presque toujours vrai à court terme), la monnaie est une forme avantageuse pour garder les montants qui seront employés rapidement pour l'échange.

F. Mishkin, C. Bordes, P.-C. Hautcœur, D. Lacoue-Labarthe, X. Ragot, *Monnaie, banque et marchés financiers*, 9e édition, Pearson France, 2012.

Questions

7. En quoi la monnaie constitue-t-elle une réserve de valeur ou un instrument d'épargne ?

8. Dans quelle condition la monnaie est-elle un actif sans risque ?

Document 5 *La liquidité de la monnaie*

Qui n'a jamais mis de « sous » dans sa tirelire ? La monnaie est la réserve liquide par excellence, facilement et rapidement transformable en n'importe quel bien ou service. Si j'achète une maison avec mon épargne, je perds en liquidité, car lorsque je veux convertir ma réserve, je dois entreprendre une démarche de vente assez longue, compliquée et parfois coûteuse. Mon argent est, lui, directement disponible.

Philippe Maystadt, Françoise Minet-Dermine, *Comprendre l'économie*, Éditions Luc Pire.

Questions

9. En quoi la monnaie est-elle un actif parfaitement liquide ?

10. Pour quelles raisons les agents économiques peuvent-ils préférer détenir de la monnaie plutôt que des actifs réels, comme l'immobilier, par exemple ?

II Les qualités attendues de la monnaie

A. La stabilité de la monnaie

1. Les effets de l'inflation sur l'économie interne

Document 6 *Qu'est-ce que la stabilité interne de la monnaie ?*

La stabilité interne de la monnaie correspond à celle des prix et du pouvoir d'achat des ménages lors de l'achat de biens et services nationaux. Elle s'oppose à l'inflation, qui correspond à une hausse du niveau général des prix.

Document 7 *L'effet de l'inflation sur le pouvoir d'achat*

En 2012, le revenu mensuel de Nicolas a été de 1 500 €. Il n'a pas varié au cours de l'année. Par contre, le niveau général des prix a progressé de 2 %. Il fait le constat, à la fin de l'année, qu'il a subi une perte de pouvoir d'achat de 30 €.
Il observe que l'inflation a pour conséquence d'entraîner une perte de pouvoir d'achat pour les salariés lorsque les prix des biens et services augmentent plus vite que la hausse des salaires. Il en est de même pour tous les titulaires de revenus non indexés sur la hausse des prix.

Questions

1. Expliquez, à partir de l'exemple ci-dessus, la notion de pouvoir d'achat.
2. L'inflation entraîne-t-elle toujours une perte de pouvoir d'achat ? Expliquez.

2. Les effets des variations des taux de change

Document 8 *Qu'est-ce que la stabilité externe de la monnaie ?*

La stabilité externe d'une monnaie correspond à celle du taux de change de la monnaie nationale en devises étrangères. De cette stabilité de la monnaie nationale, par rapport aux monnaies des autres pays, dépend le pouvoir d'achat en biens et services produits dans le reste du monde.

Document 9 *Pourquoi l'inflation c'est mal ?*

Depuis les années 1970, les politiques économiques ont fait de la lutte contre l'inflation leur priorité. À cette époque, la hausse du prix du pétrole avait causé une hausse des prix, qui avait entraîné une hausse des salaires, causant une nouvelle hausse des prix. C'est la fameuse spirale inflationniste.
La première raison de lutter contre, c'est celle-là : dans certains cas, l'inflation se nourrit d'elle-même, elle fait boule de neige, les prix s'accroissent toujours plus, l'inflation devient hors de contrôle.
L'inflation est également néfaste parce qu'elle gêne le calcul économique des agents. Comme les prix changent tout le temps, il est difficile de connaître la valeur réelle des choses. C'est particulièrement gênant pour […] les entrepreneurs : difficile de procéder à un investissement si vous ne pouvez pas anticiper le niveau futur de vos coûts de production, de vos prix de vente.
Enfin, on peut penser que l'inflation est néfaste à l'épargne. Lorsque les prix augmentent fortement, il est moins intéressant d'épargner puisque les intérêts qui seront perçus peuvent être inférieurs à la hausse des prix. Dans ce cas, le pouvoir d'achat de l'argent épargné diminue, au lieu d'augmenter.

Gilles Raveaud, *L'Économie politique*, 2009

Document 10 *Les effets de l'inflation sur les échanges extérieurs d'un pays*

Une inflation plus forte en France que dans les pays étrangers va pénaliser les exportations françaises car les prix des produits importés deviennent moins élevés que les produits français. Les firmes françaises deviennent moins compétitives. Elles subissent la concurrence des entreprises étrangères, ce qui va pénaliser les firmes françaises exportatrices et donc l'emploi et l'équilibre extérieur (exportations moins importations). Il est donc nécessaire de prendre en compte le différentiel d'inflation qui correspond à l'écart entre le taux d'inflation national et celui d'un ou de plusieurs pays avec qui une nation réalise des échanges.
Par exemple, si l'inflation est de 5 % dans l'Union européenne et de 3 % aux États-Unis, cela signifie que le pouvoir d'achat de l'euro perdra 5 % alors que celui des États-Unis perdra 3 % de sa valeur. Dans ce scénario, il serait normal de voir le dollar américain (dollar US) s'apprécier (le taux de change du dollar augmente) par rapport à l'euro, puisque le pouvoir d'achat du dollar US s'améliore par rapport à celui de l'euro.
Supposons que le taux de change initial était de 1 euro pour 1 dollar US et qu'un paquet de gommes se vendait initialement 1 € et 1 $. Après que l'inflation se sera manifestée, ce paquet de gommes pourrait se vendre 1,05 € en France et 1,03 $ aux États-Unis. Cela implique un taux de change d'environ 1,0194 € pour un euro (1,05/1,03 = 1,0194). Le taux de change du dollar US par rapport à l'euro se serait donc apprécié de 1,94 % [(1,05 – 1,03)/1,03 × 100].

Questions

3. Montrez qu'une inflation plus élevée dans un pays pénalise les exportations de ce pays.
4. Pourquoi, d'une manière générale, la stabilité externe d'une monnaie est-elle recherchée ?

B. La confiance dans la monnaie

Document 11 *Monnaie, finance et confiance*

La monnaie n'a de valeur que si elle inspire confiance, c'est-à-dire si chacun estime que les autres agents vont l'accepter en paiement […]. Pendant longtemps, cette confiance est venue de la valeur intrinsèque de la monnaie, composée de biens et de métaux précieux désirés pour eux-mêmes. [Puis], même lorsque la monnaie prend la forme de billets de papier, il reste possible de convertir ce papier en or à tout moment. Le métal demeure donc le fondement de la valeur de la monnaie et il faut attendre les années 1970 pour que disparaisse la référence à l'or.
La monnaie n'étant désormais plus appuyée sur cette « relique barbare », selon le mot de Keynes, sa valeur dépend entièrement de la croyance partagée en sa valeur. Il faut remarquer le caractère mimétique de cette croyance : la question n'est pas de déterminer ce que je crois mais ce que je crois que les autres croient ; de sorte que chaque agent observe les actions des autres afin de savoir s'il doit lui-même avoir confiance.
[…] Si la valeur de la monnaie […] repose sur une croyance, elle est très fragile. L'évaluation collective peut changer, la perception d'une situation se renverser, au risque de provoquer une crise de confiance aux conséquences graves […].
La confiance peut se briser à un second niveau, celui de la monnaie bancaire, dite « scripturale ». Lorsque la confiance en la solidité du système bancaire disparaît, les agents fuient […] vers la liquidité : ils se précipitent aux guichets des banques afin de convertir leurs dépôts bancaires en billets de banque [cas des caisses d'épargne américaines contraintes de fermer face à l'assaut de leurs clients dans les années 1980]. Or, les banques sont par définition fragiles, puisqu'elles couvrent des engagements à long terme par des dépôts à vue ou à court terme. La monnaie fiduciaire émise par la Banque centrale apparaît donc comme la clé de voûte du système.

Arnaud Parienty, *Alternatives économiques*, n° 264.

Question

5. Expliquez pourquoi « la monnaie n'a de valeur que si elle inspire confiance ».

Document 12 *Défiance et fuite devant la monnaie*

Lorsque les agents économiques n'ont plus confiance dans leur monnaie, on assiste à une « fuite devant la monnaie ». Au Zimbabwe, tout au long des années 2000, le taux d'inflation a atteint jusqu'à 231 millions de pour cent. Ce qu'on achetait un jour avec quelques dollars du Zimbabwe nécessitait le lendemain plusieurs centaines d'unités monétaires. Face à cette hyperinflation, les agents économiques ont réagi en utilisant, quand ils le pouvaient, une monnaie de substitution (le dollar américain, par exemple), en convertissant leur argent dans des métaux précieux comme l'or ou encore en pratiquant le troc, c'est-à-dire en échangeant des biens contre d'autres biens. Dans le cas du Zimbabwe, comme dans ceux plus anciens de plusieurs pays d'Amérique latine dans les années 1980, la défiance vis-à-vis de la monnaie traduit une crise plus profonde, celle de l'État lui-même, qui n'inspire plus confiance.

Questions

6. Quelles fonctions de la monnaie peuvent être atteintes lorsqu'elle n'inspire plus confiance ? Justifiez votre réponse.
7. Identifiez la principale cause de la perte de confiance au Zimbabwe au cours des années 2000.

III La quantité de monnaie dans l'économie

A. La mesure de la masse monétaire

1. La composition de la masse monétaire

Document 13 *La notion de masse monétaire*

La masse monétaire correspond à la quantité de monnaie en circulation dans une économie. Elle est l'ensemble des moyens à la disposition des acteurs économiques (autres que les banques) leur permettant d'effectuer des paiements. Elle est un instrument de paiement et aussi un instrument de réserve de valeur. À ce titre, elle peut être détenue sous forme liquide (pièces, billets de banque, dépôts en compte courant), mais aussi d'actifs facilement convertibles en moyen de paiement. Ces actifs sont des produits d'épargne facilement convertibles en monnaie et qui procurent une rémunération. Parmi ces produits d'épargne, on peut relever le livret A, les LDD (livrets de développement durable), les comptes d'épargne logement (CEL). Les ménages peuvent également détenir des parts de SICAV (société d'investissement à capital variable), formes les plus connues des OPCVM (organismes de placements collectifs en valeurs mobilières). Ces divers placements ne sont pas de la monnaie car ils ne peuvent pas servir à effectuer des paiements, mais ils sont facilement transformables en monnaie dans un délai relativement court.

Questions

1. À quoi correspond la masse monétaire ?
2. Regroupez les objets ci-dessous en deux catégories : ceux faisant partie de la masse monétaire et ceux n'en faisant pas partie.
Objets à classer : billets de banque, voiture, dépôt sur un compte à terme, ordinateur, stock de marchandises, obligations (titres), pièce de 2 €, dépôt sur un compte épargne, actions (titres).

Document 14 *De quoi se compose la masse monétaire aujourd'hui ?*

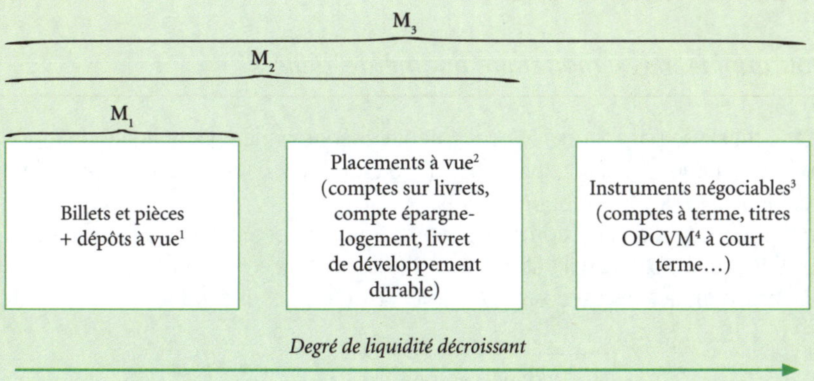

Les agrégats monétaires (M_1, M_2, M_3) sont des indicateurs regroupant les avoirs aisément transférables en moyens de paiement. Il s'agit d'un classement, établi de façon conventionnelle, de tous les actifs monétaires (moyens de paiement immédiats) et non monétaires (épargne, transformables plus ou moins rapidement en moyens de paiement), dans trois grandes catégories qui s'imbriquent les unes dans les autres selon leur degré de liquidité : M_1 représente la monnaie (ou disponibilités monétaires) au sens strict et M_3 la masse monétaire, c'est-à-dire la monnaie au sens large (ensemble des moyens de paiement en circulation dans une économie ou une zone monétaire).
Les agrégats permettent de mesurer la quantité de monnaie disponible dans l'économie par les différentes opérations économiques.

(1) Fonds déposés dans des banques qui restent disponibles à tout moment pour un retrait.
(2) Épargne à court terme qui peut être transformée rapidement en liquidités.
(3) [Ils] peuvent être considérés comme monnaie au sens large en raison de leur degré élevé de liquidité et des certitudes qu'ils présentent en matière de prix.
(4) Organismes de placement collectif en valeurs mobilières.

Questions

3. Donnez les principales composantes de la masse monétaire.
4. Pour quelles raisons mesure-t-on la masse monétaire ?
5. Montrez que les agrégats de monnaie sont construits selon une logique de degré de liquidité décroissant.

2. Le contenu de la masse monétaire dans la zone euro

Document 15 *La composition des agrégats monétaires*

En-cours en milliards d'euros, taux en %, août 2012	Zone euro	% zone euro
Billets et pièces en circulation	868	17,2 de M_1
+ Dépôts à vue	4 177	82,8 de M_1
= Agrégat M_1	**5 045**	**51,9 de M_3**
+ Dépôts à terme ≤ 2 ans	1 803	18,5 de M_3
+ Dépôts avec préavis ≤ 3 mois	2 030	20,9 de M_3
= Agrégat M_2	**8 878**	**91,4 de M_3**
+ Instruments négociables	841	8,6 de M_3
= Agrégat M_3	**9 719**	

Stat Info, BCE, 28 septembre 2012.

Questions

6. Analysez l'importance des agrégats M_1 et M_2 dans la masse monétaire mesurée par M_3.
7. Pourquoi, selon vous, les statistiques monétaires ne sont-elles plus calculées au niveau de la France mais à celui de la zone euro ?

B. Les effets de l'évolution de la masse monétaire

1. La notion d'évolution de la masse monétaire

Document 16 *Pourquoi la masse monétaire augmente-t-elle ?*

La masse monétaire, mesurée par l'agrégat M_3, augmente chaque année. La quantité de monnaie en circulation dans l'économie augmente avec l'octroi de crédit des banques aux ménages et aux entreprises. Elle diminue avec leurs remboursements.
La Banque centrale (BCE dans la zone euro) dispose de moyens pour influer sur la quantité de monnaie en circulation. Le principal outil utilisé par la Banque centrale européenne pour encadrer la croissance de la masse monétaire est constitué par le taux d'intérêt directeur.

La Banque centrale fixe un taux d'intérêt directeur sur le marché monétaire. C'est le taux auquel elle prête aux banques.

En cas de hausse du taux directeur…

… les banques répercutent cette hausse sur leurs clients (entreprises et ménages). Le coût du crédit augmente. La demande de crédit diminue. La création monétaire va peu augmenter ainsi que la masse monétaire mais si les remboursements d'emprunts sont supérieurs aux nouveaux crédits, la masse monétaire diminue.

En cas de baisse du taux d'intérêt de la Banque centrale…

… les banques répercutent cette baisse sur leurs clients. Le coût du crédit baisse. La demande de crédit augmente. La création monétaire va augmenter significativement et donc la masse monétaire.

Question

8. Pour quelles raisons la masse monétaire augmente-t-elle ? diminue-t-elle ?

2. L'évolution de la masse monétaire et le niveau général des prix

Document 17 *Que se passe-t-il lorsque la quantité de monnaie en circulation grossit trop rapidement ?*

Lorsque l'émission de monnaie croît plus rapidement que la production, les ménages achètent davantage. La demande de biens et services augmente à un rythme supérieur à celui de l'offre. L'équilibre entre l'offre et la demande se réalise par la hausse des prix. Ainsi, si la quantité de monnaie et le pouvoir d'achat qui s'ensuit croissent plus vite que les biens et services mis à la disposition des acheteurs, en moyenne, l'*ensemble* des prix va monter.

Question

9. Comment les agents économiques réagissent-ils à une hausse de la monnaie à leur disposition ?

Document 18 *L'émission de monnaie et l'évolution des prix*

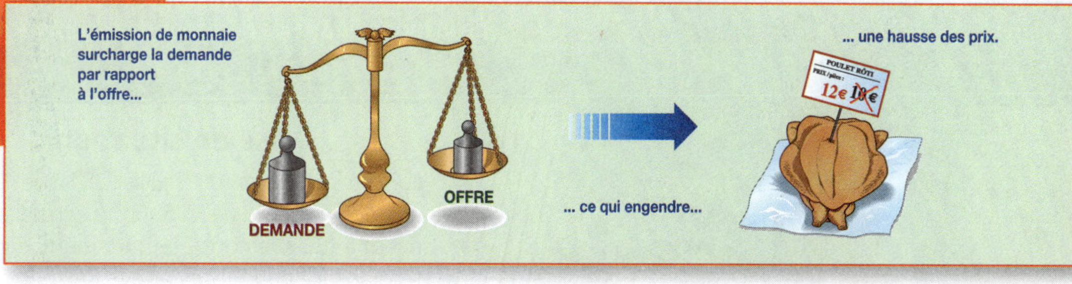

Questions

10. Par quel mécanisme économique les décisions de ces agents affectent-elles les prix ? Quel en sera l'effet sur leur pouvoir d'achat ?

11. Expliquez le mécanisme par lequel une baisse de la masse monétaire agirait sur les prix.

3. L'évolution de la masse monétaire et la croissance économique

Document 19 *Masse monétaire et conditions de la croissance économique*

Une augmentation de la masse monétaire ne conduit pas nécessairement à la hausse des prix. Si les capacités de production ne sont pas toutes employées, c'est-à-dire si les machines peuvent produire rapidement davantage de biens sans augmentation excessive de coûts, ou bien si les entreprises disposent de stocks importants, un accroissement de la quantité de monnaie permet immédiatement des achats supplémentaires puisque les entreprises arrivent à satisfaire cette nouvelle demande. Ainsi, dans certaines circonstances, l'augmentation de la masse monétaire induit un accroissement de l'activité économique et non une hausse des prix.

Jean-Yves Capul, Olivier Garnier, *Dictionnaire d'économie et de sciences sociales*, Hatier 2011.

Question

12. Dans quelles conditions une hausse de la masse monétaire conduit-elle à la croissance économique ?

Document 20 *De l'augmentation de la masse monétaire à la croissance économique*

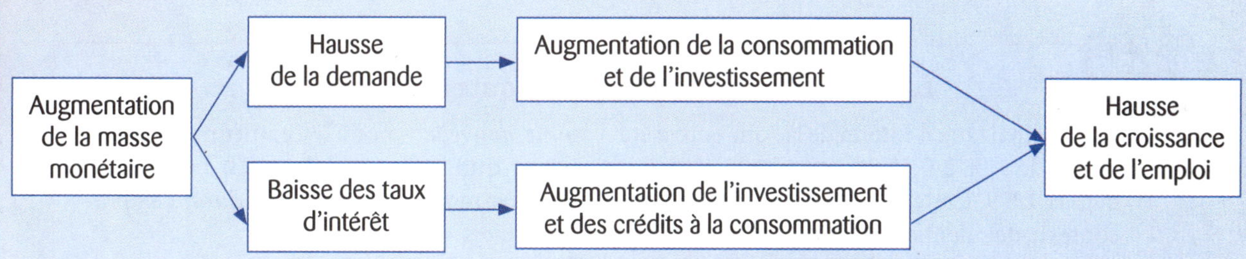

Jean-Yves Capul, Olivier Garnier, *Dictionnaire d'économie et de sciences sociales*, Hatier, 2011.

Document 21 *Quel est le lien entre le taux d'intérêt et l'investissement ?*

Une entreprise souhaite réaliser un investissement dont la rentabilité est de 6 %. L'entreprise s'adresse à sa banque A qui lui propose un emprunt avec un taux d'intérêt de l'emprunt de 7 %. Elle refuse cet emprunt et s'adresse à une autre banque B qui lui accorde un taux d'intérêt de 5 %. Elle accepte ces nouvelles conditions.

Questions

13. Présentez le mécanisme économique qui relie l'augmentation de la masse monétaire, la hausse de la demande, l'augmentation de la consommation et de l'investissement et la hausse de la croissance et de l'emploi.

14. Expliquez pourquoi l'entreprise opte pour l'emprunt de la banque B.

15. Reliez taux d'intérêt, investissement, crédits à la consommation et hausse de la croissance et de l'emploi.

Entraînement

La compétence attendue

• Analyser les effets de la quantité et de la qualité de la monnaie sur les décisions des agents économiques.

Mise en situation

Lors de sa réunion du 5 juillet 2012, le Conseil des gouverneurs de la Banque centrale européenne (BCE) a constaté une atténuation des tensions inflationnistes et des perspectives de croissance de la zone euro faibles dans un contexte de renforcement de l'incertitude qui pèse sur la confiance et le climat des affaires.
Vous effectuez votre stage dans le cadre d'une agence bancaire et votre directeur vous charge d'effectuer une étude sur les moyens à la disposition de la BCE pour agir sur l'activité économique de la zone euro. Vous vous appuierez, pour réaliser ce travail, sur vos connaissances et sur le dossier documentaire fourni en annexe.

Travail à faire

1. Qu'est-ce que la masse monétaire ?
2. Comment la Banque centrale européenne intervient-elle sur la masse monétaire ?
3. Pour quelles raisons la Banque centrale européenne (BCE) a-t-elle décidé d'abaisser son taux directeur ? Quels sont les résultats attendus pour les ménages et les entreprises ?
4. Entre quels écueils navigue la BCE lorsqu'elle manipule son taux d'intérêt directeur ?

Annexe 1 — La BCE baisse son taux pour soutenir l'activité

Le principal taux d'intérêt de la zone euro a été réduit de 1 % à 0,75 %, son plus bas niveau depuis 1999. Cette décision s'inscrit dans un contexte de ralentissement de l'économie.

CE QUE LA BCE A DÉCIDÉ

Le taux directeur de la Banque centrale européenne (BCE), auquel les banques commerciales empruntent à l'institution monétaire, a été ramené hier de 1 % à 0,75 %, un niveau historiquement bas.

QUELS SERONT LES EFFETS DE CETTE DÉCISION SUR LA ZONE EURO ?

Cette décision vise à apporter une bouffée d'oxygène aux banques, qui peuvent ainsi prêter moins cher aux entreprises et aux ménages, sur fond de récession en zone euro aux deuxième et troisième trimestres. Dès hier, le réseau des courtiers Empruntis.com a salué « *une bonne nouvelle* » pour les emprunteurs, prévoyant que « *les taux de crédit immobilier devraient rester très avantageux durant les prochains mois* ».

Chez Natixis, Cédric Thellier estime pourtant que « *la baisse des taux a un impact limité parce que les banques, liées par une réglementation accrue, ne sont pas incitées à prêter davantage ; et parce que les entreprises et les ménages réduisent leurs demandes de crédits en raison de leurs anticipations pessimistes sur l'évolution de l'activité* ». Ce coût historiquement bas du crédit en zone euro « *devrait faire réfléchir les entrepreneurs au fait que les perspectives de leurs décisions d'investissement sont maintenant meilleures* » a déclaré Mario Draghi, président de la BCE.

Pierre Cochez, Marie Dancer, *La-Croix.com*, 5 juillet 2012.

La BCE et l'activité économique dans la zone euro

Annexe 2

Comment la Banque centrale peut-elle influer sur la création monétaire ?

La demande de crédit, et donc la création monétaire, suit de près l'activité économique. En période d'expansion, la masse monétaire, dopée par les investissements et les dépenses des agents économiques, va augmenter, et inversement en période de repli de l'activité.

Pendant la majeure partie du xxe siècle, la politique monétaire a servi de levier pour faire redémarrer l'économie en cas de stagnation, au risque d'aggraver l'inflation, ou pour restreindre la masse monétaire en cas de surchauffe, au risque cette fois de ralentir la croissance.

Mais après les deux chocs pétroliers des années 1970, un consensus s'est dégagé au sein des pays riches pour concentrer la politique monétaire sur la lutte contre l'inflation. Ce consensus est toujours au cœur du mandat de la Banque centrale européenne.

Le principal instrument de la Banque centrale est la modulation des taux d'intérêt. En augmentant ou en baissant ses taux directeurs, la banque influe sur le coût de refinancement des banques commerciales sur le marché monétaire, sur lequel s'échangent des titres à court terme contre de la monnaie « Banque centrale ».

Toutefois, l'impact de la politique monétaire sur l'activité n'est pas garanti. Par exemple, à l'heure actuelle, la demande anticipée des industriels est faible, donc une baisse des taux (et donc du coût du crédit) n'a pas d'effet significatif sur la reprise de l'activité.

Audrey Fournier, *Le Monde*, 21 septembre 2011.

Annexe 3

Les modifications des taux d'intérêt directeurs

- [Elles] influencent les taux appliqués par les banques aux prêts et aux dépôts de leurs clients.
- [Elles] influencent les décisions d'épargne et d'investissement des ménages et des entreprises. Des taux d'intérêt plus élevés peuvent notamment décourager les emprunts.
- [Elles] influencent l'offre de crédits. Des taux d'intérêt plus élevés peuvent par exemple rendre plus difficiles les remboursements par les emprunteurs. Les banques peuvent réduire le montant des fonds qu'elles prêtent aux ménages et aux entreprises, influençant la consommation et l'investissement.
- [Elles] entraînent des variations de la demande globale et des prix. Ces changements de comportement en matière de consommation et d'investissement se répercutent sur le niveau de la demande intérieure de biens et de services par rapport à l'offre intérieure. Lorsque la demande dépasse l'offre, des tensions à la hausse sur les prix sont probables.

Banque centrale européenne, 30 juillet 2012.

Sens de la leçon

La monnaie dans l'échange

1 Les fonctions de la monnaie sont les suivantes :

Intermédiaire dans les échanges
La monnaie est un instrument de paiement qui permet d'acquérir n'importe quel bien ou service.
C'est un bien directement échangeable contre tous les autres biens.

Instrument de mesure de la valeur
La monnaie constitue un étalon qui permet de fixer la valeur, le prix des différents produits.

Instrument de réserve de la valeur
La monnaie rend possibles les transactions dans le temps.
Elle peut être conservée afin de reporter les achats.

2 La masse monétaire se mesure par trois agrégats

Liquidité décroissante

M_1 = pièces, billets, dépôts à vue

M_2 = M_1 + essentiellement comptes sur livrets (livret A, livret jeune, compte épargne-logement…)

M_3 = M_2 + essentiellement titres à court terme comme les Sicav monétaires

3 Les effets de l'évolution de la masse monétaire

- **Une masse monétaire trop importante :**

La demande est plus soutenue sans que l'offre ne suive. → Hausse généralisée des prix : inflation.

- **Une masse monétaire insuffisante :**

La demande est ralentie (consommation et investissements en baisse). → Ralentissement de la hausse des prix et de la croissance.

Les mots-clés : Agrégats monétaires : M_1, M_2, M_3 – Confiance – Croissance économique – Inflation – Instrument d'échange – Liquidité – Masse monétaire – Monnaie – Réserve de valeur – Stabilité interne et externe – Troc – Unité de compte

3

L'État et le fonctionnement du marché

Le référentiel

1. La coordination des décisions économiques par l'échange *(20 heures)*
1.1. L'échange sur les marchés *(13 heures)*

Les compétences attendues

- Identifier et analyser des défaillances de marchés.
- Identifier et analyser des dysfonctionnements de marchés.

Le plan du chapitre

I L'État et la création d'un cadre institutionnel adapté

A. La correction des insuffisances d'information → Documents 1 et 2
B. Le respect de la concurrence → Documents 3 à 6
C. L'instauration d'un climat de confiance → Documents 7 et 8

II L'État et les défaillances du marché

A. Les externalités → Documents 9 à 11
B. Les biens publics → Documents 12 et 13

Mise en situation

Le marché des droits à polluer

Depuis le début de la révolution industrielle, les émissions de gaz à effet de serre sont gratuites. Or, dans une économie de marché, les agents économiques, et en particulier les entreprises, prennent leurs décisions en fonction des signaux donnés par les prix. En conséquence, les émissions de CO_2, gaz à effet de serre, n'ont cessé de croître avec un effet négatif sur le climat.
Les États disposent d'un système de marché des droits à polluer pour lutter contre les dégradations environnementales. Comment les États vont-ils réguler ce marché ?

I L'État et la création d'un cadre institutionnel adapté

A. La correction des insuffisances d'information

Document 1 The Market for Lemons *ou le marché des voitures d'occasion*

Un « *lemon* » est ici une voiture d'occasion de mauvaise qualité. Akerlof, prix Nobel de 2001, a montré sous quelles conditions le marché sans régulation externe (en laisser-faire) pouvait non seulement être grandement inefficace, mais encore disparaître totalement, au sens où les acheteurs ne souhaiteraient plus réaliser de transactions. Akerlof remarque que, dès lors qu'une voiture a été utilisée, elle ne pourra être revendue sur un marché d'occasion qu'avec une décote de 10 % à 15 % du prix d'achat neuf, même si elle n'a qu'un kilométrage très limité. Pour Akerlof, il s'agit d'un signe évident d'une situation d'asymétrie d'information : il y a une baisse du prix entre l'achat et la revente parce que le nouvel acheteur ne sait pas pourquoi le vendeur souhaite revendre sa voiture. Peut-être qu'elle est de mauvaise qualité, que les accessoires se détachent, que le moteur chauffe : ces caractéristiques sont *a priori* difficilement observables avant l'achat. Il pourrait y avoir une situation de risque moral : le vendeur a peut-être utilisé la voiture de façon déraisonnable, par exemple a roulé en seconde à 100 km/h sur l'autoroute, ce qui a partiellement détruit le moteur.
[Le vendeur connaît la qualité de la voiture qu'il vend. Si l'acheteur propose un prix correspondant à la qualité moyenne, seuls les vendeurs ayant une voiture de mauvaise qualité vont accepter de vendre. Donc, comme les acheteurs le savent, seules les mauvaises voitures sont vendues pour un prix bas.]
[...] Les marchés de ce type sont nombreux : la qualité d'un vin est inobservable dans un rayon de supermarché ; il est difficile d'observer la qualité d'une viande que l'on achète car elle dépend en partie de la qualité de l'élevage dont est issu l'animal. Une solution possible est de tenter de certifier les produits mis en vente. En effet, les vendeurs ont un intérêt très fort à rétablir un minimum de transparence et d'information sur le marché. [L'État peut intervenir pour obliger les offreurs à révéler la qualité des biens : contrôle technique, labels...].

Étienne Wasmer, *Principes de microéconomie*, Pearson France.

Questions

1. Pourquoi une voiture d'occasion inspire-t-elle la suspicion ?
2. Quelles sont alors les conséquences sur le marché de la voiture d'occasion ?

Document 2 *La protection économique des consommateurs*

dgccrf Direction Générale de la Concurrence, de la Consommation et de la Répression des Fraudes

dgccrf

Objectif → Informer et protéger au quotidien les consommateurs contre les pratiques commerciales abusives

■ **Une information claire et loyale sur les produits et les services**
Règles d'étiquetage (prix, composition, dénomination)

■ **Le développement de dispositifs de valorisation de la qualité** (normes, labels...)

AB AGRICULTURE BIOLOGIQUE — CE — EU Ecolabel www.ecolabel.eu — label Rouge

Question

3. Comment l'État s'efforce-t-il de corriger certaines insuffisances d'information ?

B. Le respect de la concurrence

1. Le rôle et l'action de la Commission européenne

DOCUMENT 3 *La concurrence doit être loyale*

Des conditions équitables pour tous

La Commission européenne dispose de pouvoirs étendus pour faire en sorte que les entreprises et les gouvernements respectent les règles de l'Union européenne [...].

La concurrence doit être loyale

Le droit communautaire interdit aux entreprises de s'entendre sur les prix ou de se répartir les marchés. Une entreprise qui occupe une position dominante sur un marché n'a pas le droit d'abuser de sa puissance pour éliminer ses concurrents. De grandes entreprises ne peuvent fusionner si cette opération leur permet de contrôler le marché.

Les grandes entreprises ne peuvent exploiter les petites

Lorsqu'elles traitent avec de petites entreprises, les grandes sociétés ne peuvent utiliser leur pouvoir de négociation pour imposer aux fournisseurs ou aux clients des conditions qui entraveraient leur liberté de traiter avec leurs concurrents.

Pas d'aide aux canards boiteux

Aucune aide d'État ne peut être accordée, sous quelque forme que ce soit, à une entreprise qui n'a aucune chance de devenir économiquement viable.

www.europa.eu

DOCUMENT 4 *Quelques décisions de la Commission européenne en matière de concurrence*

- La Commission européenne a infligé une amende totale de 315,2 millions d'euros à Procter & Gamble et à Unilever au motif que ces entreprises ont conduit une **entente** avec la société Henkel sur le marché des poudres à lessiver dans huit pays de l'Union européenne (13 avril 2011).

- **Abus de position dominante** : la Commission oblige IBM à mettre rapidement ses pièces de rechange et ses informations techniques à la disposition des agents de maintenance indépendants, à des conditions commercialement raisonnables et non discriminatoires (13 décembre 2011).

- La Commission a décidé de **ne pas s'opposer à la concentration** entre le Groupe Auchan et Magyar Hipermarket et de la déclarer compatible avec le marché commun (18 avril 2012).

Questions

4. Pour quelles raisons la Commission européenne se préoccupe-t-elle du respect de la concurrence dans les pays de l'Union européenne ?
5. Quelles sont les pratiques anticoncurrentielles interdites dans l'Union européenne ?
6. Dans quelle mesure une concentration est-elle autorisée ?

2. Le rôle de l'Autorité de la concurrence

Document 5 *Présentation de l'Autorité de la concurrence*

Missions

Autorité de la concurrence

L'Autorité de la concurrence est une autorité administrative indépendante, spécialisée dans le contrôle des pratiques anticoncurrentielles, l'expertise du fonctionnement des marchés et le contrôle des opérations de concentrations. Elle agit au nom de l'État, sans pour autant relever de l'autorité du Gouvernement dans l'exercice de ses pouvoirs.

Au service du consommateur, elle a pour objectif de veiller au libre jeu de la concurrence et d'apporter son concours au fonctionnement concurrentiel des marchés aux échelons européen et international. Qu'elles prennent la forme d'ententes ou d'abus de position dominante, les pratiques anticoncurrentielles produisent des effets néfastes pour les consommateurs comme pour les entreprises (les ententes peuvent conduire à une augmentation des prix jusqu'à 20 ou 25 %).

L'Autorité de la concurrence est compétente pour appliquer les législations nationale (livre IV du Code de commerce) et communautaire (articles 101 et 102 du traité sur le fonctionnement de l'Union européenne dit traité FUE). La Commission européenne et les autorités de concurrence sont appelées à collaborer de façon étroite et complémentaire. La Commission se concentre sur les dossiers d'envergure ou présentant un réel intérêt communautaire.

www.autoritedelaconcurrence.fr

Document 6 *Quelques décisions de l'Autorité de la concurrence*

Téléphonie mobile : la Cour de cassation reconnaît l'entente entre les opérateurs

1er décembre 2005

Le Conseil de la concurrence, devenu depuis l'Autorité de la concurrence, sanctionne les trois opérateurs mobiles, Orange France Télécom, SFR et Bouygues, pour des pratiques d'ententes « ayant restreint le jeu de la concurrence sur le marché. De 2000 à 2002, ils se sont réparti des parts de marché selon des objectifs qu'ils avaient négociés entre eux ».

30 mai 2012

L'affaire est définitivement close. La Cour de cassation a rejeté un pourvoi formulé par l'opérateur Orange, mettant de ce fait un terme à l'affaire de l'entente sur le secteur français des mobiles.

Décision du 13 mars 2012

Ententes dans le secteur de la farine en sachets

L'Autorité de la concurrence a rendu une décision par laquelle elle a sanctionné à hauteur de 242,6 millions d'euros plusieurs ententes dans le secteur de la farine.

Décision du 19 mars 2012

Concentration des groupes Réunica et Arpège

L'opération de concentration entre les groupes Réunica et Arpège actives dans le domaine de l'assurance est autorisée.

SFR sanctionné pour abus de position dominante à Mayotte et à la Réunion

L'opérateur SFR était accusé d'avoir profité en 2009 et 2010 de sa situation de quasi-monopole pour écraser la concurrence. L'Autorité de la concurrence lui a demandé, en 2011, de mettre en place des mesures d'urgence à La Réunion et à Mayotte afin de rétablir l'équilibre suite à une plainte d'Orange et d'Outremer Telecom.

Questions

7. Présentez l'objectif de l'Autorité de la concurrence. Pourquoi a-t-elle été instituée ?
8. Quelles sont les atteintes à la concurrence réprimées par l'Autorité de la concurrence ? Vous illustrerez votre réponse à partir des exemples du document 6.
9. Montrez la complémentarité entre la Commission européenne et l'Autorité de la concurrence pour faire respecter la concurrence.

C. L'instauration d'un climat de confiance

Document 7 *La marque de confiance des comparateurs de prix*

La Charte de confiance des sites comparateurs, créée en 2008 à l'initiative de la Fevad sous l'égide du Secrétariat d'État à la prospective et au développement de l'économie numérique, prévoit qu'un audit de contrôle soit effectué chaque année.

Les sites appelés à renouveler l'audit de conformité : AcheterFacile, EasyVoyage, Alibabuy, LesFurets.com, Leguide.com, Kelkoo.fr, VoyagerMoinsCher, Shopping.com… ont passé un audit de contrôle réalisé par Ernst & Young selon la procédure prévue par le règlement de la Charte. Ils ont obtenu le renouvellement de leur label pour un an. 10 sites bénéficient du label et la Fevad se félicite que chacun ait bien respecté ses engagements.

La présence du logo de la Charte Comparateurs sur ces sites permet d'attester auprès des internautes de leur conformité aux principes de transparence et de respect des consommateurs prévus dans la Charte des sites comparateurs adoptée sous l'égide des pouvoirs publics et de la Fevad.

Selon le 8e Baromètre sur les comportements d'achat des internautes, les sites comparateurs font partie des sources d'information privilégiées par les internautes. Un internaute sur deux (50 %) déclare avoir recours à ce type de sites pour préparer ses achats.

www.fevad.com

Document 8 *Le commerce électronique, un marché sans frontières ?*

Bien que le commerce électronique en Europe double tous les trois ans, les ventes ont principalement lieu au niveau national, en raison de la fragmentation des règles entre les États membres de l'UE et, par conséquent, de la faible confiance des consommateurs dans les achats transfrontaliers. La Commission [européenne] procède actuellement à une révision du cadre législatif de ce secteur pour en combler les lacunes.

www.euractiv.com

Questions

10. Comment expliquez-vous la faible confiance des Français envers les transactions *via* Internet entre la France et les autres pays de l'Union européenne, à la différence des achats en France ?

11. Quelles sont les réponses apportées à cette défiance par le gouvernement français et la Commission européenne ?

12. Qu'en concluez-vous quant au rôle de l'État comme des instances supranationales dans l'instauration d'un climat de confiance dans le fonctionnement du marché ?

II L'État et les défaillances du marché

A. Les externalités

Document 9 *Des exemples d'externalités*

Document 10 *Les externalités : quelles conséquences sur le bien-être des individus ?*

Certaines des décisions que nous prenons influencent le bien-être des individus qui nous entourent. [...]
Ces effets sont techniquement ce que l'on appelle des effets externes ou, de façon condensée, des **externalités**. On parle d'externalité quand les actions d'un agent [ou de plusieurs agents économiques] ont des conséquences sur le bien-être (au sens large) d'autres agents, sans qu'il y ait des échanges ou des transactions entre eux. Ces externalités peuvent être positives ou négatives. On parle d'**externalité négative** quand la décision affecte négativement [le bien-être des autres acteurs économiques], et d'**externalité positive** lorsque la décision affecte positivement le bien-être des autres acteurs. La pollution engendrée par la production d'une entreprise est un exemple classique d'externalité négative, les investissements éducatifs sont en général considérés comme exerçant une influence positive sur la société et comportent donc une externalité positive.

Étienne Wasmer, *Principes de microéconomie*, Pearson France.

Document 11 *Externalités et intervention de l'État*

En présence d'externalités, le problème économique vient de ce que les individus ne tiennent compte que des avantages et des coûts privés, et non des avantages et des coûts sociaux (ou collectifs) qui y sont associés. Si M. Dupont tenait compte de ce que le bien-être collectif augmente quand il se brosse les dents, il le ferait plus souvent. Si l'entreprise polluante tenait compte des effets nocifs de sa production sur la collectivité, elle produirait moins ou mettrait en place davantage de moyens pour réduire la pollution.
Ainsi, les choix individuels conduisent à une surproduction des biens ayant des externalités négatives et à une sous-production des biens ayant des externalités positives, par rapport à la production optimale pour la collectivité. [...]
Par la réglementation et la fiscalité, l'État cherche à internaliser les externalités, c'est-à-dire à réintégrer les coûts et les avantages sociaux dans le calcul économique individuel. Par exemple [...], on développe des systèmes d'éducation et de santé, gratuits ou partiellement payants [...]. De même, on peut imposer des taxes sur les activités polluantes [...]. Ces interventions visent à corriger les signaux incomplets que constituent les coûts et les avantages privés.

Jacques Généreux, *Économie politique, Microéconomie*, coll. « Les fondamentaux », 4e édition, Hachette Supérieur.

Questions

1. Identifiez les externalités positives et les externalités négatives dans le document 9.
2. Pourquoi les externalités peuvent-elles justifier l'intervention de l'État ?
3. Comment l'État peut-il orienter les décisions des agents économiques en matière de production d'externalités ?

B. Les biens publics

Document 12 *Une défaillance du marché, les biens publics*

Pour bien comprendre ce qu'est un bien public, il faut d'abord comprendre deux propriétés importantes des biens ou services offerts à la consommation : la rivalité et l'exclusion.
La *rivalité* signifie que consommer un bien affecte la disponibilité de ce bien pour les autres. Si vous consommez une barre de chocolat, cette même barre ne peut plus être consommée par quelqu'un d'autre.
L'*exclusion* signifie qu'il est possible d'empêcher une personne (ou un ménage) de jouir du bien : le prix demandé peut interdire l'accès à un logement, à des soins, à des vacances, à un restaurant, etc. Ceux qui ne peuvent pas payer sont exclus.
Les *biens publics* possèdent deux caractéristiques : la non-rivalité et la non-exclusion. L'éclairage public, les infrastructures publiques (routes, ponts…), le nettoyage des rues d'une ville, la police, la justice, la défense nationale sont des exemples de biens publics.
Les investisseurs privés ont très peu d'intérêt à investir dans des biens publics puisque les utilisateurs peuvent en profiter gratuitement. Aucun individu rationnel ne choisit de construire une route publique ou d'installer des lampadaires. Les bénéfices privés sont très faibles relativement aux coûts. Pourtant, les bénéfices pour la société sont très élevés et dépassent, en général, les coûts. C'est donc à l'État d'assurer directement la production de ces biens publics ou de subventionner des entreprises privées pour qu'elles les produisent.

D'après John Sloman et Alison Wride, *Principes d'économie*, Pearson France.

Document 13 *Biens publics ?*

Questions

4. Qu'est-ce qu'un bien public ?
5. Parmi les biens proposés dans le document 13, lesquels sont des biens publics ? Justifiez votre réponse.
6. Montrez que les biens publics sont générateurs d'externalités positives.
7. Pour quelles raisons l'État est-il amené à se substituer au marché pour assurer la production ou le financement de biens publics ?

Entraînement

Les compétences attendues

- Identifier et analyser des défaillances de marchés.
- Identifier et analyser des dysfonctionnements de marchés.

Mise en situation

Depuis le début de la révolution industrielle, les émissions de gaz à effet de serre sont gratuites. Or, dans une économie de marché, les agents économiques, et en particulier les entreprises, prennent leurs décisions en fonction des signaux donnés par les prix. En conséquence, les émissions de CO_2, gaz à effet de serre, n'ont cessé de croître avec un effet négatif sur le climat.

Pour lutter contre ces dégradations environnementales, les États disposent de divers leviers dont la mise en place d'un système de marché de permis d'émission que l'on appelle aussi marché des droits à polluer.

Vous êtes membre de la Commission gouvernementale chargée de réaliser une étude sur cette question en vous appuyant sur vos connaissances personnelles et sur le dossier documentaire fourni en ressources.

Travail à faire

1. L'émission de gaz à effet de serre est-elle productrice d'externalités ? Justifiez.
2. Expliquez le fonctionnement du marché des droits à polluer.
3. Ce marché peut-il fonctionner sans l'État ? À quelles menaces peut-il être soumis ?
4. Comment l'État pourrait-il, en dehors des droits à polluer, orienter les décisions des entreprises polluantes ?

Annexe 1

L'effet de serre

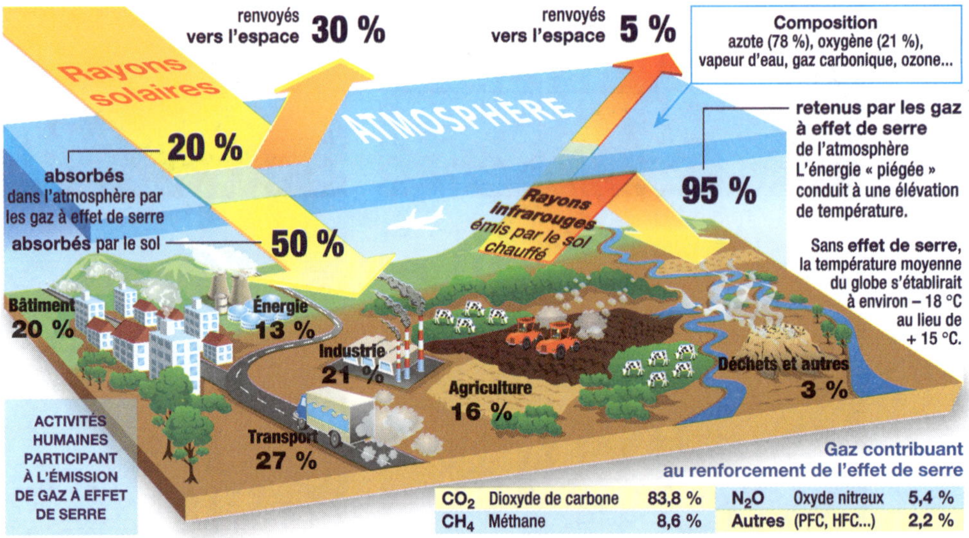

Annexe 2

Le marché européen des émissions de CO_2 a atteint 80 milliards d'euros en 2011

Le système européen d'échange de quotas de CO_2 impose depuis 2005 un plafond d'émissions à 12 000 installations industrielles. Les entreprises qui dépassent leurs quotas doivent en acheter sur le marché à des industriels ayant des excédents.

Le marché pèse environ 6 milliards de quotas d'une tonne de CO_2 pour un montant de 80 milliards d'euros. Il a connu en 2011 une progression de 6 % en valeur et de 17 % en volume.

Le marché des droits à polluer

Annexe 3

Un marché de permis négociables

Un marché de droits à polluer, encore appelé « marché de permis négociables », est un instrument économique de politique environnementale qui vise à limiter le niveau global de rejets polluants en répartissant les coûts à supporter de manière efficace. [...]
Dans un premier temps, les autorités publiques choisissent la quantité globale de rejets polluants qu'elles autorisent sur un territoire et une période donnés, et créent une quantité équivalente de permis qu'elles distribuent, gratuitement ou non, aux entités polluantes implantées sur ce territoire. Ces dernières ont alors l'obligation de posséder une quantité de permis suffisante pour couvrir leurs rejets polluants.
L'originalité du dispositif, le marché proprement dit, vient de la possibilité pour les acteurs concernés de s'échanger les permis. De ces échanges résultent un prix de marché qui confère à la pollution un coût d'opportunité (manque à gagner) ou un coût direct, selon que les permis ont été distribués gratuitement ou non ; dans le premier cas, lorsqu'une entreprise utilise ses permis pour couvrir ses rejets polluants, elle se prive de la possibilité de les vendre sur le marché ; dans le second, elle supporte directement un coût en devant acheter des permis lorsqu'elle pollue. Les entreprises comparent alors les coûts qu'elles supporteraient si elles diminuaient leur pollution (en développant ou en adoptant de nouvelles technologies moins polluantes, en réduisant leur production, etc.) aux revenus qu'elles percevraient si elles vendaient les permis que la baisse des rejets a libérés ou aux économies qu'elles réaliseraient en évitant de devoir acheter de nouveaux permis. Pour les entreprises dont les coûts de dépollution sont faibles, il est intéressant de réduire les rejets polluants et de vendre les permis non utilisés. À l'inverse, celles qui supportent des coûts élevés préfèrent acheter sur le marché les permis qui leur manquent. Ainsi, chaque entreprise choisit individuellement le moyen le moins coûteux de respecter la contrainte environnementale qui lui est imposée.

Dictionnaire de l'économie,
Encyclopædia Universalis et Albin Michel.

Annexe 4

Quand ArcelorMittal gagne de l'argent en mettant en sommeil ses aciéries

Entre 2005 et 2010, ArcelorMittal a économisé 156 millions de tonnes de quotas d'émissions de dioxyde de carbone (CO_2) grâce à la mise en sommeil de plusieurs de ses installations en Europe. « En raison de la crise économique, nous avons dû réduire nos volumes de production, ce qui a abouti à un excédent de quotas de CO_2 gratuits » reconnaît le PDG d'ArcelorMittal France.
ArcelorMittal a cédé en 2011 pour 93 millions de dollars de quotas de CO_2. En 2010, son gain était de 140 millions de dollars. Consciente des nombreux effets d'aubaine, la Commission européenne a décidé de faire le ménage. Pour la prochaine phase du dispositif, qui démarre en 2013 et qui doit durer jusqu'en 2020, les allocations de quotas pourront être cette fois diminuées en cas de baisse de production.

Cédric Pietralunga, *Le Monde*, 27 avril 2012.

Annexe 5

L'arnaque au CO_2 était la plus rentable du moment

Surnommée par les escrocs « la Lady Gaga des affaires », l'arnaque est au départ une banale fraude à la TVA. Entre avril 2008 et juin 2009, près de deux milliards d'euros ont été détournés en France sur la bourse du carbone, créée pour que des sociétés peu polluantes puissent revendre leurs quotas de CO_2 à des entreprises qui en émettaient trop.
Les fraudeurs ont acheté hors taxes ces quotas de carbone dans un autre pays européen et les ont revendus TTC en France. Seulement, au lieu de reverser la TVA à l'État français, ils l'ont empochée et transférée en sécurité dans des paradis fiscaux, sans laisser de traces.

W. M., *www.20minutes.fr*

Sens de la leçon

L'État et le fonctionnement du marché

1 L'État (ou le régulateur) s'assure que les conditions de fonctionnement des marchés sont respectées.

- L'État oriente les marchés en corrigeant les insuffisances d'information.
- L'État régule les marchés en faisant respecter la concurrence.
- L'État contribue à instaurer un climat de confiance sur les marchés.

2 L'État est amené à pallier les défaillances du marché quand celui-ci ne parvient pas à mettre en adéquation l'offre et les besoins des agents.

- **L'État oriente les décisions des agents économiques en matière de production d'externalités :**
  - Par le biais de taxes et de subventions.
  - Par la création d'un marché de droits à polluer.

- **L'État se substitue au marché pour assurer la production ou le financement de biens publics par des prélèvements obligatoires.**

Les mots-clés : Biens publics – Concurrence – Confiance – Externalités – Information

4

L'ouverture des économies

Le référentiel

1. La coordination des décisions économiques par l'échange *(20 heures)*
1.2 La dimension internationale de l'échange *(7 heures)*

Les compétences attendues

- Apprécier le degré d'ouverture d'une économie ou de secteurs.
- Interpréter les soldes du compte des transactions courantes.
- Identifier les influences du taux de change sur la décision des agents économiques.

Le plan du chapitre

Mise en situation

L'essor de la Chine dans le commerce mondial

L'empire du Milieu a fondé sa croissance sur le dynamisme de ses exportations. En tant que premier exportateur mondial et premier fournisseur de l'UE, la Chine est devenue l'un des plus grands protagonistes du commerce international. Les importations et les exportations chinoises croissent en parallèle et la Chine est désormais le 2e plus grand importateur du monde.

I La mesure des échanges de biens et de services

A. Le compte des transactions courantes

Document 1 *Les échanges entre la France et le reste du monde*

La majorité des pays ne produisent pas tous les biens et les services permettant de satisfaire l'ensemble des besoins de leur population. Ainsi, les différentes nations échangent entre elles des biens, des services et divers types de revenus. L'ensemble de ces flux entrants et sortants est enregistré en France dans un compte statistique annuel établi par la Banque de France : la balance des transactions courantes. Ce compte se décompose en quatre postes :
– les **opérations sur biens** sont retracées dans un sous-compte, la balance commerciale (solde commercial = exportations de marchandises – importations de marchandises) ;
– les **opérations sur services** ;
– les **revenus** des facteurs de production (intérêts, dividendes, salaires, etc.) ;
– les **transferts courants** correspondant à des transferts de fonds sans contrepartie comme la contribution au budget européen, les dons accordés à d'autres États, etc.

Document 2 *Le compte des transactions courantes de la France en 2011*

Flux et soldes en milliards d'euros	CRÉDITS	DÉBITS	SOLDES
TRANSACTIONS COURANTES	**778,9**	**817,8**	**– 38,9**
Biens	**424,0**	**497,5**	**–**
Marchandises générales	411,3	484,9	– 73,6
Avitaillement	2,3	5,1	– 2,8
Travail à façon et réparations	10,4	7,4	3,0
Services	**161,5**	**137,2**	**24,3**
Transports	32,6	38,0	– 5,4
Voyages	39,2	31,7	7,5
Autres services	89,7	67,6	22,1
Revenus	**171,4**	**124,5**	**46,9**
Rémunérations des salariés	13,2	0,8	12,4
Revenus des investissements	158,2	123,6	34,6
Transferts courants	**22,0**	**58,6**	**– 36,6**

Source : Banque de France.

Note : au crédit est enregistré le montant des sorties (ex. : exportations de biens à l'étranger) et au débit, le montant des entrées (ex. : importations de biens de l'étranger).

Questions

1. À quoi correspondent les chiffres 161,5 et 137,2 de la ligne des services ? Calculez le solde commercial de la France en 2011.
2. Calculez le poids respectif des échanges de biens puis de services dans le commerce extérieur de la France. Concluez sur la répartition de ces échanges.
3. Indiquez la signification des différents soldes suivant qu'ils sont positifs ou négatifs et commentez brièvement le compte des transactions courantes de la France en 2011.

B. Les autres instruments de mesure des échanges

Document 3 *Le degré d'ouverture d'une économie*

Le degré d'ouverture d'un pays mesure son taux de participation au commerce international de biens et de services.

$$\text{Degré d'ouverture} = \frac{\text{Moyenne des exportations et des importations}}{\text{PIB}} \times 100$$

Le degré d'ouverture de la France a considérablement évolué, montrant son ouverture croissante à l'économie mondiale : il est passé de moins de 12 % en 1960 à plus de 30 % aujourd'hui. Ce dernier chiffre signifie que plus de 30 % de la production française est réalisée grâce à ses échanges extérieurs.

Document 4 *Le taux de couverture*

Le taux de couverture permet de comparer, pour une économie ou un secteur particulier, les exportations avec les importations. Un taux de couverture de 100 % signifie qu'un pays exporte autant qu'il importe.

$$\text{Taux de couverture} = \frac{\text{Valeur des exportations}}{\text{Valeur des importations}} \times 100$$

Taux de couverture en France, à prix courants par groupe de produits (en %)

	Agriculture	Produits agro-alimentaires	Automobile	Biens d'équipement	Autres produits industriels	Énergie
2004	119,7	126,9	129,6	109,5	94,8	30,6
2010	120,5	118,65	91,15	78,9	87,5	18,78

Insee, comptes nationaux, base 2005.

Questions

4. Que mesure le degré d'ouverture d'une économie ? À l'aide des documents 2 et 3, calculez celui de la France en 2011, sachant que son PIB est de 1 996,6 milliards d'euros, et explicitez concrètement ce qu'il signifie.
5. À partir du document 4, indiquez ce que signifie le taux de couverture de 120,5 % pour les produits agricoles français en 2010.
6. Analysez les taux de couverture de la France par groupe de produits.

II L'évolution des échanges internationaux

A. La forte progression des échanges

Document 5 *La croissance des échanges à l'échelle mondiale*

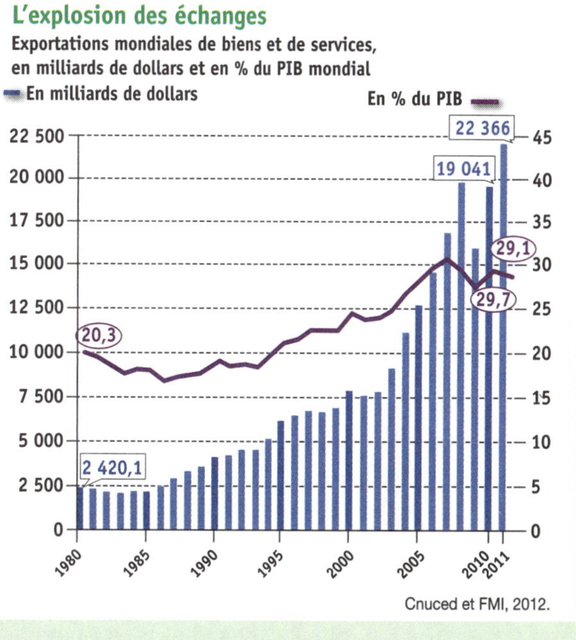

Cnuced et FMI, 2012.

Question

1. Mesurez l'augmentation des échanges mondiaux entre 1980 et 2011 et comparez cette évolution à celle du PIB.

B. La diversité des degrés d'ouverture selon les secteurs

1. Le commerce mondial de marchandises

Document 6 *Volume du commerce mondial de marchandises par grands groupes de produits*

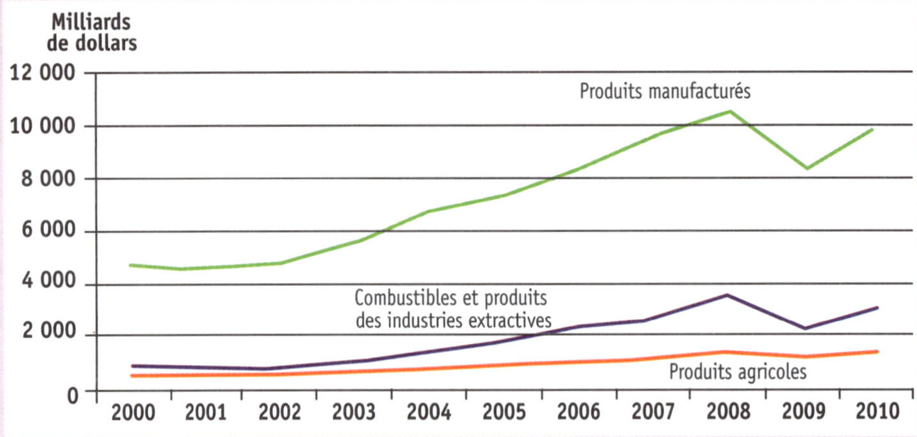

OMC, Statistiques du commerce international 2011, *www.wto.org*.

Questions

2. Estimez la part respective des trois groupes de produits dans les échanges mondiaux de marchandises.

3. Décrivez l'évolution des échanges par groupes de produits entre 2000 et 2010.

2. Le commerce mondial de services

Document 7 *La répartition du commerce mondial entre biens et services*

Croissance comparée du commerce des marchandises et des services commerciaux

(en milliards de dollars)

Valeur	Marchandises	Services commerciaux
1987	2 530	505
2003	7 294	1 795
2011	18 255	4 243

OMC, 2012.

Questions

4. Calculez la part des échanges de marchandises et de services dans les échanges internationaux en 1987, en 2003 et en 2011. Concluez.

5. Décrivez les évolutions respectives des échanges de biens et de services entre 1987 et 2003, puis entre 2003 et 2011. Expliquez les causes de cette disparité.

Document 8 *Échanges internationaux de services et réglementation intérieure*

Les services sont souvent protégés de la concurrence dans les pays de l'OCDE et au cours des dernières décennies, les échanges internationaux de services n'ont guère augmenté par rapport aux échanges de biens. De très nombreux obstacles réglementaires à l'intérieur des frontières freinent l'entrée de fournisseurs étrangers et font que les fournisseurs d'un pays rencontrent plus de difficultés pour opérer à l'étranger. Ces obstacles ne tiennent pas seulement au degré global de restriction ; ils s'expliquent aussi par les disparités réglementaires entre pays.

OCDE, *www.oecd.org*

Question 6. Déterminez quels sont les secteurs de l'économie les plus exposés à la concurrence internationale d'une part, et les secteurs les plus abrités d'autre part.

C. La diversité des degrés d'ouverture selon les régions

1. Une inégale ouverture aux échanges selon les pays

Document 9 *Le degré d'ouverture des premières puissances commerciales en 2011*

Principaux pays exportateurs et importateurs participant au commerce mondial des marchandises, 2011

(En milliards de dollars et en pourcentage)

EXPORTATIONS				IMPORTATIONS				PIB 2011	DEGRÉ D'OUVERTURE
Rang	Exportateurs	Valeur	Part	Rang	Importateurs	Valeur	Part		
1	Chine	1 899	9	2	Chine	1 743	9	7 298	....
2	Allemagne	1 481	8	3	Allemagne	1 254	7	3 571	38,3
3	États-Unis	1 474	8	1	États-Unis	2 265	12	15 094	12,4
4	Japon	823	5	4	Japon	854	5	5 867	14,3
5	Pays-Bas	660	4	7	Pays-Bas	597	3	836	75,2
6	France	597	3	5	France	715	5	2 773	23,7
7	Rép. de Corée	555	3	9	Rép. de Corée	524	3	1 116	48,3
8	Italie	523	3	8	Italie	557	3	2 195	24,6
9	Fédération de Russie	522	3	17	Fédération de Russie	323	2	1 858	22,7
10	Belgique	476	33	12	Belgique	461	3	512	91,5

Données du FMI et de l'OMC.

Document 10 *Une ouverture inégale*

Le degré d'ouverture d'un pays dépend de ses caractéristiques structurelles. Il sera d'autant plus élevé que la taille du marché intérieur d'une nation sera importante : taille du territoire et population. En effet, un marché intérieur restreint incite une économie à s'ouvrir, à exporter et à investir à l'étranger. Cependant, c'est surtout le degré de spécialisation d'une nation qui déterminera son besoin plus ou moins important de produits extérieurs. <u>Un pays faiblement diversifié aura davantage recours aux importations</u>. Ainsi, un pays de petite taille aura tendance à davantage se spécialiser pour disposer d'avantages comparatifs et pourra exporter les marchandises dont il dispose en excédent et importer les produits qui lui font défaut.

Questions

7. Calculez le degré d'ouverture de la Chine concernant les échanges de marchandises.
8. Quels sont les pays les plus ouverts sur l'extérieur ? les pays les moins ouverts ?
9. Expliquez la phrase soulignée du document 10.
10. Comparez le degré d'ouverture de la Belgique et des États-Unis. Expliquez.

2. L'évolution de la répartition géographique des échanges

Document 11 *Exportations mondiales de marchandises, par région, 2011*

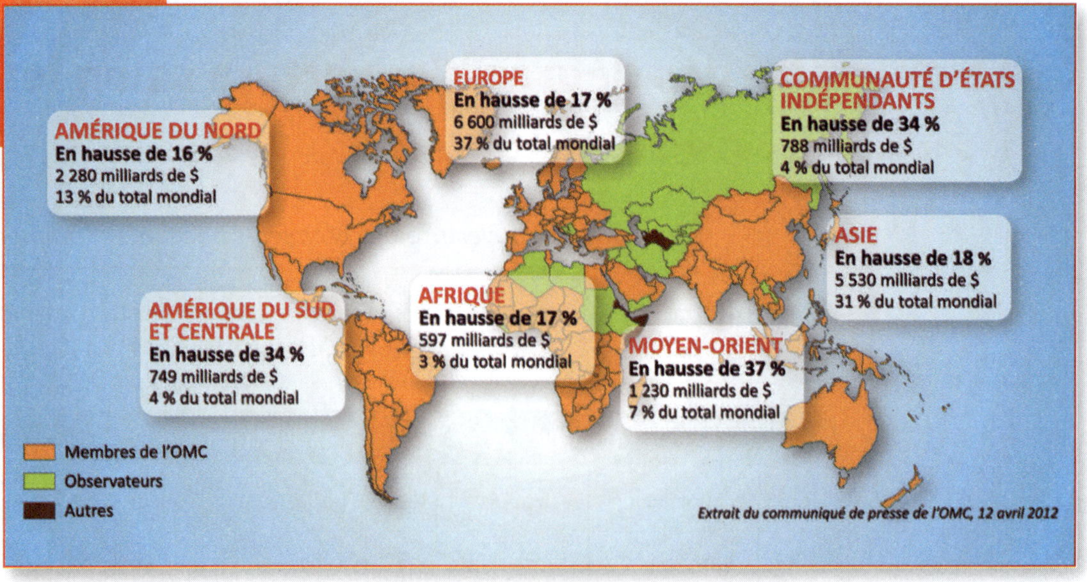

Extrait du communiqué de presse de l'OMC, 12 avril 2012

Document 12 *Un changement de rapport de force*

Des années 1950 jusqu'au début des années 2000, la part prépondérante des pays développés à économie de marché (PDEM) constituait la permanence la plus remarquable du commerce international : selon les années, la part des PDEM oscillait entre la moitié et les trois quarts du commerce mondial (années 1980). Les échanges mondiaux s'illustraient surtout par l'intensité des échanges qui s'effectuaient au sein et entre les pays des trois pôles dominants, dénommés la Triade : Amérique du Nord, Europe occidentale et Asie. Les pays en développement ne réalisaient, au cours des années 1950, que 30 % des échanges mondiaux, pour plus de la moitié en 2010.
La situation a commencé à changer au cours des années 1970 avec l'arrivée de ce que l'on appelait alors les « dragons asiatiques » (Corée du Sud, Hongkong, Singapour, Taiwan). Depuis, les pays du Sud [...] dans leur ensemble n'ont cessé de prendre de l'importance, Chine en tête, devenue en 2010 le premier exportateur mondial devant l'Allemagne.

Document 13 *La montée en puissance des pays en développement*

Pendant la dernière décennie, la structure des échanges a profondément évolué, sous l'effet de l'ouverture des marchés, mais surtout en raison des progrès rapides des transports, des communications et des technologies de l'information. Les pays en développement, en particulier en Asie, se sont imposés comme des acteurs majeurs, tirant parti de la mondialisation pour « rattraper » l'Occident industrialisé. La part des pays en développement dans le commerce mondial est passée d'un tiers à plus de la moitié en seulement 15 ans. En outre, les échanges entre les pays en développement se sont intensifiés de façon remarquable. En 1990, moins du tiers du commerce des pays en développement se faisait avec d'autres pays en développement ; aujourd'hui, le commerce Sud-Sud représente plus de la moitié des échanges de ces pays.

Allocution de Pascal Lamy, Directeur général de l'OMC, mai 2011.

Questions

11. Quelles sont les régions qui dominent le commerce mondial ?

12. Quel groupe de pays se trouve marginalisé dans le commerce mondial ? Justifiez.

13. Comment a évolué la répartition géographique des échanges mondiaux depuis les années 1950 ?

III Les opérations de change

A. Le marché des changes : une nécessité pour les règlements internationaux

1. Les modalités des règlements internationaux

Document 14 *Le règlement des échanges commerciaux*

Chaque pays ayant sa propre monnaie, les échanges internationaux de biens et de services entraînent un échange de monnaie. En effet, les fournisseurs étrangers des entreprises françaises, par exemple, n'acceptent généralement pas d'être payés en euros [...]. Toute relation économique avec l'étranger exige une opération de change puisque la monnaie nationale doit être convertie dans la monnaie du pays avec lequel se réalise la transaction. Le taux de change, qui exprime la valeur d'une monnaie dans une autre, permet ainsi à un importateur de connaître la quantité d'euros qu'il devra fournir pour obtenir le montant en dollars, yens, etc., exigé par l'entreprise étrangère. [...]

Le schéma ci-après décrit les différentes étapes du règlement des échanges entre un importateur français de produits fabriqués au Japon et son fournisseur japonais. Il met en évidence deux points importants. D'une part, ce sont les banques qui sont les intermédiaires pour toutes les opérations de change ; d'autre part, un marché particulier apparaît, le marché des changes.

Les étapes du règlement des échanges

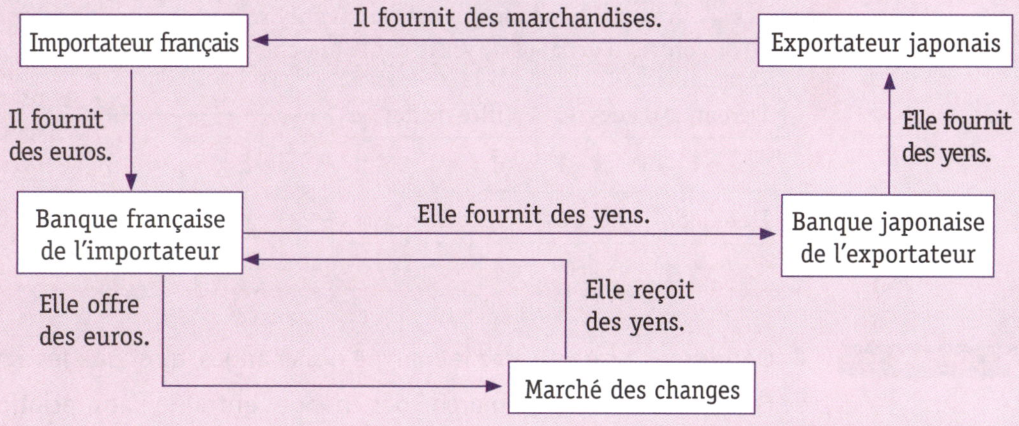

D'après J.-Y. Capul, O. Garnier, *Dictionnaire d'économie et de sciences sociales*, Hatier.

Document 15 *Le taux de change de l'euro*

	30 mars 2012	31 juillet 2012
Yen	110,41	96,19

Banque centrale européenne.

Questions

1. Montrez le lien entre l'échange international et l'opération de change. Quelle est l'utilité de cette dernière ?
2. Définissez le taux de change. À quoi sert-il ?
3. Un importateur français achète régulièrement pour 100 000 yens de marchandises à son fournisseur japonais. Quel est le différentiel de coût induit par cette opération s'il a réalisé cet achat le 30 mars ou le 31 juillet 2012 ? Concluez.

2. Le marché des changes

Document 16 *Le fonctionnement du marché des changes*

Un marché mondial : les transactions entre offreurs et demandeurs de devises se déroulent entre les salles de marché des différentes banques du monde, par le biais d'instruments de communication.

Un marché en continu : le marché des changes fonctionne en continu, tous les jours ouvrables, sur chacune des grandes places financières mondiales (Londres, Paris, Zurich, Tokyo, New York, etc.).

Lorsque le marché européen ferme, il ouvre aux États-Unis avant que les places financières asiatiques ne prennent le relais. Il est ainsi possible d'acheter ou de vendre des devises à tout moment.

Les intervenants sur le marché des changes : les principaux acteurs intervenant sur le marché des changes sont les grandes banques, qui agissent pour leur compte propre ou pour celui de leurs clients (essentiellement des entreprises, mais également des particuliers et des institutions financières ne participant pas au marché).

Document 17 *La fixation de la valeur des monnaies sur le marché des changes*

C'est l'offre et la demande qui déterminent la valeur des monnaies dont le cours fluctue au gré des ordres d'achat et de vente sur le marché des changes.

Demande de devises > Offre de devises → Appréciation de la devise : sa valeur augmente

Demande de devises < Offre de devises → Dépréciation de la devise : sa valeur diminue

Questions

4. Définissez et caractérisez le marché des changes, ainsi que les acteurs y intervenant.
5. Quelle situation sur le marché des changes entraîne l'appréciation d'une monnaie ? la dépréciation d'une monnaie ?

B. Les décisions des agents économiques en fonction de l'évolution du taux de change

1. Les arbitrages des consommateurs

Document 18 *Mais à qui profite la baisse du dollar ?*

La top-modèle brésilienne la mieux payée au monde, Gisele Bündchen, aurait accepté d'être rémunérée « dans toutes les monnaies, sauf en dollars ». [...] À sa naissance, début 1999, la monnaie européenne valait à peine un dollar (0,82 dollar). Aujourd'hui, elle a dépassé la barre des 1,5 dollar, battant même un record absolu vendredi à 1,5654. Cette inexorable ascension de l'euro gonfle le pouvoir d'achat des Français se rendant aux États-Unis. Des consommateurs qui n'hésitent plus à traquer les bonnes affaires sur des sites Internet américains de commerce en ligne.

Bruno Mazurier, *Le Parisien Économie*, 17 mars 2008.

DOCUMENT 19 *Des produits high-tech moins chers sur les sites marchands américains*

En deux ou trois clics, il est aujourd'hui possible de commander un produit dernier cri sur un site marchand basé outre-Atlantique. Avec une monnaie européenne dite « forte » – 1,3155 dollar pour 1 euro, taux de change du vendredi 12 mars 2012, jour de lancement de l'iPad 3 HD –, il est possible de faire des économies en l'acquérant directement sur un site américain.

Comparaison du prix d'un produit high-tech sur les sites américains et français

Produit	Acheté en ligne aux États-Unis Prix en dollars/converti en euros	Acheté en ligne en France Prix en euros	Écart en %
iPad 3 HD	489 $ / 371,72 €	489 €	– 24 %

Question

6. Montrez comment le taux de change d'une monnaie influence le comportement d'achat des ménages. Illustrez votre réponse, avec l'exemple de la parité euro/dollar, en montrant comment s'effectue l'arbitrage des consommateurs entre des biens vendus localement et des biens en provenance de l'extérieur.

2. Les arbitrages des entreprises

DOCUMENT 20 *Compétitivité-prix et compétitivité-hors prix*

La compétitivité représente la capacité d'une entreprise à faire face à la concurrence, tant sur les marchés extérieurs que sur son marché interne. Une entreprise peut être compétitive car elle vend moins cher que ses concurrents : on parlera alors de compétitivité-prix. La compétitivité-prix fait intervenir trois éléments : les coûts de production, le comportement des exportateurs, qui peuvent augmenter les prix des produits vendus à l'étranger afin d'augmenter leurs marges, et le taux de change, car les produits sont plus onéreux en cas d'appréciation de la monnaie.

Mais le niveau des prix n'est pas le seul élément qui entre en compte dans la décision d'achat. Les produits se vendent aussi pour d'autres raisons (qualité, sérieux du service, image de marque, etc.). On parlera de compétitivité-hors prix.

DOCUMENT 21 *Euro fort : quels risques pour les entreprises ?*

L'euro a dépassé vendredi matin les 1,41 dollar. L'économie française va-t-elle en payer le prix ? [...] Les secteurs et les entreprises les plus touchés sont ceux qui bénéficient le moins de la baisse des coûts importés, comme l'énergie ou les matières premières, qui sont facturées en dollars. Au contraire, toute entreprise qui a une structure de coûts en dollars voit son pouvoir d'achat augmenter. Par définition, les entreprises concernées sont celles qui ont des clients hors zone euro [...]. Les plus exposées sont celles qui n'ont pas su différencier leurs produits en innovant, et qui restent donc fortement tributaires de la compétitivité-prix. Si une entreprise innove, elle se place sur un segment de marché où il n'y a plus de concurrence directe. Elle peut donc librement fixer ses prix. C'est la compétitivité-hors prix qui permet de supporter une baisse de compétitivité-prix, due aux effets de change. [...]

Propos recueillis par H. Lattard auprès de S. Guillou, économiste à l'OFCE, *www.lexpansion.com*

DOCUMENT 22 *L'impact du taux de change sur les relocalisations*

Entre 2005 et 2012, le taux de change entre le dollar et le yuan a crû de plus de 30 %. Si l'on tient compte de la hausse des prix en Chine, plus rapide qu'aux États-Unis, la revalorisation est proche de 40 %. Ce mouvement se conjugue à la baisse des coûts salariaux aux États-Unis. Ce qui a déjà conduit des entreprises à rapatrier leur activité dans certains États américains.

G. Duménil et D. Lévy, *Le Monde diplomatique*, mars 2012.

Questions

7. À partir du document 20, expliquez les différents éléments qui fondent la décision d'achat des consommateurs.

8. Indiquez les conséquences d'une hausse de l'euro, puis d'une baisse de l'euro sur les coûts et la compétitivité des entreprises.

9. Que peuvent faire les entreprises pour rester compétitives en cas de hausse de l'euro ? Sont-elles également sensibles à une hausse du taux de change ?

Entraînement

Les compétences attendues

- Apprécier le degré d'ouverture d'une économie.
- Interpréter les soldes du compte des transactions courantes.
- Identifier les influences du taux de change sur la décision des agents économiques.

Mise en situation

En une quinzaine d'années, le paysage de l'économie mondiale a été bouleversé par la croissance effrénée des pays émergents et notamment de la Chine. Vous êtes chargé(e) de mener une étude sur l'évolution de la place de la Chine dans le commerce international en vous appuyant sur vos connaissances personnelles et sur les documents fournis en annexe.

Travail à faire

1. Appréciez l'évolution du degré d'ouverture de la Chine au commerce international entre 1987 et 2011 ainsi que celle de son solde commercial.
2. Quelles seraient les conséquences d'une réévaluation de la monnaie chinoise pour les entreprises chinoises ? pour les entreprises des pays extérieurs ?
3. Après avoir présenté les caractéristiques du commerce extérieur de la Chine, montrez, dans le cadre d'une note structurée et argumentée, les raisons de l'essor de la Chine.

Annexe 1

La croissance chinoise

L'essor des pays émergents, notamment de la Chine, a intensifié la mondialisation des échanges, dont le centre de gravité s'est déplacé. […]

Le développement de la production dans ces pays a profité d'une main-d'œuvre abondante. Mais cette croissance ne s'est pas traduite par un développement équivalent de la consommation intérieure, limitée par la pression qu'une « armée de réserve » encore nombreuse et nourrie par l'exode rural exerce sur le niveau des salaires. […] Ce déséquilibre entre la croissance rapide de la production et celle beaucoup plus lente de la consommation se traduit par des excédents commerciaux de plus en plus importants, particulièrement en Chine, qui favorisent un modèle de développement extraverti, fondé en priorité sur la croissance des exportations. Le taux de croissance annuel moyen des exportations chinoises au cours de la dernière décennie a été de l'ordre de 20 %, alors que son produit intérieur brut (PIB) ne progressait « que » de 10 %.

Elliot Aurissergues, *Alternatives économiques*, hors-série n° 86.

Annexe 2

Le commerce extérieur chinois : un géant grandissant
Les indicateurs économiques de la Chine entre 1987 et 2011

En milliards de dollars courants	1987	1997	2011
PIB	268, 2	952,7	7 298
Exportations de marchandises	39,4	182,8	1 899
Importations de marchandises	43,2	142,4	1 743
Exportations de services	4,2	24,5	182
Importations de services	2,3	27,7	237

Base de données statistiques de l'OMC, *www.wto.org*

L'essor de la Chine dans le commerce international

Annexe 3

La Chine en mutation

Parmi toutes les économies émergentes, la Chine est sans doute la plus complexe et la plus difficile à appréhender. Leader dans certains secteurs industriels, comme l'électronique grand public, elle reste pourtant encore une économie en cours d'industrialisation, au moins jusqu'en 2020. [...] En raison de [ses] besoins croissants en matières premières et en énergie, les importations devraient croître plus vite que les exportations, sans toutefois remettre en cause le solde positif de la balance commerciale chinoise.

Concernant les exportations, viennent en tête l'électronique grand public (appareils de radio, télévisions, caméras...) qui se développe à grande vitesse ainsi que la construction navale, secteur où la Chine s'impose en acteur majeur.

Le pays développe ses échanges avec l'Amérique latine et la zone Asie-Pacifique, deux relais de croissance importants pour pallier le ralentissement économique des pays occidentaux.

© Marie-Pierre Noguès-Ledru, *lexpansion.com*, 9 mai 2012.

Annexe 4

Évolution du solde commercial de la Chine

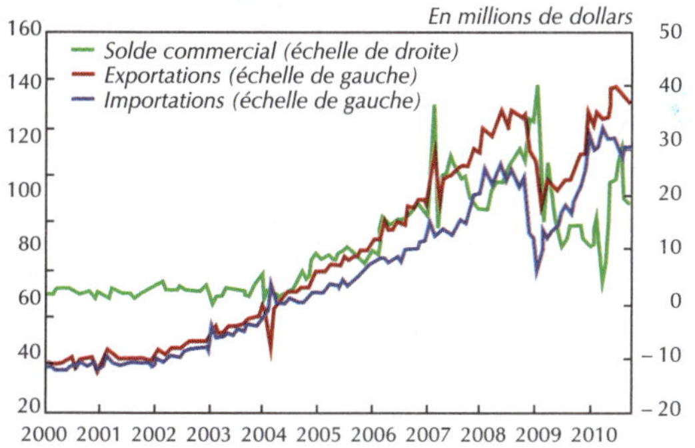

Note : (*) Données corrigées des variations saisonnières.

Production manufacturière

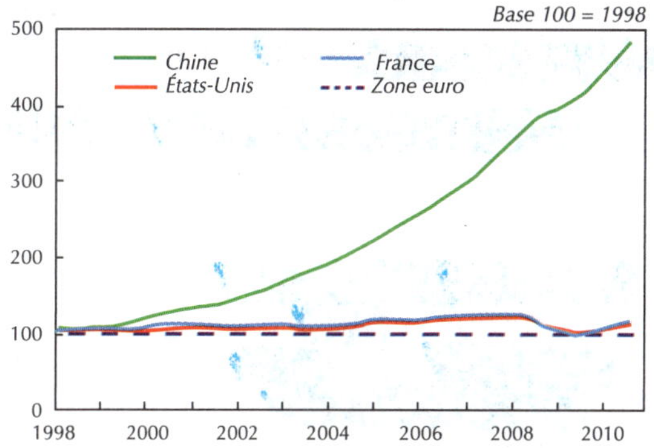

Global Insight et calculs DG Trésor.

Tant que la Chine continue à gagner des parts de marché, des produits chinois moins chers continuent à être substitués aux produits européens ou américains chers. On voit que les prix des importations des États-Unis depuis la Chine baissent, sauf lors des phases d'appréciation rapide du yuan.

Le niveau des coûts salariaux unitaires de la Chine reste faible : il approche en 2010, 60 % de celui des États-Unis et moins de 50 % de celui de la zone euro ou de la France.

P. Artus, J. Mistral, V. Plagnol – L'émergence de la Chine : impact économique et implications de politique économique, Rapport du Conseil d'analyse économique, n° 98, La Documentation française.

Annexe 5

Chine : quel taux de change ?

La crainte du gouvernement chinois est qu'une réévaluation de sa monnaie conduise à une délocalisation des industries de main-d'œuvre vers des pays d'Asie à salaires encore plus faibles. Américains et Européens réclament à la Chine une réévaluation de sa monnaie afin de rendre le travail chinois plus cher, donc moins compétitif, et ainsi diminuer l'excédent commercial du pays.

Patrick Artus, *Alternatives économiques* n° 291, mai 2010.

Sens de la leçon

L'ouverture des économies

1 Les échanges internationaux se mesurent grâce :

- **À la balance des transactions courantes :**
  - Importations et exportations de biens et de services
  - Revenus
  - Transferts courants

- **Aux indicateurs du commerce extérieur :**
  - Degré d'ouverture (taux de participation au commerce extérieur)
  - Taux de couverture (comparaison entre exportations et importations)

2 Les échanges internationaux se caractérisent par une très forte progression générale. Mais :

- **La répartition des échanges est inégale en fonction des pays :**
  - Polarisation des échanges autour des pays développés et des pays en développement, asiatiques notamment.
  - Marginalisation des pays pauvres.

- **La répartition des échanges est inégale en fonction des secteurs d'activité :**
  - Des secteurs ouverts à la concurrence
  - Des secteurs abrités

3 Le taux de change détermine :

- **Le prix des devises pour le règlement des échanges internationaux.**
- **Les décisions des agents économiques : consommateurs et entreprises.**

Les mots-clés : Change – Commerce extérieur – Compétitivité-prix et -hors prix – Degré d'ouverture – Marché des changes – Compte des transactions courantes – Taux de change

5

Les fondements des échanges internationaux

Le référentiel

1. La coordination des décisions économiques par l'échange *(20 heures)*

1.2. La dimension internationale de l'échange *(7 heures)*

La compétence attendue

• Analyser les flux internationaux de biens et de services.

Le plan du chapitre

I Les explications traditionnelles de l'échange international

A. La justification de l'échange international → Documents 1 à 3

B. Les critères de spécialisation des pays → Documents 4 à 7

II Les nouvelles approches du commerce international

A. La réalité des échanges internationaux → Documents 8 et 9

B. Les apports des nouvelles théories du commerce international → Document 10

III La nouvelle division internationale du travail (DIT)

A. La DIT reflète la spécialisation des pays → Documents 11 et 12

B. La nouvelle DIT : les flux mondiaux d'échanges → Documents 13 et 14

Mise en situation

La spécialisation de la France

5e importateur et 6e exportateur mondial, la France s'est spécialisée au fil du temps dans certaines activités qui font sa renommée au niveau mondial.

I Les explications traditionnelles de l'échange international

A. La justification de l'échange international

Document 1 *La satisfaction de l'ensemble des besoins de la nation*

Une première raison que tu ne contesteras pas je pense : tu aimes bien manger des bananes, boire du bon café et profiter des avantages de l'essence qui fait carburer ma vieille guimbarde. Malheureusement, il fait un peu trop froid à Paris pour que prospèrent de beaux fruits exotiques et de verts caféiers, et les dieux ne nous ont pas suffisamment gâtés en nappes d'or noir. [...] Nous avons donc besoin des autres pour satisfaire nos besoins et désirs, comme les autres ont besoin de nous pour obtenir les produits qui n'existent pas chez eux pour des raisons climatiques, géologiques ou autres. Évident diras-tu. Certes. Mais ne crois pas que c'est la seule explication à l'échange entre nations.

André Fourçans, *L'économie expliquée à ma fille*, © Éditions du Seuil.

Document 2 *L'approvisionnement en pétrole de la France*

La France a des besoins très importants d'hydrocarbures : c'est près de 65 % de la consommation énergétique de chacun d'entre nous, c'est 4,3 litres de produits pétroliers par jour et par habitant, soit 272 millions de litres par jour. [...]
Actuellement, la France produit quelque 875 000 tonnes de pétrole par an, soit environ 1 % de sa consommation. La France est dépendante à 99 % des importations pour sa consommation de pétrole, près de 2 millions de barils entrent en France chaque jour. 98 % du gaz consommé en France est importé.

www.developpement-durable.gouv.fr

Question

1. Pourquoi le commerce international est-il nécessaire ? Illustrez votre réponse.

Document 3 *La théorie des avantages absolus d'Adam Smith*

L'avantage absolu à l'échange

La maxime de tout chef de famille prudent est de ne jamais essayer de faire chez soi la chose qui lui coûtera moins cher à acheter qu'à faire. Le tailleur ne cherche pas à faire ses souliers, mais il les achète au cordonnier ; le cordonnier ne tâche pas de faire ses habits, mais il a recours au tailleur ; le fermier ne s'essaye point à faire ni les uns ni les autres, mais il s'adresse à ces deux artisans et les fait travailler. Il n'y en a pas un d'eux tous qui ne voie qu'il y va de son intérêt d'employer son industrie tout entière dans le genre de travail dans lequel il a quelque avantage sur ses voisins, et d'acheter toutes les autres choses dont il peut avoir besoin avec une partie du produit de cette industrie ou, ce qui est la même chose, avec le prix d'une partie de ce produit. Ce qui est prudence dans la conduite de chaque famille en particulier ne peut guère être folie dans celle d'un grand royaume. Si un pays étranger peut nous fournir une marchandise à meilleur marché que nous ne sommes en état de le faire nous-mêmes, il vaut bien mieux que nous la lui achetions avec quelque partie du produit de notre propre industrie, employée dans le genre dans lequel nous avons quelque avantage.

Adam Smith, *Recherches sur la nature et les causes de la richesse des nations*, Livre IV, Economica.

Questions

2. Pourquoi les pays échangent-ils, selon Adam Smith ?
3. Précisez la notion d'« avantage absolu ».

B. Les critères de spécialisation des pays

1. La spécialisation selon les avantages comparatifs

Document 4 *La théorie des avantages comparatifs de Ricardo*

David Ricardo, dans son ouvrage intitulé *Principes de l'économie politique et de l'impôt* (1817), présente la théorie des avantages comparatifs selon laquelle les pays ont intérêt à se spécialiser dans les productions pour lesquelles leurs coûts relatifs de production sont les plus faibles, et à importer les produits pour lesquels ils sont désavantagés. La théorie de Ricardo offre une analyse du commerce international qui démontre la supériorité de l'échange international sur l'autarcie.

Ricardo explique la spécialisation internationale à l'aide d'un exemple numérique :

« L'Angleterre peut se trouver dans des circonstances telles qu'il lui faille, pour fabriquer le drap, le travail de cent hommes par an, tandis que, si elle voulait faire du vin, il lui faudrait peut-être le travail de cent vingt hommes par an : il serait donc de l'intérêt de l'Angleterre d'importer du vin, et d'exporter en échange du drap. [...]

En Portugal, la fabrication du vin pourrait ne demander le travail que de quatre-vingts hommes pendant une année, tandis que la fabrication du drap exigerait le travail de quatre-vingt-dix hommes. Le Portugal gagnerait donc à exporter du vin en échange du drap. »

Une analyse fondée sur les coûts **absolus**, comme celle d'Adam Smith, conduirait à considérer que seul le Portugal peut exporter puisqu'il produit le vin comme le drap pour moins cher que l'Angleterre.

Or, Ricardo montre que ce sont les coûts **relatifs** qui doivent être considérés. Chaque pays a intérêt à se spécialiser dans la production dans laquelle il est le plus performant en termes de coût, ou le moins mauvais comparativement aux autres nations. Ainsi, l'Angleterre aura intérêt à se spécialiser dans le drap, où sa productivité est la moins mauvaise par rapport au Portugal. Si les deux pays entrent dans l'échange international, et donc se spécialisent, ils produisent un seul type de bien, mais en plus grande quantité, à un coût relativement plus faible qu'à l'étranger. En vendant à l'étranger le surplus de cette production qu'ils ne consommeront pas intégralement, ils peuvent acquérir d'autres biens (car ils ont également besoin de biens qu'ils ne produisent pas) pour lesquels leur productivité est relativement moins forte. Il en résulte pour chaque pays, et donc pour l'économie mondiale, une hausse de la production et de la productivité.

Document 5 *Illustration du principe des avantages comparatifs au sein de l'empire britannique au XIXe siècle*

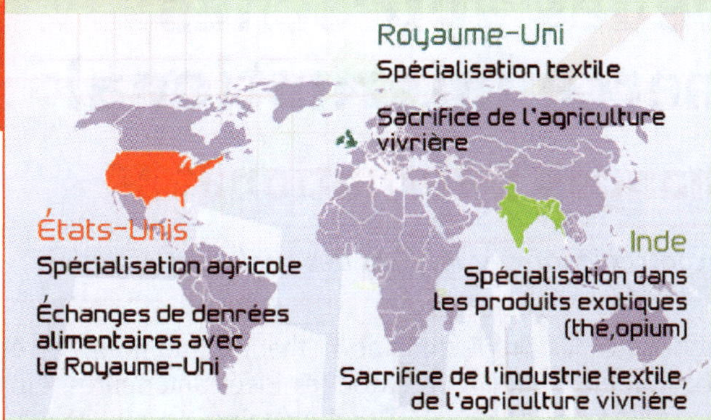

À l'époque de Ricardo, l'Angleterre, seule grande puissance à avoir connu la révolution agricole, a l'agriculture la plus productive du monde. Celle-ci est pourtant sacrifiée au profit de l'industrie selon la logique décrite par Ricardo. Autosuffisante au début du XIXe siècle, l'Angleterre dépendra pour plus des deux tiers de l'étranger pour son alimentation au début du siècle suivant.

Questions

4. Expliquez pourquoi, selon la théorie des avantages absolus d'Adam Smith, l'Angleterre ne pourrait pas participer au commerce international.
5. Selon Ricardo, pourquoi les pays ont-ils intérêt à se spécialiser dans certaines productions ? Justifiez en expliquant les spécialisations respectives de l'Angleterre et du Portugal.
6. Pourquoi, selon Ricardo, y a-t-il un gain global tiré du commerce international ?

2. La spécialisation selon la dotation en facteurs de production

Document 6 *Le modèle HOS (Heckscher, Ohlin et Samuelson)*

Les travaux de E. Heckscher, B. Ohlin et P.A. Samuelson montrent, également, que le libre-échange est à l'origine de gains pour les pays si ces derniers se spécialisent en fonction de leurs dotations relatives en facteurs de production, c'est-à-dire la terre, le travail et le capital.
Pour ces auteurs, c'est l'« abondance relative d'un facteur de production » qui va être à l'origine de l'avantage comparatif, c'est-à-dire d'un coût relatif plus faible. Ainsi, un pays abondamment doté en main-d'œuvre, mais disposant d'équipements restreints, aura-t-il tendance à se spécialiser dans des productions utilisant des techniques intensives en travail, car le coût du travail y sera moins élevé.
Chaque pays a donc intérêt à se spécialiser dans les productions utilisant les facteurs qu'il possède en abondance par rapport aux autres pays, à exporter de telles productions et à importer des biens renfermant des facteurs de production qui lui manquent.
Ainsi, la Chine, qui dispose de main-d'œuvre en abondance, et donc à bas coût, est spécialisée dans des activités d'assemblage de produits manufacturés qui sont peu automatisées et nécessitent beaucoup de main-d'œuvre.

Document 7 *La spécialisation de la Chine*

L'avantage comparatif de la Chine se situe dans les industries à forte intensité de main-d'œuvre. [...] L'avantage comparatif des pays industrialisés repose dans les activités à haute intensité de connaissances (« *knowledge intensive activities* ») puisque ces pays ont tellement de main-d'œuvre qualifiée. Ainsi, pour les années à venir, la Chine est plus susceptible d'assembler les meilleurs ordinateurs que de les concevoir.

Traduction d'un extrait de « The great job switch », *The Economist*.

Questions

7. Qu'est-ce que la dotation factorielle d'une nation ?
8. Selon la théorie HOS, comment s'exerce la spécialisation internationale ? Expliquez pourquoi le théorème HOS est considéré comme un approfondissement de la théorie des avantages comparatifs.
9. Indiquez la nature et la raison de la spécialisation de la Chine.

II Les nouvelles approches du commerce international

A. La réalité des échanges internationaux

Document 8 *La contradiction par les faits des analyses classiques*

L'écart considérable entre les prédictions de la théorie traditionnelle et les constatations empiriques doit conduire à remettre en cause les idées antérieures. Elhanam Helpman et Paul Krugman, en 1985, considèrent ainsi que [certaines] caractéristiques importantes du commerce international contemporain ne sont pas expliquées par la théorie traditionnelle :

- les échanges internationaux se développent le plus rapidement entre les pays les plus développés, qui présentent des dotations factorielles très voisines, contrairement aux attentes de la théorie HOS ;
- le commerce intrabranche constitue une part significative et en croissance des échanges internationaux qui ne peut être expliquée ni par la théorie ricardienne, ni par la théorie HOS.

M. Rainelli, « Mondialisation et commerce international », *Cahiers français*, n° 325, La Documentation française.

DOCUMENT 9 *Le poids du commerce intrabranche dans les pays de l'OCDE*

Le commerce international est dominé par le commerce intrabranche, c'est-à-dire les échanges de biens qui appartiennent à la même branche industrielle. Plus de la moitié du commerce entre pays de l'OCDE porte sur des échanges intrabranches. Au sein de l'Union européenne, première puissance commerciale du monde, 60 % du commerce est intrabranche. On pourrait en conclure que les pays fabriquent et échangent les mêmes biens, ce qui contredirait la théorie classique du commerce international, qui postule que les pays se spécialisent dans la production de biens pour lesquels ils disposent d'un avantage comparatif. En réalité, les producteurs, à l'intérieur d'une même branche (l'automobile, par exemple), cherchent à se distinguer de leurs concurrents en singularisant le plus possible leurs produits (en se spécialisant, par exemple, dans les véhicules bas de gamme ou haut de gamme), de sorte que les produits échangés ne sont pas équivalents pour les consommateurs.

S. Lepeltier, *Mondialisation : une chance pour l'environnement*, Rapport d'information du Sénat n° 233, *www.senat.fr*

Questions

1. Identifiez les caractéristiques des échanges contemporains qui remettent en cause les théories traditionnelles des échanges internationaux. Argumentez vos réponses.
2. Qu'est-ce que le commerce intrabranche ?
3. Quelles sont les stratégies des entreprises dans le cadre du commerce intrabranche ?

B. Les apports des nouvelles théories du commerce international

DOCUMENT 10 *Le goût des consommateurs pour la variété*

La théorie traditionnelle repose sur l'hypothèse d'homogénéité des biens : tous les producteurs anglais de drap mettent sur le marché le même drap, et le drap produit au Portugal est strictement identique à celui réalisé en Angleterre. Cependant, la théorie microéconomique a développé dès les années 1930 une hypothèse différente, celle de la différenciation des produits. Pour des raisons subjectives ou objectives, les consommateurs ne considèrent pas comme identiques les produits de deux firmes qui appartiennent à la même branche. [...]
L'introduction de cette hypothèse dans l'explication des échanges internationaux permet de comprendre l'existence du commerce intrabranche [pour deux raisons] :
– les consommateurs d'un pays vont demander des produits étrangers parce qu'ils ont un goût pour la variété (le commerce international leur permet d'accroître l'éventail de biens) ou bien parce que les producteurs étrangers offrent des produits qui correspondent plus précisément aux spécifications qu'ils demandent ; [...]
– les consommateurs sont confrontés à des produits qui ont des qualités différentes, comme, par exemple, les modèles d'automobiles. Les consommateurs ayant des revenus élevés demandent la qualité supérieure, alors que ceux à revenus faibles sont intéressés par la qualité inférieure. La spécialisation internationale s'explique alors par le niveau moyen de revenu des habitants. Le pays avec le revenu moyen le plus élevé se spécialise dans la production de la qualité supérieure, celui avec le revenu moyen le plus faible dans la production de la qualité inférieure, et il existe des échanges internationaux de produits de qualité différente.

M. Rainelli, *Le Commerce international*, éditions La Découverte.

Questions

4. Présentez les principales causes de l'échange intrabranche.
5. Montrez que le développement du commerce intrabranche vient contredire les conclusions des théories traditionnelles concernant la spécialisation des nations.

III La nouvelle division internationale du travail (DIT)

A. La DIT reflète la spécialisation des pays

Document 11 *La division internationale du travail et de la production*

La division internationale du travail, ou DIT, est une extension de la division du travail appliquée au commerce international. Elle désigne le fait que les pays se sont spécialisés pour produire certains biens économiques : ils ne travaillent pas tous sur les mêmes produits et, de ce fait, échangent entre eux leur production. Cette spécialisation de pays ou zones repose initialement sur les simples avantages comparatifs des différents pays, pour évoluer vers une décomposition plus poussée de la chaîne de valeur, ou décomposition internationale du processus productif (DIPP).

La DIPP correspond au fait que les firmes délocalisent certains morceaux ou segments de la chaîne de production en plusieurs pays pour tenir compte des avantages de chacun d'eux (l'assemblage, par exemple), ce qui peut donner lieu à une exportation préalable de composants (tissus, composants automobiles, composants électroniques, pièces détachées…) et à des importations de produits finals.

Les firmes multinationales mettent ainsi en œuvre de nouvelles stratégies à l'échelle mondiale.

Document 12 *L'iPhone, un produit « made in world »*

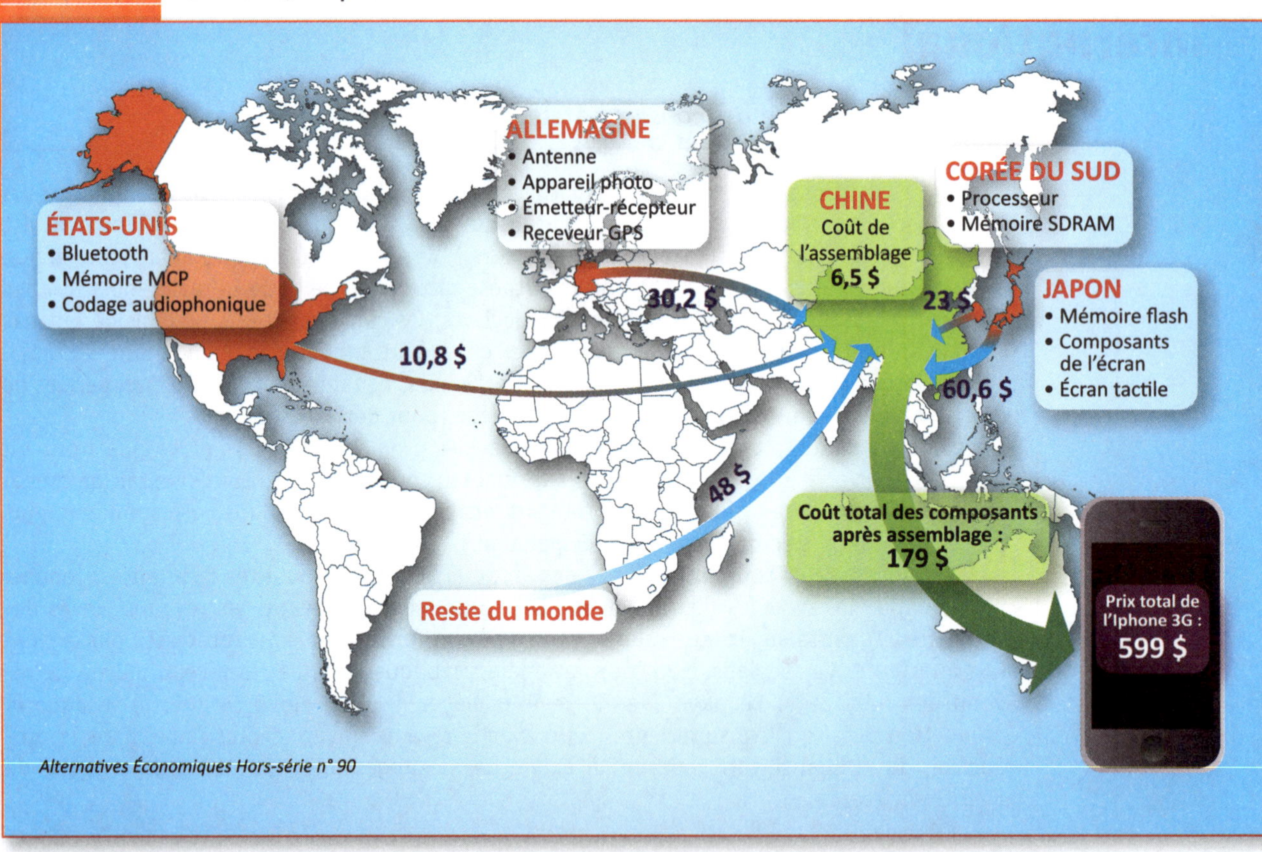

Alternatives Économiques Hors-série n° 90

Questions

1. Que reflète la division internationale du travail au niveau de la production ?
2. Caractérisez la décomposition internationale du processus productif (DIPP). En fonction de quel critère s'effectue-t-elle ? Illustrez avec l'exemple de la fabrication de l'iPhone.

B. La nouvelle DIT : les flux mondiaux d'échanges

Document 13 *Les asymétries Nord-Sud dans le commerce des produits manufacturés*

Si la spécialisation primaire est traditionnellement forte dans les PVD[1], il faut, toutefois, noter que cette caractéristique s'amenuise. En effet, les exportations du Sud vers le Nord sont de moins en moins constituées de matières premières et incorporent, au contraire, de plus en plus de produits manufacturés. […] D'où l'idée d'un basculement de l'ancienne division internationale du travail (DIT) à une nouvelle DIT, lié à l'industrialisation d'une partie du Sud (les économies émergentes).

Un nombre croissant de PVD accède à la possibilité de produire et d'exporter des produits usinés. Toutefois, ce « rattrapage » se réalise fréquemment (mais pas systématiquement) sur les segments « bas de gamme » de l'activité manufacturière (textile, acier, cuir, etc.). Les PDEM[2] délaissent les activités héritées du XIXe siècle et globalisent leur demande en sous-traitance internationale dont s'emparent les PVD les mieux placés du point de vue de la compétitivité internationale « hors-coût ». […]

Il serait hâtif cependant d'en déduire que la DIT a vécu et qu'elle céderait la place à une nouvelle configuration dite de « compétition généralisée » où PDEM et PVD seraient en confrontation directe sur tous les marchés. Il s'agit plutôt d'un changement de DIT ou d'une dérive de l'ancienne division du travail vers une répartition plus complexe des activités productives et exportatrices. En effet, un grand nombre de PVD s'orientent vers des productions manufacturières fortement consommatrices de main-d'œuvre alors que les pays industrialisés se redéploient vers des activités à haute technologie (biotechnologies, aéronautique, informatique et nouvelle économie, espace, etc.). L'industrialisation des PVD n'a pas non plus un caractère général puisqu'elle est limitée à une douzaine de pays d'Asie et d'Amérique latine qui représentent toutefois plus de la moitié de l'humanité (puisque figurent parmi eux la Chine, l'Inde, l'Indonésie, le Brésil, le Mexique). […]

1. Pays en voie de développement.
2. Pays développés à économie de marché.

L. Abdelmalki, R. Sandretto, « Le commerce mondial », *Cahiers français*, n° 299, La Documentation française.

Document 14 *Les asymétries du commerce international*

L'ancien modèle de la division internationale du travail entre les nations a été bouleversé par la mondialisation. […] La réduction des coûts de transport, la révolution des technologies de l'information et la plus grande ouverture des politiques économiques ont facilité la « décomposition » de la production non seulement à l'intérieur des pays, mais aussi entre les pays. […]

J'en viens maintenant au deuxième point, celui de l'impact de la chaîne de production mondiale sur le développement. Le livre* montre comment la production industrielle en Asie est tirée par la demande des États-Unis, et comment les producteurs asiatiques se sont organisés pour répondre à cette demande, en se spécialisant en fonction de leurs avantages comparatifs […]

J'ai été particulièrement intéressé par la série de graphiques montrant comment les économies en développement asiatiques étaient en train de rattraper le Japon, comme principaux partenaires commerciaux des États-Unis. […] Les changements reflètent en fait une redistribution des rôles et des tâches à l'intérieur de la chaîne d'approvisionnement régionale, la plupart de ces changements ayant été initiés par les entreprises japonaises elles-mêmes. Loin d'être un jeu à somme nulle, le commerce des tâches s'est avéré « gagnant-gagnant » pour la région. En moins de 20 ans, des économies asiatiques relativement moins avancées ont pu devenir des acteurs majeurs dans les secteurs manufacturiers.

À part la Chine, que l'on surnomme aujourd'hui « l'atelier du monde », on recense une série de succès industriels en Malaisie, en Indonésie et en Thaïlande.

Discours d'orientation de M. Pascal Lamy, Directeur général de l'OMC, 6 juin 2011.

* *Structure des échanges et chaînes de valeur mondiales en Asie de l'Est*, publication conjointe de l'OMC et de l'Institut des économies en développement (IDE-JETRO).

Questions

3. Expliquez la phrase soulignée.

4. Pourquoi peut-on parler de « nouvelle » division internationale du travail ?

Entraînement

La compétence attendue

- Analyser les flux internationaux de biens et de services.

Mise en situation

Cinquième importateur et sixième exportateur mondial, la France s'est spécialisée au fil du temps dans certaines activités qui font sa renommée au niveau mondial. Vous êtes chargé(e) de mener une étude sur le type et les raisons de la spécialisation de la France, en vous appuyant sur vos connaissances personnelles et sur les documents fournis en annexe.

Travail à faire

1. Que signifie l'indicateur d'avantage comparatif révélé ?

2. Expliquez la théorie classique à laquelle se réfère l'annexe 3 et analysez le graphique.

3. Comment a évolué la spécialisation de la France ? Exposez les raisons de cette évolution à la lumière des théories du commerce international.

Annexe 1

Ces produits français qui s'exportent bien

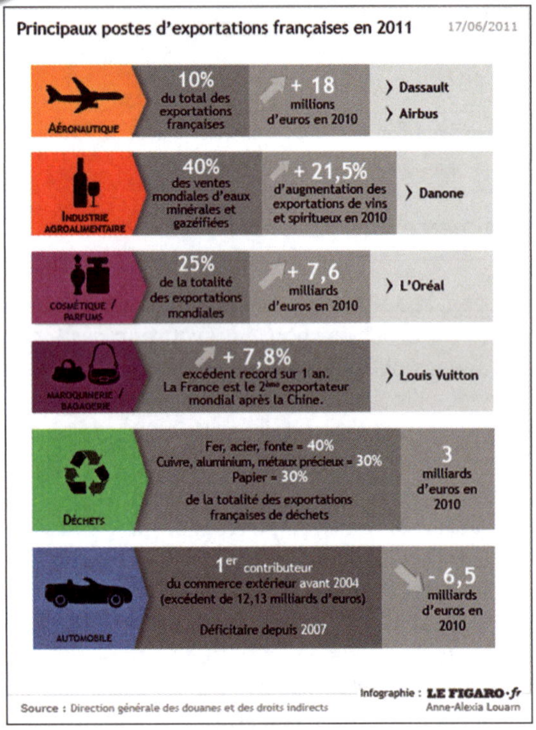

Malgré un déficit du commerce extérieur qui se creuse, la France continue d'exporter avec succès dans certains secteurs d'activité. Aéronautique en tête.

En 2010, la maroquinerie bagagerie connaît un excédent record : + 7,8 % sur un an. Notre pays a beau présenter un déficit commercial de 18,2 milliards d'euros au premier trimestre 2011, certains domaines d'activités se portent plutôt bien à l'export. En maroquinerie-bagagerie, les exportations sont tirées par le haut de gamme (sacs à main à plus de 300 euros l'unité) et la moitié des exportations sont à destination de l'Asie (Chine, Japon, Singapour). La France est le deuxième exportateur mondial du domaine, après la Chine.

© A. Raynal, *lefigaro.fr*, 21 juin 2011.

Annexe 2

L'avantage comparatif révélé

L'indicateur des « avantages comparatifs révélés » (ACR), concept introduit par Béla Balassa en 1965 et développé en France par le CEPII, répond à la question : « Quels sont les points forts et les points faibles d'une économie à l'exportation ? » Plus il est élevé, plus il montre une forte spécialisation dans un domaine d'activité. Il permet ainsi de caractériser la structure de la spécialisation de chaque pays pour chaque secteur d'activité.

La spécialisation de la France

ANNEXE 3

Évolution des avantages comparatifs révélés de la France par gamme de produits depuis 1990

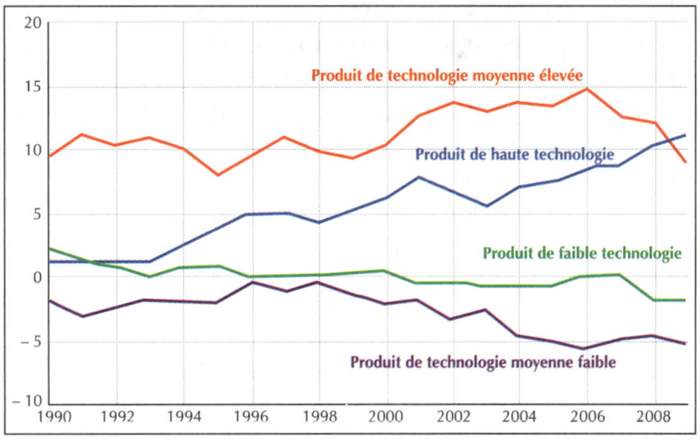

La France et l'Allemagne se spécialisent sur des produits à forte valeur ajoutée : la France s'oriente majoritairement vers les produits de haute technologie (aéronautique et pharmacie) alors que l'Allemagne se concentre sur des produits à technologie moyennement élevée (automobile et machines).

Lettre de Trésor-Eco, n° 98, *www.tresor.economie.gouv.fr*

ANNEXE 4

Une spécialisation sectorielle en mouvement

Au cours des 15 dernières années, la physionomie du commerce extérieur de la France évolue profondément. L'ouverture aux échanges se poursuit et la concurrence avec les pays tiers s'intensifie, de sorte qu'on assiste à une redistribution de ses avantages comparatifs. Le schéma traditionnel, qui voit la France spécialisée dans le savoir, tandis que les pays émergents sont cantonnés dans les produits à plus faible valeur ajoutée et intensifs en main-d'œuvre peu qualifiée, n'est plus tout à fait aussi pertinent qu'auparavant. [...]

En dehors du pétrole et du gaz, les principaux désavantages tiennent aux secteurs traditionnels, comme le textile, les meubles ou la métallurgie non ferreuse, mais pas seulement. L'évolution la plus marquante tient d'abord aux véhicules automobiles. Autrefois point fort de la spécialisation française, ils constituent maintenant l'un de ses principaux désavantages. Le modèle automobile français repose en effet sur une internationalisation croissante de la production, qui conduit à importer des pays à bas coûts les modèles d'entrée de gamme, d'où l'accumulation des déficits depuis 2007. L'autre fait saillant vient du creusement des désavantages dans le matériel informatique et l'électronique grand public, qui illustre la montée en gamme des pays émergents. Désormais, la moitié de ces produits est importée d'Asie et un quart de Chine, où ils sont assemblés. [...] Sinon, le gros de la spécialisation française vient de produits plutôt innovants. Si la plupart des matériels de transport entrent dans cette catégorie, l'aéronautique et les satellites sortent du lot, car ils affichent des profils de spécialisation particulièrement dynamiques sur la période. De nombreuses poches de spécialisation viennent enfin de certains produits issus de secteurs *a priori* plus traditionnels, comme l'habillement/cuir/textile ou les métaux et produits métalliques, où l'on peut supposer l'existence d'une concurrence frontale avec les pays émergents. Dans le premier cas, il s'agit notamment des industries du luxe, abritant un savoir-faire important, où le marketing, voire l'innovation, jouent un rôle important (sacs à main, portefeuilles).

Études et éclairages n° 15,
Les chiffres du commerce extérieur,
Direction générale des douanes et droits indirects.

Sens de la leçon

Les fondements des échanges internationaux

1 Pourquoi procéder à des échanges internationaux ?

Pour les nations : échanger permet de se spécialiser et aboutit à la division internationale du travail, qui entraîne des gains de productivité pour tous les pays.

Pour les consommateurs : échanger permet d'augmenter la variété des produits offerts aux consommateurs et favorise leur pouvoir d'achat.

Pour les entreprises : échanger permet de se spécialiser afin de réaliser des économies d'échelle et de gagner des parts de marché.

2 Les explications des échanges internationaux

- **Selon les théories traditionnelles, la spécialisation des échanges est déterminée par :**

Les avantages relatifs qu'elle procure à chaque nation : c'est la théorie des avantages comparatifs de David Ricardo.

La dotation en facteurs de production de chaque nation : c'est le théorème HOS de E. Heckscher, B. Ohlin et P. A. Samuelson.

- **Les théories classiques présentent des insuffisances :**

Le commerce intrabranche est très élevé, notamment dans les pays développés.

L'essentiel des échanges est réalisé par et entre les pays industrialisés.

Les firmes se spécialisent en différenciant leurs produits pour répondre au besoin de variété des consommateurs. Selon la nouvelle théorie du commerce international de Paul Krugman.

3 La division internationale du travail (DIT) :

Les firmes découpent leurs processus productifs au niveau mondial pour profiter des avantages comparatifs de chaque nation : c'est la nouvelle division internationale du travail.

Les mots-clés : Commerce intrabranche – Division internationale du travail – Théorème HOS – Théorie des avantages comparatifs

préparation à l'épreuve

S'entraîner au BTS n° 1

L'influence des pays émergents sur les échanges internationaux

Les compétences attendues

- Analyser les flux internationaux de biens et services.
- Apprécier le degré d'ouverture d'une économie ou de secteurs.
- Interpréter les soldes du compte des transactions courantes.

Mise en situation

On assiste aujourd'hui à l'irrésistible ascension de pays autrefois en sous-développement qui, en quelques années, se sont imposés comme des acteurs majeurs de l'économie mondiale. L'essor des pays émergents a entraîné le développement des échanges internationaux. Le centre de gravité de l'économie mondiale s'est déplacé vers des pays d'Asie comme la Chine et l'Inde mais aussi vers l'Amérique du Sud avec le Brésil, vers l'est de l'Europe avec la Russie, et, dans une moindre mesure, vers l'Afrique avec l'Afrique du Sud.

Vous êtes responsable des études économiques internationales de votre entreprise dont la part du chiffre d'affaires à l'exportation vers les BRICS* ne cesse de progresser et est stratégique pour assurer sa pérennité. Dans ce cadre, vous êtes chargé(e) de réaliser une étude sur l'évolution des échanges internationaux de biens et services et de l'impact des BRICS sur le commerce mondial.

* Les cinq principaux pays émergents que l'on identifie sous l'acronyme BRICS : Brésil, Russie, Inde, Chine, auxquels on associe depuis 2010 l'Afrique du Sud.

Travail à faire

Présentez les travaux suivants dans le cadre d'une note structurée et argumentée.

1. Vous analyserez l'évolution des flux internationaux de biens et services de cinq pays émergents, les BRICS, ainsi que leur participation à la croissance mondiale.
2. Vous apprécierez le degré d'ouverture et le type de spécialisation des principales économies émergentes.
3. Vous interpréterez les comptes des transactions courantes des BRICS.

Ressources documentaires

Annexe 1 Pays émergents

Annexe 2 L'insertion dans les échanges internationaux

Annexe 3 Composition par secteur des exportations de marchandises des BRICS en 2011 (en %)

Annexe 4 Le grand rattrapage
Annexe 5 Les pays émergents dans l'économie mondiale : le grand basculement
Annexe 6 Taux d'ouverture de quelques économies, en pourcentage du PIB
Annexe 7 Des échanges Sud-Sud dynamiques
Annexe 8 La montée en puissance des pays émergents
Annexe 9 Les BRICS dans les exportations et les importations mondiales de marchandises
Annexe 10 Le commerce extérieur des BRICS : les comptes des transactions courantes

Annexe 1 *Pays émergents*

Fondamentalement, les économies émergentes présentent quatre traits caractéristiques communs :
– **Revenus intermédiaires** : leurs revenus par habitant sont intermédiaires, situés entre ceux des pays les moins avancés et ceux des pays riches. Pour l'essentiel, ils sont compris entre 10 % (l'Inde) et 75 % (l'Europe centrale émergente) de la moyenne de l'Union européenne (en parités de pouvoir d'achat).
– **Dynamique de rattrapage** : leur croissance récente a rapproché les économies émergentes des niveaux de vie occidentaux. Le taux de croissance de leur PIB est supérieur ou égal à la moyenne mondiale durant la dernière décennie.
– **Transformations et ouverture** : au cours de la période récente, ces pays ont connu des transformations institutionnelles et structurelles qui ont contribué à les insérer de manière nouvelle dans l'économie mondiale. Ces économies échangent de plus en plus avec le reste du monde et bénéficient d'implantations industrielles et de services de la part de firmes multinationales d'origine occidentale. Certains développent désormais leurs propres capacités d'investissements à l'étranger et contribuent de manière active à la mondialisation.
– **Potentiel de croissance** : compte tenu de l'écart qui les sépare encore des niveaux de vie des pays avancés, ces économies bénéficient d'un potentiel de croissance important à moyen-long terme.

Julien Vercueil, *Les pays émergents Brésil, Russie, Inde, Chine…*, Bréal, 2012.

Annexe 2 *L'insertion dans les échanges internationaux*

L'ouverture économique de ces grands émergents que sont le Brésil, la Russie, l'Inde et la Chine a été une composante importante du processus de mondialisation qui a renforcé les interdépendances économiques entre eux et le reste du monde. Leur progression dans les échanges internationaux a été plus rapide que dans les productions mondiales. Ils ont bouleversé les échanges internationaux par leur offre de biens et de services et leur demande de matières premières et d'énergie.
La structure de leurs exportations et de leurs importations montre que leur insertion dans les échanges internationaux suit des modèles différents.
Le commerce entre les BRIC est stimulé par leurs complémentarités. Ce commerce a beaucoup augmenté ces dernières années, essentiellement en raison du dynamisme de l'offre et de la demande de la Chine.

Françoise Lemoine, *CEPII* in *Cahiers français*, n° 357, juillet-août 2010.

Annexe 3 *Composition par secteur des exportations de marchandises des BRICS en 2011 (en %)*

	PRODUITS MANUFACTURÉS	ÉNERGIE ET MINERAIS	PRODUITS AGRICOLES ET ASSIMILÉS	TOTAL
AFRIQUE DU SUD	38,1	52,7	9,2	100
CHINE	93,3	3,4	3,3	100
INDE	61,7	27,0	11,3	100
BRÉSIL	32,8	33,4	33,8	100
RUSSIE	19,3	75,0	5,7	100

OMC et calculs de l'auteur, 2012.

ANNEXE 4 Le grand rattrapage

Part dans le PIB mondial basé sur les parités de pouvoir d'achat, en %

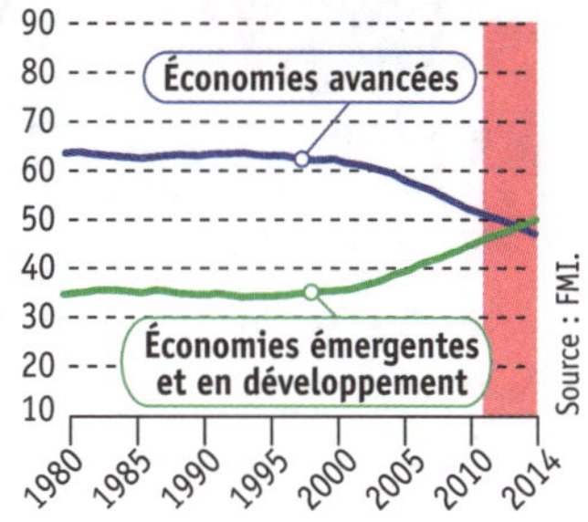

Part dans le PIB mondial en dollars courants, en %

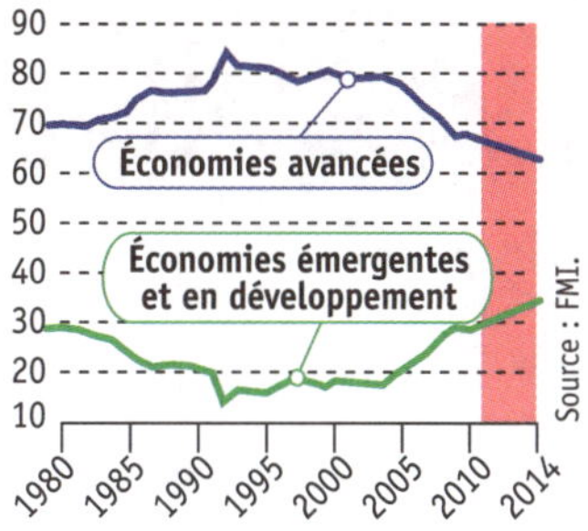

Claude Damma,
Alternatives économiques Poche,
hors-série n° 58.

ANNEXE 5 Les pays émergents dans l'économie mondiale : le grand basculement

[À] mesure que les économies émergentes se développent, leur dynamisme s'étend à d'autres pays qui étaient jusqu'ici restés en dehors du processus. La Chine est l'un des principaux rouages de ce mécanisme. Par le biais de ses besoins en matières premières et en produits énergétiques, elle irrigue nombre d'économies répandues sur tous les continents qui sont riches en ressources naturelles.

Coe-Rexecode, 22 mai 2012.

ANNEXE 6 Taux d'ouverture de quelques économies, en % du PIB

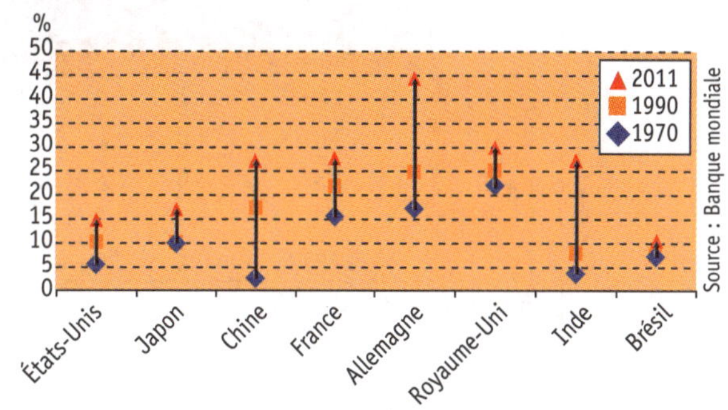

D'après *Alternatives économiques*, hors-série n° 86 et OMC 2012.

ANNEXE 7 Des échanges Sud-Sud dynamiques

Le développement des relations économiques entre pays du Sud a constitué un soutien important à la mondialisation ces dernières années. Le commerce Sud-Sud a ainsi nettement mieux résisté à la crise de 2008-2009, tandis que les pays en développement représentent désormais quasiment les deux tiers des projets d'investissements directs à l'étranger des pays du Sud. Cette dynamique est essentiellement portée par le commerce intra-asiatique, qui pèse pour les trois quarts des exportations Sud-Sud. Elle traduit donc davantage un mouvement de régionalisation que de mondialisation.

Exportations entre les pays du Sud, en % de leurs exportations totales et des exportations mondiales

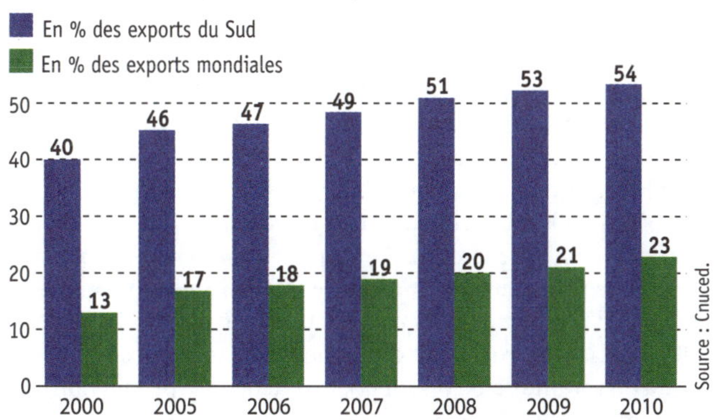

Destinations des projets d'investissements directs étrangers des pays du Sud, en % du total

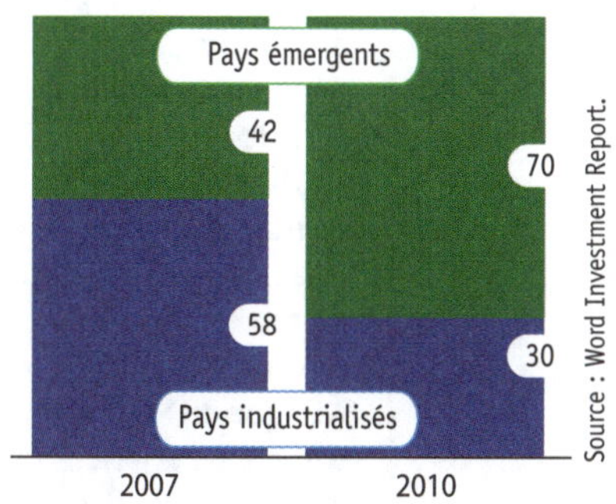

Christian Chavagneux, *Alternatives économiques*, Hors-série poche n° 58.

Annexe 8 *La montée en puissance des pays émergents*

Croissance du PIB dans les économies avancées et dans les économies émergentes, en %

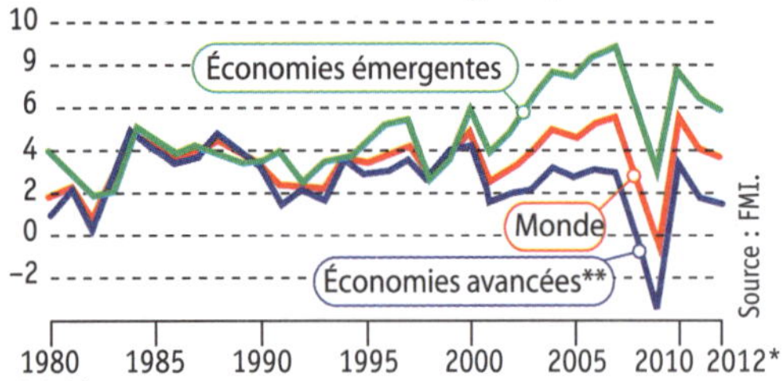

*Prévisions.
** Amérique du Nord, Japon et Europe.

Claude Damma, *Alternatives économiques Poche*, hors-série n° 58.

Part dans les exportations mondiales de biens, en %

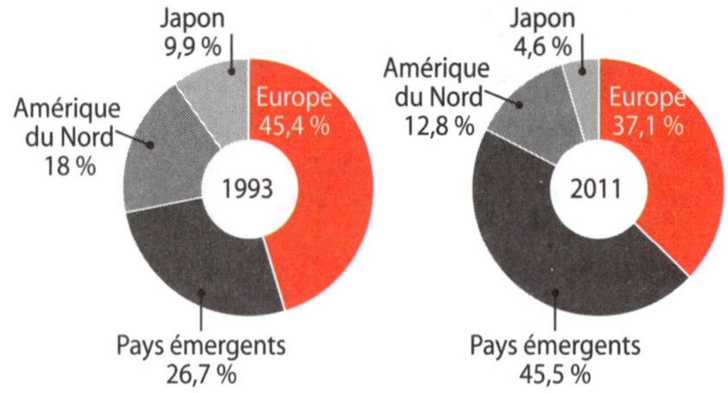

OMC, hors-série *Capital*, décembre 2010-janvier 2011 et OMC 2012.

Annexe 9 *Les BRICS dans les exportations et les importations mondiales de marchandises*

	Exportations						Importations					
	Monde (en milliards de dollars)	Monde (100 %) dont en %					Monde (en milliards de dollars)	Monde (100 %) dont en %				
		Brésil	Russie	Inde	Chine	Afrique du sud		Brésil	Russie	Inde	Chine	Afrique du sud
1983	1 838	1,2	5,0	0,5	1,2	nc	1 882	0,9	4,3	0,7	1,1	nc
1993	3 676	1,0	nc	0,6	2,5	nc	3 787	0,7	nc	0,6	2,7	nc
2003	7 377	1,0	2,6	0,8	5,9	0,5	7 692	0,7	1,7	0,9	5,4	0,5
2008	15 717	1,3	4,5	1,1	9,1	0,5	16 127	1,1	3,1	1,8	7,0	0,6
2011	17 779	1,4	2,9	1,7	10,7	0,5	18 000	2,7	1,8	2,5	9,7	0,7

nc : non communiqué

Rapports OMC 2012, 2009, 2004 et Pascal Rigaud, *Les BRICS, Brésil, Russie, Inde, Chine, puissances émergentes*, Bréal.

Annexe 10 *Le commerce extérieur des BRICS : les comptes des transactions courantes*

Brésil : En 2011, le déficit de la balance des transactions courantes représente 59 milliards de dollars, soit 2,9 % du PIB. Depuis 2008, la balance des transactions courantes brésilienne est redevenue déficitaire après quatre années d'excédents. Ce résultat s'explique essentiellement par l'évolution de la balance commerciale. En effet, de 2003 à 2007, ce sont les excédents commerciaux record qui génèrent le solde positif de la balance des transactions courantes puisque la balance des services est structurellement déficitaire.

Russie : La Russie présente une balance des transactions courantes structurellement excédentaire. En 2009, l'excédent du compte de la balance des transactions courantes s'est établi à 49,3 milliards de dollars, soit 4 % du PIB. Grâce au dynamisme des prix sur les marchés des hydrocarbures, le solde de la balance des transactions courantes a affiché un solde record, en 2008, de 102,4 milliards de dollars, soit 6,1 % du PIB. On observe une reprise des exportations de biens en 2010 par rapport à 2009 (248 milliards de $ en 2010 contre 191 milliards de $ en 2009).

Inde : En 2009, le déficit de la balance des transactions courantes s'élevait à 26,6 milliards de dollars, soit 2,1 % du PIB. L'Inde exporte des produits pétroliers, des diamants, des articles de bijouterie et de joaillerie. L'Inde importe essentiellement du pétrole brut, de l'or, des diamants, notamment de Chine, 11,5 % des importations en 2009. En 2009, les exportations de services s'établissaient à 80,2 milliards de dollars et les importations de services, à 90,1 milliards de dollars, soit une balance des invisibles excédentaire. Ces avantages s'expliquent par des avantages comparatifs liés à une main-d'œuvre qualifiée abondante.

Chine : L'excédent de la balance des transactions courantes s'élevait à 297,1 milliards de dollars en 2009, soit près de 6 % du PIB. En 2009, la Chine a enregistré un excédent du commerce des marchandises de 249,5 milliards de dollars et un déficit sur le commerce des services de 29,5 milliards de dollars. En 2010, les exportations de marchandises s'élevaient à 1 577,8 milliards de dollars et les importations à 1 395,1 milliards de dollars, soit une balance commerciale très largement excédentaire. Le « *made in China* » s'est imposé sur les principaux marchés mondiaux. Les exportations de produits manufacturés connaissent une montée en gamme. Celle-ci s'explique par les efforts en matière d'innovation et dans les dépenses en recherche et développement.

Afrique du Sud : La balance des transactions courantes de l'Afrique du Sud est structurellement déficitaire. Son commerce extérieur a progressé à un rythme deux fois supérieur à celui de sa production, ce qui fait de l'Afrique du Sud le pays des BRICS le plus ouvert aux flux commerciaux (65 % du PIB entre 2007 et 2009).

(Sources statistiques : Lemoci, le moniteur du commerce international, *Fiches pays*, 2012.)

6

La création de richesses et le niveau de vie

Le référentiel

2. La création de richesses et la croissance économique *(20 heures)*
2.1. Les finalités de la croissance *(9 heures)*

La compétence attendue

- Apprécier la situation d'un pays ou d'une région en termes de niveau de vie.

Le plan du chapitre

Mise en situation

La crise en Espagne

Depuis 2008, l'économie espagnole a enregistré un très net ralentissement de sa croissance avec une prévision de chute du PIB de plus de 1 % pour 2013. Ce retournement de la conjoncture a entraîné un chômage de masse, avec près d'un actif sur quatre sans emploi, un déficit public qui s'aggrave et une dette publique en forte hausse. L'éclatement de la bulle immobilière en 2008 est le principal facteur explicatif de la crise.
La chute du niveau de vie conduit de nombreuses familles propriétaires à une situation de surendettement. Face à la multiplication des situations difficiles, un moratoire de deux ans sur les expulsions pour les propriétaires surendettés les plus vulnérables a été décidé.

I La croissance de l'économie

A. La création de richesses

1. La création de richesses au niveau de l'entreprise : la valeur ajoutée

Document 1 *Qu'est-ce que la valeur ajoutée ?*

La « valeur ajoutée », c'est la valeur du produit final, moins les *consommations intermédiaires**. Par exemple, vous fabriquez des bilboquets. Le bilboquet est vendu 10 euros. Le bois vous a coûté 2,80 euros, la corde 15 centimes, l'énergie de votre atelier 5 centimes. Votre « VA » sur chaque bilboquet est donc de 7 euros.

Maria Rosa, 24 avril 2009, *www.rue89.com*

* Ensemble des achats de biens et services, acquis auprès d'entreprises extérieures et qui sont transformés lors du processus de production.

Document 2 *La valeur ajoutée chez un fabricant de vélos*

Une entreprise fabrique des vélos. Pour produire un BMX vendu 600 euros, elle fait des dépenses :

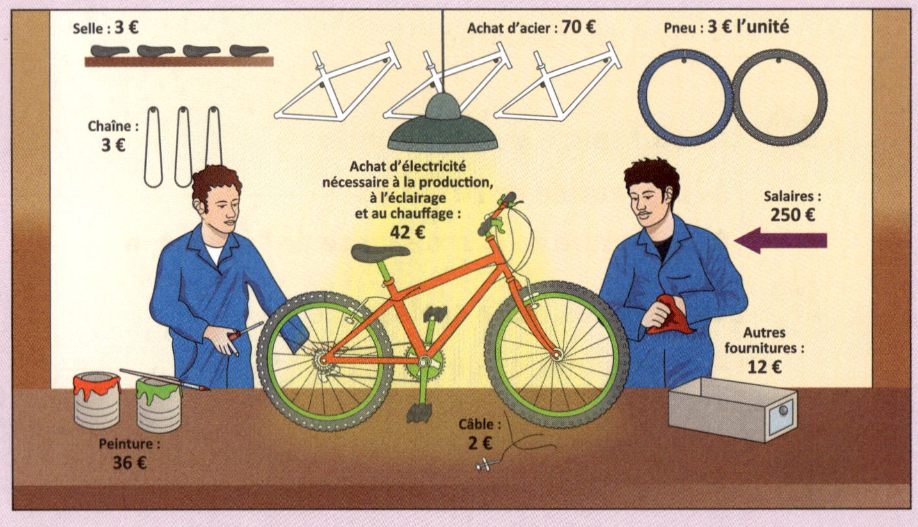

Questions

1. Calculez le montant des consommations intermédiaires nécessaires pour la production d'un BMX.
2. Calculez la valeur ajoutée créée lors de la fabrication d'un BMX.

2. La création de richesses au niveau national : le PIB

Document 3 *Comment calculer le PIB ?*

Le produit intérieur brut ou PIB est l'un des indicateurs économiques les plus importants. Cet indicateur mesure le niveau de production d'un pays pour une période donnée. [...] Le produit intérieur brut est calculé en additionnant les valeurs ajoutées des différents agents économiques. [...] Seuls les biens et services finaux (c'est-à-dire les biens et services de consommation et les biens d'équipement) sont inclus dans le calcul du PIB. [...] Cette méthode permet d'éviter que la même production entre plus d'une fois dans le calcul du produit intérieur brut.

www.infinance.fr

Question

3. Que mesure le PIB ? Pourquoi ne prend-il en compte que la valeur ajoutée par les entreprises ?

DOCUMENT 4 *PIB marchand et PIB non marchand*

Est marchand ce qui est vendu à un prix « économiquement significatif », c'est-à-dire couvrant plus de 50 % des coûts, le prix pouvant être un péage, une redevance ou un droit.
Est non marchand ce qui est financé par des « prélèvements obligatoires » et des contributions volontaires (dons, cotisations) et distribué gratuitement ou vendu à un prix « économiquement non significatif », c'est-à-dire qui couvre moins de la moitié des coûts de production.
Comme il n'y a pas de prix de marché dans le secteur non marchand, on mesure ces services, dans la comptabilité nationale et donc dans le PIB, par la somme de leurs coûts de production : essentiellement la rémunération des salariés (les fonctionnaires, notamment).
Les administrations publiques satisfont des besoins collectifs de sécurité, de justice, de santé, d'enseignement et de recherche. Les administrations privées fournissent des services collectifs à leurs adhérents (associations culturelles et sportives, les associations humanitaires, les syndicats).

www.m-pep.org

Questions

4. Citez des exemples précis de production non marchande.
5. Quelle est la différence entre production marchande et production non marchande ?

3. La répartition du PIB entre les agents économiques

DOCUMENT 5 *La répartition des richesses*

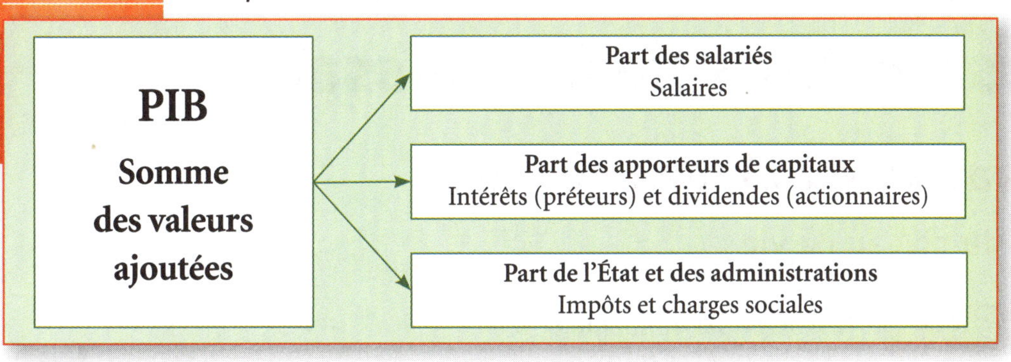

Question

6. Quels sont les agents économiques qui bénéficient de la répartition du PIB ?

B. La mesure de la croissance de l'économie

DOCUMENT 6 *Qu'est-ce que la croissance économique?*

La croissance est l'évolution relative du PIB réel d'une année à l'autre. En d'autres termes, la croissance est la création supplémentaire de richesses d'une année sur l'autre. Lorsque l'on dit « croissance de 1 % », cela signifie que cette année, on aura produit 1 % de plus que l'an passé.

DOCUMENT 7 *La croissance économique se mesure à partir du PIB réel (PIB en volume)*

On mesure habituellement la croissance économique en se fondant sur le rythme auquel change le produit intérieur brut (PIB) après correction pour l'inflation – que l'on nomme PIB réel (ou en volume). Quant au PIB nominal (ou en valeur), on le définit comme la valeur marchande des biens et services produits par un pays. Le PIB nominal peut augmenter par suite d'une hausse de la production de biens et de services, d'une hausse de leurs prix ou des deux. Le taux de croissance du PIB réel correspond au taux de croissance du PIB nominal moins le taux d'inflation.

www.canadianeconomy.gc.ca

Questions

7. Quel indicateur est utilisé pour mesurer la croissance de l'économie ?
8. Que signifie un taux de croissance positif ? négatif ?
9. Quel est l'intérêt de distinguer PIB réel (en volume) et PIB nominal (en valeur) ?
10. Quelle est la conséquence d'une production dont la valeur augmente de 5 %, et d'une hausse des prix de 3 % ?

Document 8 *L'évolution réelle de l'activité économique*

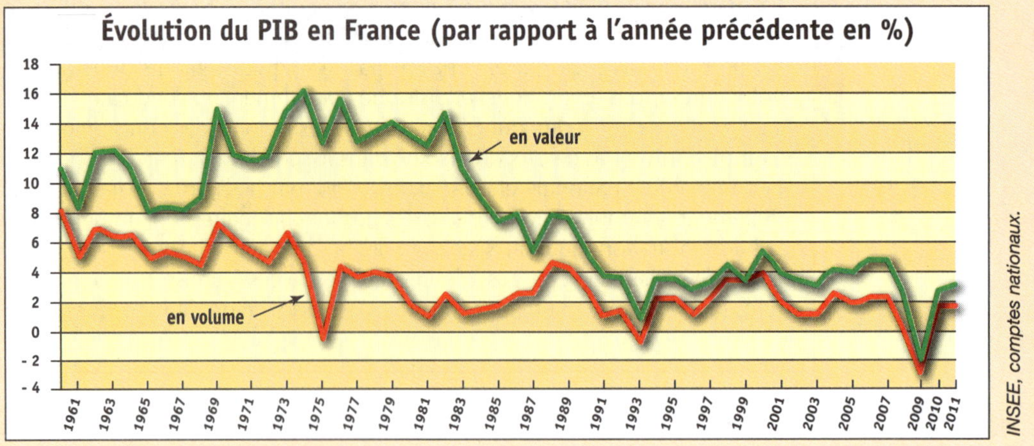

Questions

11. Quelle mesure du PIB permet d'évaluer la réelle augmentation des quantités produites ?
12. Distinguez les périodes de croissance forte et les périodes de croissance faible.

II Les finalités de la croissance

A. L'amélioration du niveau de vie

1. Définition du niveau de vie

Document 9 *Niveau de vie et qualité de vie*

Niveau de vie : mesure du bien-être (d'un individu, d'un groupe ou de la population d'un pays) établie sur la base du niveau de revenu [...] ou de la quantité des divers biens et services consommés (par exemple, le nombre d'automobiles pour 1 000 personnes ou de téléviseurs par habitant).
Qualité de vie : bien-être global des individus. Il s'agit d'une notion difficile à mesurer (tant au niveau des individus que pour un groupe ou tout un pays) car elle recouvre, outre le bien-être matériel, des éléments immatériels tels que la qualité de l'environnement, la sécurité nationale, la sécurité individuelle et les libertés politiques et économiques.

www.worldbank.org

Questions

1. Quelles consommations permettent d'apprécier le niveau de vie d'une population ?
2. Quelle est la différence entre le niveau de vie et la qualité de vie ?

Document 10 *Le facteur niveau de vie*

Les ménages, lorsque les circonstances l'exigent, se sentent contraints d'établir une nouvelle hiérarchie entre besoins indispensables et besoins superflus. Cependant, on constate qu'un effet d'habitude ou la volonté de maintenir son niveau de vie peut freiner l'ajustement immédiat de la consommation aux variations brusques du revenu. C'est ainsi qu'en période de décroissance de leur revenu, les ménages ont tendance à maintenir le plus longtemps possible leur niveau antérieur de dépense, même s'il leur en coûte de devoir s'endetter et d'anticiper ainsi des revenus futurs.

www.larousse.fr

Question

3. Comment les ménages arrivent-ils à maintenir leur niveau de vie quand leurs revenus baissent ?

2. La mesure du niveau de vie

Document 11 *Le PIB par habitant*

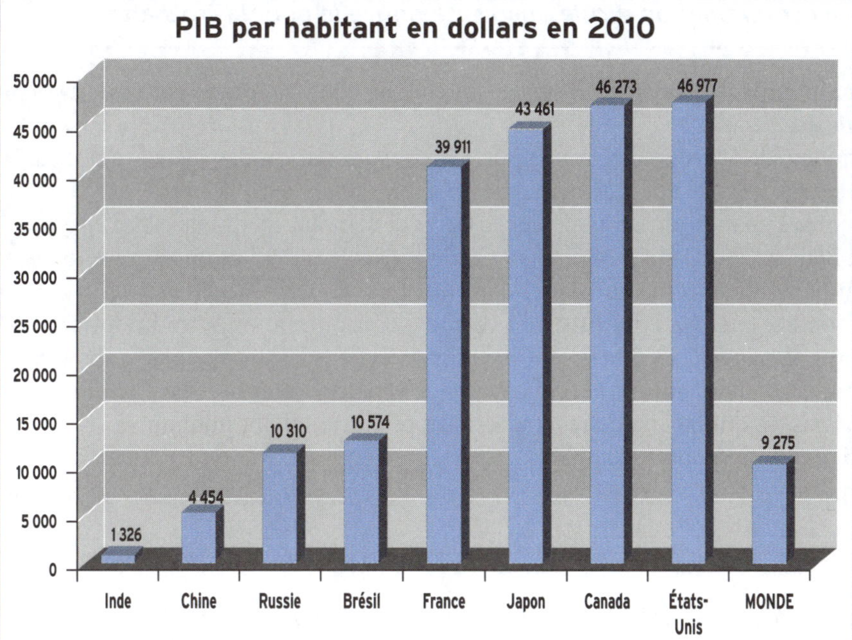

Manuel de statistiques de la Cnuced, 2011.

Le graphique permet de se faire une idée statique du niveau de la performance économique des différents pays considérés au travers de leur productivité, c'est-à-dire du PIB (produit intérieur brut) par habitant en 2010. Cet indicateur donne également une assez bonne idée du niveau de vie moyen. Il ressort du graphique que l'écart de niveau de vie demeure important entre les pays développés et les pays dits émergents (Chine, Inde, Russie, Brésil). Les pays les plus riches conservent un niveau de performance enviable par rapport à la moyenne mondiale.

Questions

4. Comment calcule-t-on le PIB par habitant ?

5. Quelles informations peut-on obtenir de l'observation du PIB par habitant ?

Document 12 *Niveau de vie et unités de consommation*

Pour comparer le niveau de vie des ménages, on ne peut s'en tenir à la consommation par personne. En effet, les besoins d'un ménage ne s'accroissent pas en stricte proportion de sa taille. Lorsque plusieurs personnes vivent ensemble, il n'est pas nécessaire de multiplier tous les biens de consommation (en particulier, les biens de consommation durables) par le nombre de personnes pour garder le même niveau de vie. Aussi, pour comparer les niveaux de vie de ménages de taille ou de composition différente, on utilise une mesure du revenu corrigé par unité de consommation.

Le niveau de vie est égal au revenu disponible du ménage divisé par le nombre d'unités de consommation (uc). Le niveau de vie est donc le même pour tous les individus d'un même ménage.

Les unités de consommation sont généralement calculées selon l'échelle d'équivalence dite « de l'OCDE », qui attribue 1 uc au premier adulte du ménage, 0,5 uc aux autres personnes de 14 ans ou plus et 0,3 uc aux enfants de moins de 14 ans.

INSEE.

Questions

6. Justifiez la phrase soulignée.

7. Déterminez le niveau de vie de deux ménages dont le revenu disponible est de 17 600 € par an, sachant que le ménage A se compose des parents et de 2 enfants de 14 ans et 16 ans, alors que le ménage B se compose des parents et de 3 enfants de 4 ans, 8 ans et 12 ans. Quelle conclusion en tirez-vous ?

B. L'utilisation du revenu

1. La consommation

Document 13 *La consommation recule, mauvaise nouvelle pour la croissance*

Après s'être maintenue au premier trimestre, la consommation, principal moteur de la croissance française, recule.

Le principal moteur de la croissance est grippé : la consommation des ménages français a reculé au deuxième trimestre après avoir stagné en début d'année. [...]

« Le recul de la consommation est la conséquence à la fois de l'emploi, du revenu et de l'épargne », note Jean-Paul Betbèze, économiste en chef au Crédit Agricole, « il y a moins de revenu parce que moins d'emplois et parce que les salaires n'évoluent pas en termes réels ». [...]

M. Caffet [économiste chez Natixis] s'attend à ce que la consommation, « traditionnel sinon unique moteur de la croissance en France » ne le soit plus dans les deux à quatre ans à venir car « le partage de la valeur ajoutée se fera davantage vers les entreprises [...] Et, comme si cela ne suffisait pas, ce qui restera de revenu sera capté par la sphère publique [...] » pour éliminer le déficit public, ajoute-t-il.

www.lexpansion.lexpress.fr, 31 juillet 2012.

Questions

8. Pourquoi la consommation est-elle issue du partage de la valeur ajoutée ?
9. Expliquez le lien entre consommation et croissance.

2. L'épargne

Document 14 *La relation entre croissance et épargne*

Avec respectivement 1,3 et 1,1 milliard d'habitants [la Chine et l'Inde] deviennent, chacun à sa façon, des puissances économiques de premier plan.

Les processus de croissance de ces deux pays ont largement bénéficié d'un changement majeur de leurs structures démographiques, qui a non seulement permis que la croissance se poursuive grâce à la réduction du nombre d'enfants par actif [...], mais a également favorisé une croissance rapide du taux d'épargne de chaque pays. Même si les réformes économiques et les changements politiques ont été essentiels pour créer les conditions d'un développement aussi impressionnant, les deux économies se sont fortement appuyées sur une croissance rapide de l'épargne des ménages pour alimenter leur croissance. Cette épargne fournit les fonds nécessaires à la formation du capital, essentielle pour augmenter la productivité du travail et accroître les revenus.

Des études ont montré que de telles transformations de la structure démographique d'un pays étaient étroitement liées au taux d'épargne de ses acteurs économiques. Selon la théorie du cycle de vie élaborée par Franco Modigliani, prix Nobel d'économie, les individus essaient de lisser leur consommation au cours de leur vie en empruntant, en anticipant sur leur revenu futur lorsqu'ils sont jeunes, puis en dépensant l'épargne qu'ils ont accumulée lorsqu'ils sont plus âgés. Ce modèle de consommation indique que le taux d'épargne individuel de l'ensemble de la population dépend étroitement du profil démographique d'un pays.

Sean Dougherty, *Constructif*, n° 14.

Questions

10. Qu'est-ce que le taux d'épargne ?
11. Quelle est la conséquence de la croissance de l'économie sur le taux d'épargne des ménages ?
12. Comment le comportement d'épargne des ménages évolue-t-il en fonction de leur âge ?

III Les comparaisons internationales

A. La parité du pouvoir d'achat

Document 15 *Les parités de pouvoir d'achat (PPA)*

Pour comparer le revenu (ou le produit intérieur brut, PIB) par habitant de deux ou plusieurs pays, on admet le plus souvent que les conversions aux taux de change des monnaies nationales sont inadéquates et qu'il vaut mieux s'appuyer sur le pouvoir d'achat « réel » dans chaque pays, sur la base des prix nationaux.
Exemple : si un même panier de biens, représentatif de la consommation française et de la consommation américaine, coûte 0,90 euro en France et 1 dollar aux États-Unis, on dira que la parité de pouvoir d'achat (PPA) entre les deux pays est de 1 dollar pour 0,90 euro, et l'on pourra exprimer le PIB/habitant français en dollars PPA*.

Observatoire des inégalités.

* Le PIB_{PPA} est toujours exprimé en dollars.

Questions

1. Pourquoi utilise-t-on la parité de pouvoir d'achat ?
2. Dans l'exemple du document, par quel coefficient faut-il multiplier le PIB français par habitant pour obtenir le PIB_{PPA} ?

Document 16 *L'exemple du Big Mac*

Chaque année depuis 1986, le très sérieux hebdomadaire *The Economist* publie son indice Big Mac. [...] Au lieu de comparer un panier de biens et de services, c'est le Big Mac qui est utilisé comme mesure, la valeur de référence étant le Big Mac américain à 4,20 dollars. Le produit est considéré comme le produit de comparaison idéal puisqu'il inclut à la fois les matières premières utilisées, les services annexes (frais de cuisine et de vente) et les locaux. Les amateurs de Big Mac de la zone euro doivent dépenser en moyenne 4,43 dollars (3,49 euros) [...] [La Suisse occupe la première place] avec un burger à 6,81 dollars. La Norvège occupe la deuxième place du podium avec un Big Mac à 6,79 dollars. L'Inde occupe le bas du classement avec son « Chicken Maharaja » (l'équivalent du Big Mac) à 1,62 dollar.

www.atlantico.fr

Questions

3. Pourquoi le Big Mac représente-t-il une valeur de référence ?
4. Que montre l'observation des prix du Big Mac dans les différents pays ?

B. La comparaison des niveaux de vie

Document 17 *Quelques niveaux de vie en Europe*

PIB par habitant en SPA, 2011, UE 27 = 100			
Pays-Bas	131	Espagne	99
Suède	126	Grèce	82
Danemark	125	République tchèque	80
Allemagne	120	Portugal	77
Belgique	118	Hongrie	66
Royaume-Uni	108	Pologne	65
France	107	Roumanie	49
Italie	101	Bulgarie	45
UE 27	**100**		

Le SPA (standard de pouvoir d'achat) est une unité monétaire artificielle qui élimine les différences de niveaux de prix entre les pays. Un SPA permet d'acheter le même volume de biens et de services dans tous les pays. Cette unité permet des comparaisons en volume significatives des indicateurs économiques entre les pays. Les agrégats exprimés en SPA sont calculés en divisant les agrégats à prix courants et en monnaie nationale par les parités de pouvoir d'achat (PPA) respectives.

Eurostat, communiqué de presse du 20 juin 2012.

Questions

5. Que signifie UE 27 = 100 ? Situez la France dans ce classement, par rapport à la moyenne de l'UE et aux autres pays de l'Union.
6. Quel est l'intérêt de corriger le PIB par habitant en SPA ?

Entraînement

La compétence attendue

- Apprécier la situation d'un pays ou d'une région en termes de niveau de vie.

Mise en situation

L'organisme de statistiques dans lequel vous êtes en stage vous charge d'identifier la nature de la crise économique en Espagne et ses conséquences sur le niveau de vie de la population espagnole.
Une revue de la presse espagnole vous permet d'obtenir des données économiques précises pour mieux comprendre la crise espagnole. Les informations dont vous disposez montrent en particulier le rôle joué par la bulle immobilière.

Travail à faire

1. Quels indicateurs économiques témoignent de la crise économique en Espagne ?
2. Quel secteur économique est au centre de la crise espagnole ?
3. Quelle place l'Union européenne tient-elle dans la crise espagnole ?
4. Quels sont les effets de la crise sur la vie quotidienne des Espagnols ?

Annexe 1

En Espagne, les banques prêtes à tout pour vendre leur stock immobilier

Jeu de clés en main, l'agent immobilier d'une banque fait visiter les appartements d'un complexe résidentiel de luxe sur la Costa del Sol espagnole mais, même en accordant des rabais de jusqu'à 60 %, la moitié des logements restent désespérément vides... [...]
Un appartement de deux chambres, qui coûtait avant 400 000 euros, est désormais proposé à 250 000 et, sur ce prix, « nous avons fait des remises de jusqu'à 30 % », raconte-t-il : « Si des visiteurs viennent et font une offre, nous l'étudions. »
Comme Cajamar, la grande majorité des banques espagnoles se retrouvent, depuis l'éclatement de la bulle immobilière en 2008, avec un stock de logements et de terrains qui sont devenus pour eux un véritable boulet alors que les prix sur le marché sont en chute libre.
Pour s'en débarrasser, une seule solution : lancer des campagnes de vente à des tarifs très agressifs.

www.20minutes.fr, Dépêche AFP.

Annexe 2

PIB par habitant (parité pouvoir d'achat) ($ international constant 2000)

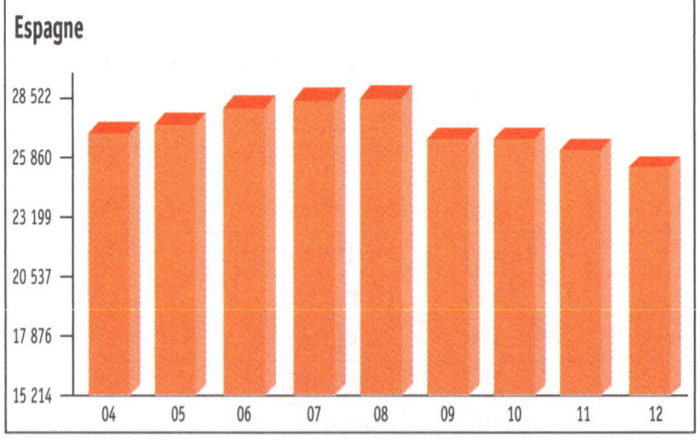

www.perspective.usherbrooke.ca

La crise en Espagne

Annexe 3

L'éclatement de la bulle immobilière

[À partir de 1998] L'économie [espagnole] se dédie à la construction. Le secteur absorbe la main-d'œuvre, réduit le chômage et contribue à l'arrivée d'immigrés… qu'il faut loger. Sauf que le secteur – non exportable et à l'abri de la concurrence – augmente ses salaires et dégrade la compétitivité du pays. « *Nous étions heureux. La croissance semblait infinie* », se rappelle l'économiste Julio Rodriguez. Jusqu'à ce que « les courbes se croisent », explique M. Cavalier : la baisse des prix immobiliers à partir de 2008 met au jour l'endettement des ménages, passé de 60 % de leur revenu disponible en 1999 à 125 % en 2012, souligne Jésus Castillo chez Natixis. Les maisons ne trouvent plus preneurs, les immigrés repartent, la construction s'effondre, les banques s'écroulent et les caisses des régions se vident.

Claire Gatinois et Sandrine Morel (à Madrid), *Le Monde*, 19.07.12.

Annexe 4

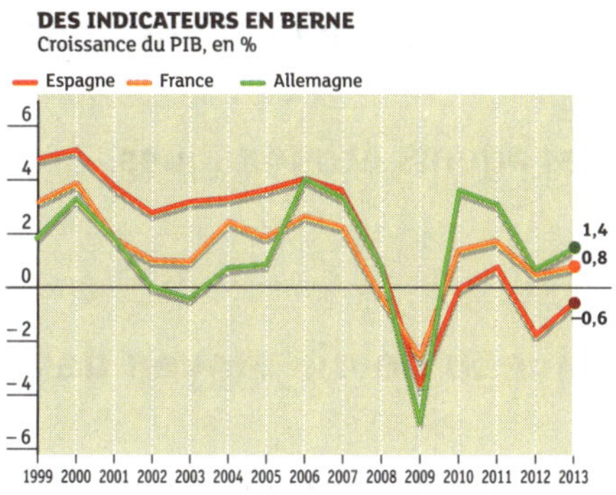

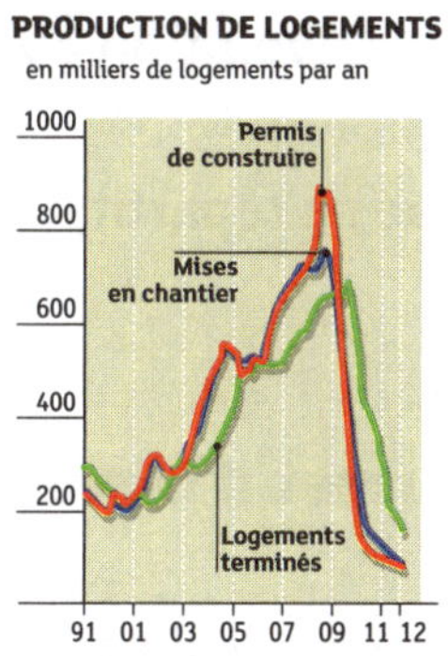

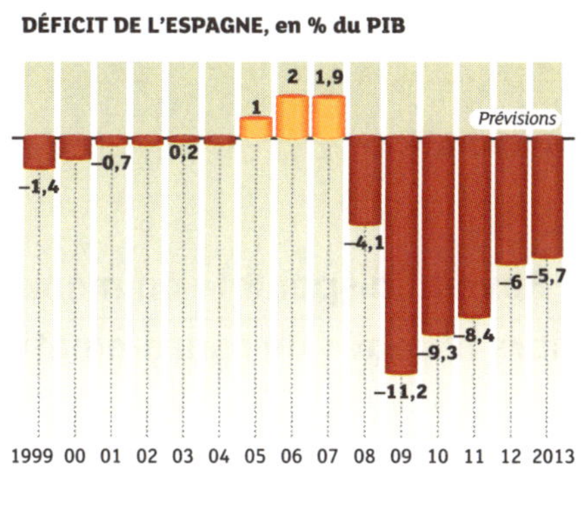

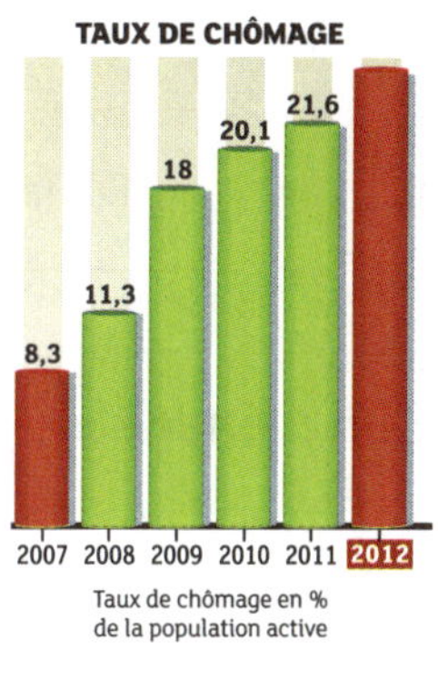

Annexe 5

L'Espagne demande l'aide de l'Europe

Voilà qui est fait : l'Espagne, quatrième pays à demander l'aide de l'Europe, a publié le 25 juin une lettre officielle à destination de Bruxelles afin d'obtenir de l'argent pour ses banques. Jusque-là, c'est clair. C'est après que ça se complique : combien de milliards [62 milliards au maximum], à quel taux d'intérêt, pour quelle durée et à quelles conditions ? Ces incertitudes […] sont inhérentes au système. Personne ne peut encore évaluer à combien devra se monter l'aide à destination de l'Espagne. La crise de l'euro est un phénomène qui s'autoalimente. Pour le dire plus simplement, la crise fait grossir la crise. L'Espagne en est le parfait exemple. Quand le chômage augmente et que les entreprises ferment, leurs clients ne peuvent plus rembourser les crédits qu'ils ont contractés.

www.courrierinternational.com

Sens de la leçon

La création de richesses et le niveau de vie

1 La création de richesses permet la croissance de l'économie

- **La création de richesses est mesurée par…**
  - **la valeur ajoutée (VA)** au niveau de l'entreprise
    VA = Somme des consommations intermédiaires
  - **le produit intérieur brut (PIB)** au niveau du pays
    PIB = Somme des valeurs ajoutées des entreprises et des administrations
    - PIB marchand
    - PIB non marchand

- **La croissance est l'évolution du PIB réel (en volume) d'une année sur l'autre.**

- **La valeur ajoutée se répartit entre les agents économiques.**

2 La croissance permet d'élever le niveau de vie moyen des populations

- **Le niveau de vie se calcule par le PIB par habitant, qui tient compte :**
  - Des revenus disponibles
  - De la consommation
  - De l'épargne

- **Niveau de vie d'un ménage** $= \dfrac{\textbf{Revenu disponible du ménage}}{\textbf{Nombre d'unités de consommation (UC)}}$

3 Les comparaisons internationales se font sur la base du PIB par habitant

- **Le PIB par habitant est calculé en parité de pouvoir d'achat (ce qui neutralise les différences de prix entre les pays).**

Les mots-clés : Croissance économique – Niveau de vie – Parité de pouvoir d'achat (PPA) – PIB – PIB par habitant – Production marchande – Production non marchande – Standard de pouvoir d'achat (SPA)

7

Le développement économique

Le référentiel

2. La création de richesses et la croissance économique *(20 heures)*
2.1. Les finalités de la croissance *(9 heures)*

La compétence attendue

- Apprécier la situation d'un pays ou d'une région en termes de développement.

Le plan du chapitre

I Les différents niveaux de développement → Documents 1 à 3

II La distinction entre croissance et développement

- **A. La croissance, condition du développement** → Documents 4 à 6
- **B. Les critères du développement** → Documents 7 et 8

III Les indicateurs du développement

- **A. Les limites du PIB** → Document 9
- **B. L'indicateur du développement humain** → Documents 10 et 11
- **C. Les indicateurs de pauvreté** → Document 12

Mise en situation

Apprécier le niveau de développement du Vietnam

Le Vietnam connaît un très fort développement économique. Entre 2002 et 2010, son PIB a été multiplié par trois. Cette forte croissance économique a été permise par la politique de « renouveau », lancée en 1986, qui s'appuie sur une politique d'ouverture progressive.

I Les différents niveaux de développement

Document 1 *Les niveaux de développement*

Les économistes séparent traditionnellement les nations du monde en deux groupes : celui des pays développés et celui des pays en développement (ou du tiers monde). Parfois, un sous-groupe des pays moins avancés est identifié au sein du second groupe, visant les pays les plus pauvres parmi les pauvres et caractérisés par un revenu par tête faible. Récemment, les termes de pays émergent et de marché émergent ont également fait leur apparition dans la littérature, désignant les pays les plus dynamiques parmi les pays en voie de développement et les mieux intégrés dans l'économie désormais mondialisée, sans qu'une définition exacte soit élaborée à cet effet.

www.afdb.org

Document 2 *La distinction pays les moins avancés/pays émergents*

Pays les moins avancés (PMA) : Créée en 1971 par l'ONU, la catégorie des PMA regroupe les pays les moins développés de la planète*. La définition d'un PMA se base sur 3 critères (selon le Conseil économique et social des Nations unies):

– *revenu par habitant* basé sur une estimation moyenne du produit intérieur brut par habitant pendant trois années ; s'il est inférieur à 900 $ US, le pays est retenu pour la qualification de PMA,
– *retard dans le développement humain* basé sur un indice composite incluant des indicateurs de santé, nutrition et scolarisation,
– *vulnérabilité économique* basé sur un indice composite incluant des indicateurs sur l'instabilité, la production et les exportations agricoles, le manque de diversification de la production, et le handicap d'être un petit pays.

Pays émergent : L'expression « pays émergent » représente les pays en développement [...] qui ont tendance à voir plusieurs indicateurs (notamment économique) à la hausse de façon conséquente et qui s'approchent petit à petit du groupe des pays développés.

[...] Le poids des pays émergents dans le PIB mondial est passé de 27,4 % en 1992 à plus de 40 % en 2011, et atteindrait plus de 45 % en 2017 selon le FMI.

www.glossaire-international.e-monsite.com

* Les PMA appartiennent à la catégorie des pays en développement.

Questions

1. Quels sont les différents niveaux de développement utilisés pour classer les pays ?
2. À quelle condition un pays appartenant à la catégorie des PMA peut-il devenir un pays émergent ?

Document 3 *La situation économique du Cap-Vert*

Le secteur des services représente les trois quarts de l'économie capverdienne. Les entrées de devises proviennent essentiellement du secteur du tourisme, qui représente environ 10 % du PIB. En revanche, l'agriculture et la pêche n'offrent que des perspectives limitées. Le Cap-Vert continue d'importer environ 80 % de ses besoins alimentaires. L'industrie est à la recherche de débouchés extérieurs pour des activités de sous-traitance, dans les activités manufacturières (chaussures, habillement, électrotechnique). [...]
Avec une croissance annuelle moyenne de plus de 5 % sur la dernière décennie, une inflation maîtrisée, une bonne gouvernance, un PIB par habitant trois fois plus élevé que la moyenne d'Afrique subsaharienne, [...] l'archipel fait figure de modèle en Afrique. [...]
Le Cap-Vert dispose donc d'une image positive auprès des bailleurs de fonds internationaux et des investisseurs étrangers. Ces bonnes performances ont décidé l'ONU, en décembre 2004, à le retirer de la liste des pays les moins avancés (PMA) à compter de 2008. [...] Le FMI a indiqué que le Cap-Vert faisait partie des rares États africains en bonne voie pour atteindre les Objectifs du millénaire pour le développement. [...]

...

Suite

L'insuffisance des infrastructures (électricité, transports) ainsi que les difficultés d'accès aux financements bancaires freinent l'essor du tissu naissant d'entreprises locales. En dépit de ces bons résultats économiques, l'investissement du secteur privé reste faible et la pauvreté touche une grande partie de la population capverdienne.

www.diplomatie.gouv.fr

Questions

3. Quel est le niveau de développement du Cap-Vert ? Quels indicateurs témoignent du niveau de développement du Cap-Vert ? Selon vous, ces indicateurs suffisent-ils à évaluer le développement d'un pays ?
4. Distinguez les points forts et les points faibles de l'économie du Cap-Vert.

II La distinction entre croissance et développement

A. La croissance, condition du développement

Document 4 *Définition du développement*

Le terme de développement, utilisé dans les sciences humaines, désigne l'amélioration des conditions et de la qualité de vie d'une population, et renvoie à l'organisation sociale servant de cadre à la production du bien-être. Définir le développement implique de le distinguer de la croissance. Cette dernière mesure la richesse produite sur un territoire en une année et son évolution d'une année à l'autre. [...] Elle n'informe donc que peu sur le niveau de vie et encore moins sur la qualité de vie [...] On parle de croissance sans développement quand la production de richesse ne s'accompagne pas de l'amélioration des conditions de vie. Inversement, même en l'absence de croissance, la priorité donnée aux productions les plus utiles et une plus grande équité dans la distribution des biens produits améliorent les conditions de vie des populations et créent du développement. Amélioration du bien-être, le développement relève donc davantage du qualitatif que du quantitatif. Néanmoins, l'économiste indien Amartya Sen a mis au point un Indicateur de Développement Humain (IDH).
La qualité de la vie ne se réduit pas au bien-être matériel et comprend aussi des valeurs telles que la justice sociale, l'estime de soi et la qualité du lien social [...]. Le développement ne peut pas se réaliser sans la participation des personnes, c'est-à-dire finalement sans la démocratie. Ainsi, Amartya Sen insiste-t-il sur la possibilité effective que les personnes ont ou n'ont pas de définir leur projet de vie et de conduire ce dernier en fonction des conditions réelles qui leur sont faites. Ces conditions dépendent, certes, des ressources matérielles, mais aussi de données propres à chaque individu, par exemple la santé, et de données relatives à l'organisation sociale et politique, par exemple la place dévolue à chacun et la reconnaissance de son rôle. Le développement a donc des aspects économiques, sociaux et politiques. [...] Amartya Sen affirme que la liberté apparaît comme la fin ultime du développement, mais aussi comme son principal moyen.

Bernard Bret, *www.hypergeo.eu*

Questions

1. Relevez les termes qui définissent la notion de développement.
2. Quelle est la principale distinction entre la croissance et le développement ?
3. Qu'est-ce qui justifie le qualificatif d'humain accolé au terme développement ?
4. En quoi liberté individuelle et développement sont-ils liés ?

Document 5 *Croissance et réduction de la pauvreté*

La croissance pro-pauvres au Mali

Depuis 1994, la croissance au Mali se situe en moyenne à 5 % environ (mais autour de 2,5 % en termes de revenu par tête, du fait d'une fécondité qui reste extrêmement élevée). Si la croissance se situe ainsi en dessus de son niveau de long terme, elle reste très irrégulière, car tributaire des aléas qui frappent le secteur rural.

La réduction de la pauvreté est restée extrêmement modeste. […] L'extrême pauvreté, en revanche, semble avoir quelque peu diminué. L'analyse de l'évolution des différentes strates de revenu montre que la croissance a été légèrement pro-pauvres, en ce sens que les revenus des couches les plus pauvres de la population ont progressé un peu plus rapidement que ceux des autres catégories. En revanche, l'analyse des indicateurs sociaux montre que si la sous-nutrition s'est sensiblement réduite parmi les couches les plus favorisées, ce n'est pas le cas des plus pauvres. Leur niveau d'éducation a généralement stagné, alors que celui des plus aisés a progressé sensiblement. Rien de vraiment surprenant, dans la mesure où une grande partie des pauvres ne peuvent pas accéder aux systèmes sociaux publics.

Agence française de développement, département de la Recherche.

Questions

5. Quel est le niveau de croissance du Mali ? Justifiez votre réponse.
6. Quelle est la conséquence de la croissance sur la réduction de la pauvreté ?
7. Quels indicateurs montrent le développement du pays ?

Document 6 *Croissance sans développement dans les PMA*

La croissance économique, qui, trois années de suite, a tourné autour de 5 %, ne s'est pas traduite par une réduction de la pauvreté et une augmentation du niveau de vie dans les PMA. Car cette croissance ne crée pas d'emplois. Les produits exportés le sont à l'état brut. En plus, lorsque la classe moyenne d'un pays engrange les bénéfices d'un regain d'activité économique, en général elle consomme des produits importés. Cette consommation n'a donc pas d'effet sur la main-d'œuvre locale.

L'organisation économique estime que la seule manière d'instaurer une croissance économique durable dans les pays les moins avancés est de créer des emplois et de produire des biens […].

Produire, créer des emplois, sortir les petites entreprises de l'économie informelle. Inventer la taille d'entreprise qui manque entre les minuscules et les grandes, en général filiales internationales […] contribuant peu au développement de l'économie locale : la Cnuced sait ce qu'il faudrait faire pour que les pays moins avancés décollent. Pour l'organisation internationale, il faut développer deux secteurs, l'industrie et les services. Ils doivent absorber les nouveaux arrivants, venus des campagnes. Car l'agriculture est en recul dans les PMA. Les parcelles sont minuscules, le matériel est rudimentaire, la productivité n'a pas augmenté.

Radio France Internationale, *www.rfi.fr*

Questions

8. Quels sont les objectifs de la croissance économique dans les PMA ?
9. Pourquoi les secteurs de l'industrie et des services sont-ils les plus concernés par le développement économique ?

B. Les critères du développement

Document 7 *Les critères économiques et sociaux par grandes régions du Monde*

	Espérance de vie à la naissance	Taux d'alphabétisation des adultes (% des 15 ans et plus)	PIB par habitant ($ PPA)
États arabes	70,5	72,9	8 256
Asie de l'Est et Pacifique	72,4	93,5	6 227
Europe et Asie centrale	71,3	98,0	14 244
Amérique latine et Caraïbes	74,4	91,0	10 739
Asie du Sud	65,9	62,8	3 368
Afrique subsaharienne	54,4	61,0	2 181
Monde	69,8	80,9	10 715

Pnud, *Rapport mondial sur le développement humain*, 2011.

Questions

10. Classez les critères utilisés en deux catégories : critères économiques et critères sociaux.

11. Montrez les inégalités de développement entre l'Amérique latine-Caraïbes et l'Afrique subsaharienne.

Document 8 *Évolution démographique mondiale*

Distribution de la population mondiale (en %)

	2010			2050			
	0-14	15-64	65+	0-14	15-59	60+	80+
Total Monde	26,8	65,6	7,6	19,8	58,3	21,8	4,4
Afrique	40,3	56,2	3,5	28,0	61,7	10,4	1,1
Asie	25,9	67,4	6,7	18,0	58,3	23,7	4,5
Europe	15,4	68,4	16,2	14,6	50,9	34,5	9,6
Amérique latine et Caraïbes	27,9	65,2	6,9	18,0	57,8	24,3	5,2
Amérique du Nord	19,7	67,1	13,2	17,1	55,6	27,3	7,8
Océanie	24,0	65,3	10,7	18,4	56,9	24,8	6,8

www.insee.fr, FNUAP, ONU, New York.

Deux facteurs expliquent l'évolution de la population mondiale :
– la baisse de la fécondité partout dans le monde : 2,7 enfants par femme en moyenne aujourd'hui, qui tendrait vers 2,1 enfants en 2050, soit précisément le seuil de renouvellement démographique. Mais les femmes maliennes font encore plus de 7 enfants en moyenne […] ;
– l'espérance de vie à la naissance, en moyenne actuellement de 65 ans, augmente continuellement et serait au-delà de 70 ans en 2050. Mais la dispersion actuelle reste considérable : 82 ans au Japon contre seulement 37 ans en Zambie. On estime à 700 millions environ le nombre de personnes âgées de 60 ans et plus en 2005, elles seront trois fois plus nombreuses en 2050, atteignant probablement les 2 milliards, tandis que les effectifs de plus de 80 ans passeront de 85 à 400 millions environ.
Dans certains pays, le renouvellement des générations ne sera plus assuré : nombre de pays européens notamment devront intégrer des immigrants, tandis que dans le continent africain, la population en âge d'activité se situerait entre 65 et 70 % de sa population totale, ce qui pourrait lui donner un atout socio-économique considérable face aux autres régions du monde.

H. Domenach, *La jaune et la rouge*, *www.x-environnement.org*

Questions

12. Comment évolue la population mondiale en termes de vieillissement ?

13. Relevez et expliquez les critères utilisés pour décrire l'évolution de la population.

14. Quels facteurs démographiques permettent d'évaluer le niveau de développement ?

III Les indicateurs du développement

A. Les limites du PIB

Document 9 *Le PIB et la réalité de la richesse créée*

Le PIB mesure les richesses que les entreprises et les administrations produisent au cours d'une année. On y trouve donc des Airbus, du parfum, des soins médicaux, des cours de fac… Les pays les plus riches sont ceux qui produisent le plus de biens et de services. La première place revient aux États-Unis avec un PIB par habitant proche de 32 000 euros, alors qu'il n'est que de 24 000 euros en France. Qu'est-ce qui ne va pas dans ce calcul ?
Tout d'abord, un certain nombre de services échappent, par nature, à cette comptabilité. Prendre un vélo pour se rendre à son travail n'est pas pris en compte, alors que prendre un taxi ou le métro l'est. […] Tout comme faire soi-même son ménage n'enrichit nullement la nation, ce qui n'est pas le cas si on a recours aux services d'une femme de ménage. Du coup, le PIB ne reflète pas seulement l'efficacité productive d'une économie mais aussi, pour une part, ses habitudes et ses choix sociaux. […]
La deuxième critique, plus radicale, consiste à se demander si toute production est bonne. Ainsi, le PIB élevé des États-Unis tient, dans une certaine mesure, au fait que les Américains surconsomment. Un Américain ingurgite par exemple 25 % de plus de viande, trois fois plus de glaces… qu'un Français.

Brieuc Bougnoux, *Alternatives économiques*, n° 272.

Questions

1. Recherchez des exemples de productions non prises en compte dans le calcul du PIB.
2. Pourquoi certaines productions correspondent-elles à une fausse création de richesses ?

B. L'indicateur du développement humain

Document 10 *Calcul de l'Indice du développement humain (IDH)*

Le premier Rapport sur le développement humain a introduit une nouvelle manière de mesurer le développement en faisant la synthèse des indicateurs d'espérance de vie, de niveau d'études et de revenu, pour aboutir à un indicateur composite du développement humain. […] L'IDH établit un minimum et un maximum pour chaque dimension, appelés balises, et indique ensuite la situation de chaque pays par rapport à ces dernières (dont la valeur varie entre 0 et 1).
La composante « éducation » de l'IDH est mesurée en termes d'années de scolarisation des adultes âgés de 25 ans et en termes d'années de scolarisation escomptées pour les enfants d'âge scolaire.

L'IDH : trois dimensions et quatre indicateurs

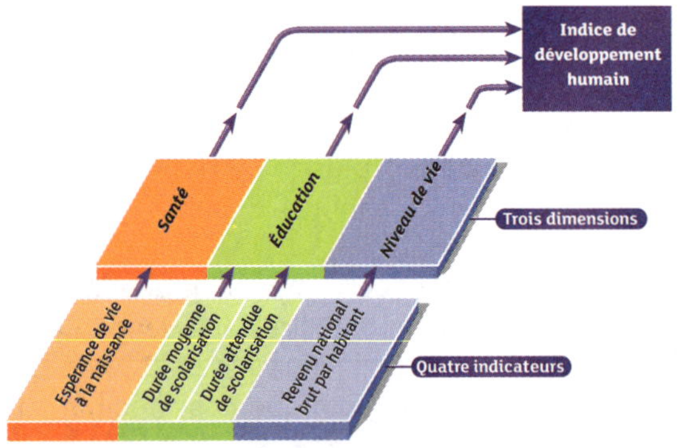

[…] La composante « espérance de vie à la naissance » de l'IDH est calculée en utilisant une valeur minimale de 20 ans et une valeur maximale de 83,4 ans. […]
Pour la composante « richesse », le plancher pour le revenu minimum est de $ 100 (PPA) et le plafond est de $ 107.721 (PPA) […].
L'IDH permet d'effectuer des comparaisons instructives des expériences au sein des pays et entre différents pays.

www.hdr.undp.org

Questions

3. Quels indicateurs sont utilisés dans le calcul de l'IDH ?
4. Quelles sont les trois dimensions du développement humain ?
5. Qu'apporte l'IDH par rapport au PIB par habitant ?

Document 11 *L'indice de développement humain ajusté aux inégalités (IDHI)*

L'IDH représente une moyenne nationale des réalisations du développement humain dans les trois dimensions principales : santé, éducation et revenu. Comme toutes les moyennes, il masque les disparités de développement humain entre les populations d'un même pays. Deux pays avec des répartitions de réalisations différentes peuvent avoir la même valeur moyenne d'IDH. L'IDHI tient compte non seulement des réalisations moyennes d'un pays en matière de santé, d'éducation et de revenu, mais également de la manière dont ces réalisations sont réparties entre ses citoyens en « déduisant » la valeur moyenne de chaque dimension selon son niveau d'inégalité.

www.hdr.undp.org

Dans une société sans inégalité, l'IDH et l'IDHI seraient égaux ; or le PNUD observe un déficit moyen de 23 %. On mesurera ce que veut dire cette moyenne au fur et à mesure que l'on descend « l'échelle » des pays pauvres : 40 % pour le Congo ou Haïti, 41 % en Guinée Bissau, etc.
S'étonnera-t-on alors que le revenu moyen par habitant (PPA) soit de 265 $ au Liberia et de plus de 47 000 $ en Norvège ?

Jacques Cossart, 24 janvier 2012.
www.france.attac.org

Questions

6. Quel est l'intérêt d'utiliser l'IDHI pour apprécier le niveau de développement d'un pays ?
7. Pourquoi « dans une société sans inégalité, l'IDH et l'IDHI seraient-ils égaux » ?

C. Les indicateurs de la pauvreté

Document 12 *L'indice de pauvreté multidimensionnelle (IPM)*

L'indice de pauvreté multidimensionnelle (IPM) se veut le reflet des privations multiples dont souffre chaque individu sur le plan de l'éducation, de la santé et du niveau de vie. [...]

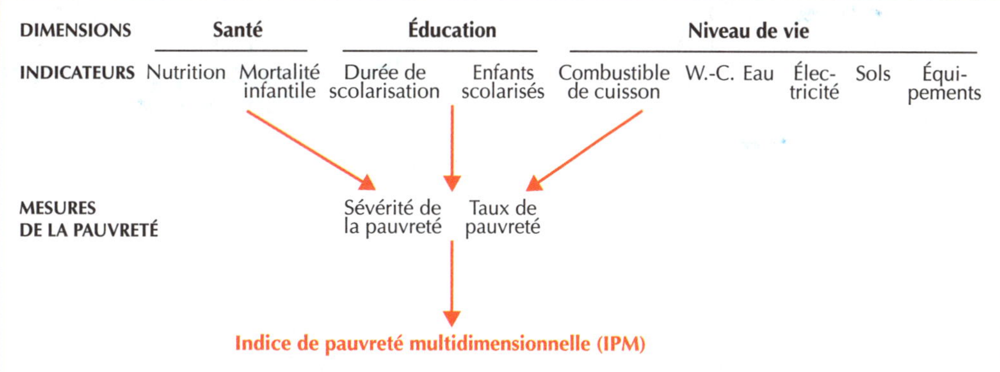

PNUD, *Rapport sur le développement humain*, 2011.
www.hdr.undp.org

Question

8. Pourquoi peut-on dire que la pauvreté se définit par des caractéristiques qui se cumulent ?

Entraînement

Les compétences attendues

- Apprécier la situation d'un pays ou d'une région en termes de développement.

Mise en situation

L'association des étudiants de votre école édite un magazine mensuel dont vous êtes l'un des rédacteurs. Vous vous occupez plus spécialement de la rubrique économique. Pour mener à bien cette mission, vous avez mis en place une veille informationnelle. Votre attention a été retenue par une série d'articles sur le Vietnam qui font référence au développement économique particulièrement dynamique de ce pays au cours des dernières années.

À partir de la documentation que vous avez rassemblée, vous allez rédiger une synthèse préalable à la rédaction d'un article consacré au développement du Vietnam.

Travail à faire

1. Relevez les grandes tendances démographiques du Vietnam.
2. Comparez la démographie vietnamienne à celle de pays les moins avancés.
3. Quels progrès le Vietnam doit-il accomplir pour améliorer la valeur de son IDH ?
4. Définissez le niveau de développement du Vietnam.

Annexe 1

Changement démographique radical

Pendant les années 1990, le Vietnam a enregistré une baisse marquée de son taux de croissance démographique, passant de près de 2 % au début de la décennie à 1,4 % en 2000. Pour saisir l'importance de ce changement, il convient de considérer le taux de croissance démographique en termes de « temps de doublement ». Avec un taux de croissance continu de 2 %, la population doublerait en 35 ans, mais avec un taux de 1,4 %, ce doublement prendrait 50 ans. Étant donné le déclin constant du taux de natalité du pays, il est très probable que l'abaissement du taux de croissance démographique va se poursuivre au cours des années à venir.

En 1979, la pyramide de la population vietnamienne par âge et par sexe présentait la large base typique d'un pays ayant un taux de reproduction historique élevé. Les trois barres principales à la base de la pyramide, qui correspondent aux groupes d'âge de 0 à 14 ans, représentaient 43 % de la population, ce qui constitue une composition par âge très jeune. Environ 20 ans plus tard, cette proportion était descendue à 32 %, soit une population toujours comparativement jeune. Une caractéristique très frappante de la structure par âge du Vietnam est le fait que les barres les plus « jeunes » soient plus petites que celles qui se trouvent immédiatement au-dessus. La pyramide [des âges] est une confirmation pratiquement certaine du ralentissement de la croissance démographique pour l'avenir, à mesure que ces jeunes gens passent aux stades supérieurs de la pyramide et réduisent le nombre de parents potentiels.

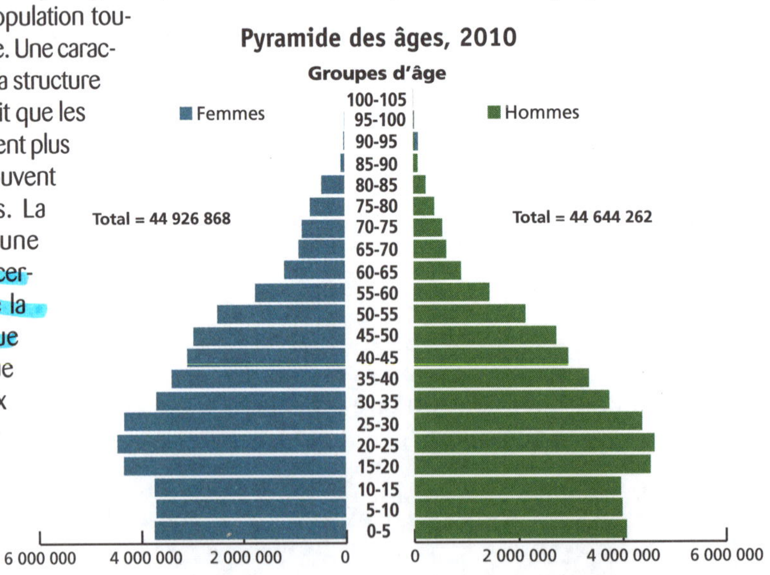

perspective.usherbrooke.ca

Carl Haub et Phuong Thi Thu Huong, *Population et développement au Vietnam.*

Apprécier le niveau de développement du Vietnam

Annexe 2

Situation économique

Le Vietnam jouit d'une économie qui compte parmi les plus dynamiques de la région, avec une croissance de 6,7 % en 2010 et estimée à 5,9 % fin 2011, après 20 ans de croissance à 7,5 % en moyenne annuelle. Il doit cependant faire face à l'accélération de l'inflation (près de 19 % fin 2011).

En quelques années, l'économie vietnamienne a connu un essor économique remarquable. Le PIB a été multiplié par trois entre 2002 et 2010, passant de 35 Mds USD à 105 Mds USD. En 2010, le PIB par habitant a atteint 1 160 $, faisant du Vietnam un pays à revenu intermédiaire (tranche inférieure)*. Cette forte croissance économique a été permise par la politique de « renouveau » (*Doi Moi*), lancée en 1986, qui s'appuie sur une politique d'ouverture progressive et qui a été renforcée depuis l'accession du pays à l'OMC en 2007.

Face à une croissance démographique forte (1 million d'habitants supplémentaires par an), une population jeune et une urbanisation rapide, le gouvernement vietnamien donne traditionnellement la priorité au maintien d'un rythme de croissance élevé. Le Vietnam prévoit pour les 10 ans à venir une hausse annuelle de son PIB de 7 à 8 %.

www.diplomatie.gouv.fr

* Classement de la Banque mondiale. La catégorie pays à revenu intermédiaire comprend deux sous-catégories (tranche inférieure et tranche supérieure).

Annexe 3

Indicateurs de développement

	Indice de développement humain (IDH)	Espérance de vie à la naissance (en années)	Durée moyenne de scolarisation	PIB par habitant ($ PPA) En 2009	Indice de développement humain ajusté aux inégalités (IDHI)	Indice de pauvreté multidimensionnelle (IPM)	Taux d'alphabétisation Des adultes (% des 15 ans et plus)
France	0,884	81,5	10,6	33674	0,804		
Royaume-Uni	0,863	80,2	9,3	35155	0,791		
Portugal	0,809	79,5	7,7	24920	0,726		94,9
Brésil	0,718	73,5	7,2	10367	0,519	0,011	90,0
Turquie	0,699	74,0	6,5	13668	0,542	0,028	90,8
Vietnam	0,593	75,2	5, 5	2805	0,510	0,084	92,8
Pakistan	0,504	65,4	4,9	2609	0,346	0,264	55,5
Sénégal	0,459	59,3	4,5	1817	0,304	0,384	49,7

PNUD, *Rapport mondial sur le développement humain*, 2011.

Annexe 4

Tendances démographiques

	Population totale		Croissance annuelle moyenne (%)		Population urbaine (% du total)	Âge médian[1] (années)	Taux de dépendance[2] (%)
	2011	2030	1990/1995	2010/2011	2011	2010	54,9
France	63,1	68,5	0,4	0,5	85,9	39,9	52,0
Royaume-Uni	62,4	69,3	0,3	0,6	79,8	39,8	49,6
Portugal	10,7	10,3	0,4	0,0	61,3	41,0	47,3
Brésil	196,7	220,5	1,6	0,8	86,9	29,1	47,3
Turquie	73,6	86,7	1,7	1,1	70,1	28,3	41,3
Vietnam	88,8	101,5	2,0	1,0	31,0	28,2	64,7
Pakistan	176,7	234,4	2,6	1,8	36,2	21,7	85,0
Sénégal	12,8	20,0	2,9	2,6	42,7	17,8	69,6

1. **Âge médian :** âge permettant de diviser la population en deux parties égales, de façon à obtenir 50 % de la population au-dessus de cet âge et 50 % de la population en dessous de cet âge. 2. **Taux de dépendance :** rapport entre la somme de la population âgée de 0 à 14 ans et de la population âgée de 65 ans et plus d'une part et la population âgée de 15 à 64 ans d'autre part.

PNUD, *Rapport sur le développement humain*, 2011.

Sens de la leçon

La création de richesses et le niveau de vie

1 Les différents niveaux de développement

- **Selon le niveau de développement, on classe un pays dans la catégorie des…**
  - Pays développés
  - Pays en développement
    - Pays émergents
    - Pays les moins avancés (PMA)
    - Autres pays en développement

2 La croissance est une condition nécessaire mais pas suffisante du développement économique

- **Le développement se distingue de la croissance par sa nature qualitative.**
- **Le développement économique désigne des changements structurels au sein d'une zone géographique qui entraînent…**
  - l'enrichissement de la population
  - l'amélioration de ses conditions de vie

3 Le niveau de développement s'apprécie par…

- **des critères :**
  - économiques (PIB et PIB par habitant)
  - sociaux (taux de scolarisation et taux d'alphabétisation
  - démographiques (espérance de vie à la naissance et fécondité)
- **des indicateurs :**
  - Indicateur du développement humain (IDH)
Indice de développement humain ajusté aux inégalités (IDHI)
  - Indice de pauvreté multidimensionnelle (IPM)

Les mots-clés : Chômage – Croissance économique – Développement économique – IDH – IPH – Pays émergent – Pays en développement – PMA

8

Le développement durable

Le référentiel

2. La création de richesses et la croissance économique *(20 heures)*
2.2. Les finalités de la croissance *(9 heures)*

Les compétences attendues

- Analyser les politiques de développement durable mises en place par les pouvoirs publics.
- Analyser l'influence du développement durable sur les processus de décision des agents économiques.

Le plan du chapitre

Mise en situation

Le développement durable et l'automobile

L'automobile contribue à la pollution de l'air, en particulier dans nos villes. Les transports routiers représentent, à eux seuls, près de la moitié des émissions d'oxyde d'azote et de monoxyde de carbone. Ces polluants peuvent être dangereux pour notre santé, mais aussi pour notre planète car ils aggravent l'effet de serre. Face à ces menaces, il paraît nécessaire de faire du « rouler propre » une priorité du développement durable.

I Les objectifs du développement durable

A. Les conséquences négatives de la croissance

Document 1 *Les conséquences de la croissance sur l'environnement*

Les observations effectuées depuis plusieurs décennies [confirment que] la croissance économique continue à aller de pair avec une détérioration de l'environnement. [...]
L'industrialisation, l'urbanisation rapide et l'intensification des transports [...] entraînent une forte augmentation des pollutions locales et régionales. [...]
La consommation totale et par habitant des principales ressources naturelles – énergie, [...] eau – augmente dans presque tous les pays de l'OCDE. La production totale de déchets urbains augmente également, bien que, par habitant, elle se soit stabilisée à partir de 1990 ; les émissions de polluants dues [au] transport automobile sont en hausse constante dans les pays industrialisés comme dans les pays émergents. [...]
Le démarrage de la croissance dans les pays en développement s'accompagne le plus souvent de dégâts environnementaux dont les populations subissent les conséquences sanitaires et sociales. Et l'activité des pays riches les plus avancés continue, elle aussi, à exercer une pression négative sur l'environnement global et sur la qualité de vie de ses habitants.

N. Kousnetzoff, *Le Développement durable : quelles limites à quelle croissance ?*, La Découverte, coll. « Repères », Paris.

Questions

1. Relevez les conséquences de la croissance sur l'environnement.
2. Proposez des objectifs de croissance compatibles avec la protection de l'environnement.

Document 2 *Quelques exemples de nuisances*

La déforestation, un aspect trop méconnu du réchauffement climatique.

La fuite sur le puits de pétrole de la BP dans le golfe du Mexique (avril-mai 2010).

Le sixième continent. Un amas gigantesque de déchets au large de la Californie, dont la taille atteindrait six fois la superficie de la France.

Questions

3. Rappelez la notion d'externalité négative (voir chapitre 3) et indiquez celles dont il est fait mention dans le document 2.
4. Quelles activités économiques peuvent être à l'origine d'externalités négatives ?

B. Les fondements du développement durable

Document 3 *L'origine de la notion de développement durable*

En 1971, le Club de Rome lance un vrai pavé dans la mare en publiant *Halte à la croissance*. Face à la surexploitation des ressources naturelles liée à la croissance économique et démographique, cette association privée internationale, créée en 1968, prône la croissance zéro.

[...] En 1972, la Conférence de Stockholm sera à l'origine du concept de développement durable et de la nécessité d'intégrer l'équité sociale et la prudence écologique dans les modèles de développement économique du Nord et du Sud. Il en découlera la création du Programme des Nations unies pour l'Environnement (PNUE) ainsi que le Programme des Nations unies pour le Développement (PNUD).

[...] Au cours des années 1980, le grand public découvre les pluies acides, le trou dans la couche d'ozone, l'effet de serre, la déforestation et la catastrophe de Tchernobyl !

Le terme de *Sustainable Development* [...] apparaît dans le rapport Brundtland [...] publié en 1987. À l'époque [...] présidente de la Commission mondiale sur l'Environnement et le Développement, Mme Brundtand s'attacha à définir ce concept de *Sustainable Development* par « un développement qui répond au besoin du présent sans compromettre la capacité des générations futures à répondre aux leurs ». Depuis cette date, le concept de développement durable a été adopté dans le monde entier.

D'après *www.ecologie.gouv.fr*

Document 4 *Les principes du développement durable*

Principe n° 1 Participation de tous les acteurs de la société civile

Un État n'est pas seul responsable du développement durable. Les objectifs du développement durable ne peuvent se réaliser que si l'ensemble des acteurs de la société civile agit en commun : associations, ONG, entreprises privées et publiques, syndicats et citoyens.

Principe n° 2 Solidarité avec les populations de la planète

Le développement durable doit profiter à toutes les populations. Les pays pauvres ont besoin de la croissance de leur économie pour répondre aux besoins des populations et pour éviter la surexploitation de certaines ressources. La solidarité entre les populations donne à chaque habitant le même droit aux ressources de la Terre.

Principe n° 3 Solidarité avec les générations futures

Le développement durable doit prendre en compte les besoins des générations à venir. Il s'agit de promouvoir un développement équilibré qui économise les ressources renouvelables (forêt, pêche), et organise le remplacement des ressources non renouvelables (énergie fossile).

Principe n° 4 Prévenir les risques pour l'environnement

Ce principe de précaution vise à prévenir les dégradations sur l'environnement liées à l'utilisation de produits, de services ou de types d'activités. Le principe s'applique quand les connaissances scientifiques sont incertaines sur les conséquences de l'usage de certains produits (OGM, exploitation du gaz de schiste) sur les populations ou l'environnement.

➔ Questions

5. Relevez les étapes de la naissance du développement durable.
6. Définissez la relation entre croissance et développement durable.
7. Quels aspects de la croissance le développement durable remet-il en question ?
8. Quels sont les principes du développement durable ? Illustrez chacun d'eux par un exemple.

II Les indicateurs du développement durable

A. L'empreinte écologique

Document 5 *Combien pèsent nos activités sur la nature ?*

Répartition de l'empreinte écologique globale

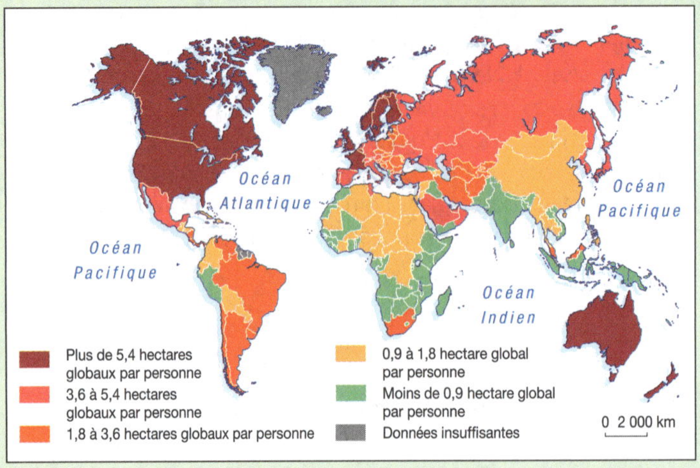

L'empreinte écologique mesure la pression qu'exerce l'homme sur la nature. Elle indique la surface nécessaire à une population pour produire les ressources nécessaires à sa consommation et absorber ses déchets.
Elle s'élève à 5,2 hectares pour un Français. Or la Terre met à notre disposition 1,8 hectare par personne.

Questions

1. Quel est l'intérêt d'utiliser l'empreinte écologique comme indicateur ?
2. Quelle vision du monde l'empreinte écologique révèle-t-elle ?
3. Quelle devrait être l'empreinte écologique d'un développement durable ?

B. Le PIB vert

Document 6 *Le PIB vert a-t-il une chance d'exister ?*

Le Programme des Nations unies pour l'environnement (PNUE) a lancé […] un nouvel indice vert, qui a pour objectif de mesurer, parallèlement au PIB, l'état des richesses naturelles des pays et donc leur érosion. […]
Ce nouvel indice propose de mesurer sur le long terme des indicateurs sociaux et sociétaux (capital humain, santé, bien-être, etc.) et environnementaux pour tenir compte de « *toutes les composantes de la richesse dans un pays* » et de leur évolution dans le temps, souligne le PNUE, qui reproche à l'Indice de développement humain de se concentrer sur le court terme sans permettre d'éclairer les décideurs sur les investissements qu'ils doivent réaliser pour assurer un développement durable à long terme. L'indice doit permettre de « *mesurer la durabilité de la croissance des États* ». La conséquence immédiate de cet indice se trouve dans le rapport que le PNUE a publié sur l'état des ressources des 20 pays* représentant 56 % de la population mondiale et trois quarts du PIB de la planète. Ces ressources comprennent aussi bien le pétrole, les minerais que les forêts ou les stocks halieutiques. […]

* Afrique du Sud, Allemagne, Arabie saoudite, Australie, Brésil, Canada, Chili, Chine, Colombie, Équateur, États-Unis, France, Grande-Bretagne, Inde, Japon, Kenya, Nigeria, Norvège, Russie et Venezuela.

Véronique Smée, *Novethic*, 18 juin 2012.
www.novethic.fr

Questions

4. Que mesure le nouvel indice vert ?
5. Quel lien peut-on établir entre développement industriel et indice vert ?

C. Les indicateurs de bien-être et de progrès

Document 7 *Le bonheur intérieur brut : un indicateur de bien-être*

Le bonheur est une valeur qui monte, y compris dans les sphères économiques. L'OCDE a en effet créé en 2011 un nouvel indice pour mesurer la qualité de vie des pays : le bonheur intérieur brut [...] [Le PIB], conçu pour évaluer la production d'un pays, ne semble désormais plus suffisant pour évaluer la qualité de vie dans un pays. [...]

L'idée de préférer la notion de bonheur à celle de PIB n'est pas nouvelle. Dès 1972, le roi du Bhoutan, Jigme Singye Wangchuck, a inventé le **bonheur national brut (BNB)** pour remplacer le PNB dans son royaume. Aujourd'hui encore, le Bhoutan utilise quatre critères principaux pour définir son BNB :

- la croissance et le développement économique ;
- la conservation et la promotion de la culture bhoutanaise ;
- la sauvegarde de l'environnement et le développement durable ;
- la bonne gouvernance responsable. [...]

Le bonheur intérieur brut est un nouvel indice imaginé par l'OCDE pour mesurer **la qualité de vie de ses pays membres.**

Cet indicateur est basé sur 11 critères : les revenus, le logement, l'emploi, la santé, la sécurité, la vie en communauté, la gouvernance, l'éducation, l'environnement, le sentiment de satisfaction personnelle, l'équilibre entre la vie professionnelle et la vie de famille.

Son calcul repose sur des données objectives (taux de chômage, espérance de vie, niveau d'études) et subjectives (sondages sur le niveau de satisfaction des citoyens). Bien qu'il ne soit pas parfait, ce nouvel indicateur vient nuancer les statistiques économiques avec des critères sociaux et environnementaux.

À noter : la France, 5e pays le plus riche du monde en termes de PIB, se classe à la 18e place en ce qui concerne le Bonheur Intérieur Brut, un résultat dans la moyenne.

www.infinance.fr

Questions

6. Que signifient les critères retenus par le Bhoutan pour évaluer le BIB ?
7. Regroupez les 11 critères retenus par l'OCDE en grandes catégories.
8. Comment interpréter l'écart entre le classement de la France selon le PIB et son classement selon le BIB ?

Document 8 *L'Indice de progrès véritable*

L'indice de progrès véritable, ou IPV, a été développé par un groupe de chercheurs américains [...] On obtient l'IPV en ajoutant au PIB la valeur marchande de certaines activités non captées par le PIB mais qui contribuent tout de même au bien-être, tels le bénévolat et le travail domestique, et en soustrayant du total le coût des conséquences négatives des activités économiques, comme l'épuisement des ressources naturelles, la dégradation des écosystèmes et les coûts sociaux du chômage. [...]

L'IPV permet d'attirer l'attention sur des aspects du progrès laissés pour compte par le PIB. Par ailleurs, les variations mensuelles ou annuelles d'un indice à caractère synthétique comme l'IPV peuvent devenir un outil efficace de communication par les médias, tout comme l'est actuellement le PIB. Toutefois l'IPV, en conservant le PIB comme base première de calcul, reste fortement attaché à la croissance économique.

Renaud Gignac, *Mesurer le progrès social : vers des alternatives au PIB*, Institut de recherche et d'informations socio-économiques (IRIS). *www.iris-recherche.qc.ca*

Questions

9. À quelle limite du PIB répond l'IPV ?
10. En quoi cet indice n'est-il pas complètement pertinent pour évaluer le bien-être de la population ?

III Les politiques du développement durable

A. Les actions au niveau mondial

Document 9 *Le protocole de Kyoto*

La prise de conscience de la réalité d'un changement climatique d'origine humaine a d'abord été le fait de la communauté scientifique internationale. Elle a été ensuite relayée et portée par les représentants politiques de l'ensemble des pays qui se réunissent régulièrement sur le thème du climat sous l'égide des Nations unies et de son Secrétariat à la Convention cadre des Nations unies sur les changements climatiques.
Les premiers engagements internationaux ont été décidés à Rio en 1992 et renforcés à Kyoto cinq ans plus tard en 1997. […]
Le protocole de Kyoto fixe des objectifs chiffrés juridiquement contraignants de réduction des émissions des pays développés : 5,2 % de réduction a atteindre en 2008/2012 par rapport au niveau de 1990, grâce à un objectif national pour chaque pays. […] Même si le Protocole de Kyoto conclu en 1997 est la pièce maîtresse de la mise en œuvre de la Convention cadre des Nations unies sur les changements climatiques, celui-ci connaît des limites. En effet, sa première période d'engagement se termine en 2012 et il ne vise que les émissions de gaz à effet de serre des pays industrialisés. Ainsi, dès 2005, année de l'entrée en vigueur du Protocole, la communauté internationale a amorcé des négociations sur un nouveau régime climatique post-2012. Et ce, en vue notamment d'associer davantage toutes les parties de la Convention à la lutte contre les changements climatiques […]. En Afrique du Sud, en décembre 2011, pour la première fois, tous les pays ont accepté de s'inscrire dans un accord international de réduction des émissions de gaz à effet de serre, qui devra être adopté en 2015, pour une entrée en vigueur à partir de 2020.

www.developpement-durable.gouv.fr

Questions

1. Que peuvent faire les pays pour limiter leurs émissions de gaz à effet de serre ?
2. Pourquoi seuls les pays développés étaient-ils concernés par le protocole de Kyoto jusqu'en 2012 ? Pourquoi les autres pays seront-ils désormais engagés à partir de 2020 ?

Document 10 *Bilan de Rio+20*

Vingt ans après le Sommet de la Terre qui avait imposé l'environnement sur l'agenda mondial, le sommet sur le développement durable, précédé par des mois de discussions et de négociations, s'est achevé à Rio de Janeiro avec l'adoption d'un compromis *a minima* mis au point par le Brésil, pays hôte. Quelque 188 pays de l'ONU ont approuvé par consensus ce texte intitulé « Le monde dont nous voulons ». […]
Des milliers de militants ont clamé leur déception pendant les trois jours du sommet, dénonçant l'« échec » et le manque d'ambition de Rio+20.
Pour Kumi Naidoo, directeur général de Greenpeace International, « on remet en ordre les fauteuils sur le pont du *Titanic* alors qu'il est en train de sombrer ». […]
Le principal acquis est la décision de lancer des « Objectifs du développement durable » (ODD) sur le modèle de ceux du Millénaire adoptés en 2000 par l'ONU. Leur définition est toutefois laissée à un groupe de travail qui devra faire ses propositions en 2013, pour une mise en place à partir de 2015.
Rio+20 prône une « économie verte », modèle de développement moins destructeur pour la planète dont la population devrait passer de sept milliards aujourd'hui à 9,5 milliards en 2050. […]
Le financement est resté en suspens : en temps de crise, et avec des budgets à sec, les pays riches n'ont plus les moyens de mettre la main à la poche […]
Rio+20 encourage ainsi de nouvelles sources de financement – entreprises, partenariats… – ainsi que des « financements innovants », sans les détailler.

Le Parisien, 22 juin 2012 – *www.leparisien.fr*, Dépêche AFP.

Questions

3. Que signifie le choix de Rio pour le Sommet de la Terre 2012 ?
4. Quel est le principal résultat de cette rencontre ?
5. Quels aspects du développement durable ne sont pas réglés par le texte « Le monde dont nous voulons » ?

B. Les actions au niveau de l'Union européenne

Document 11 *La politique environnementale de l'UE*

Les principaux axes de la politique environnementale de l'UE sont :
– **la lutte contre les pollutions de l'air et de l'eau :** à la généralisation des stations d'épuration de l'eau dans les communes de plus de 2 000 habitants depuis la directive du 21 mai 1991, s'ajoutent l'amélioration écologique du milieu marin (directive cadre « stratégie pour le milieu marin », adoptée en juin 2008, ou la directive cadre sur l'eau, imposant une gestion écologique par bassin hydrologique ;
– **la prévention des risques majeurs** (ex. : accidents d'usines chimiques comme à Seveso en Italie en 1976) : les États doivent prendre toutes les mesures nécessaires pour prévenir un accident majeur (directive Seveso de 1982). La directive Seveso II de 1996 prévoit l'inspection annuelle des installations les plus dangereuses ; cette directive a été modifiée par la directive 2003/105/CE du Parlement européen et du Conseil du 16 décembre 2003 pour renforcer la prévention des accidents et limiter les conséquences d'éventuels accidents ;
– **la protection de la nature et de la biodiversité :** ex-directive relative à la protection des oiseaux sauvages de 1979, les directives Habitats de 1992 et 1997 visant à établir un réseau européen d'espaces protégés Natura 2000. Dans le cadre de l'instrument financier pour l'environnement Life +, 93 millions d'euros ont été affectés en 2007 à Natura 2000.

www.vie-publique.fr

Question

6. Quels sont les objectifs de la politique environnementale de l'UE ?

C. Les actions à l'initiative du marché

Document 12 *L'industrie verte française, c'est 2 % du PIB*

Quelles sont les filières industrielles vertes ? 18 filières industrielles stratégiques de l'économie verte ont été identifiées. Elles interviennent dans trois domaines principaux : la préservation de l'environnement (traitement de l'eau et des déchets, lutte contre les pollutions, etc.), les énergies renouvelables et l'efficacité énergétique. Elles ciblent trois types d'impact environnemental : la réduction de la consommation de ressources et de matières (eau et assainissement, recyclage, chimie verte, […]), les économies d'énergie (bâtiments à basse consommation énergétique, […]) et la réduction des gaz à effet de serre (énergies renouvelables,).
Quelle est la structure de l'industrie verte ? Ces filières vertes représentent « un fort potentiel de croissance économique et d'emploi ». En 2010, elles employaient 452 600 personnes : 50 % dans l'eau et les déchets, 14 % dans les énergies renouvelables, 7 % dans la récupération, et 13 % dans les activités transversales (services généraux, R&D, ingénierie). […]
Si l'on rajoute les emplois périphériques à ces filières (gestion des espaces verts, distribution d'eau, etc.), on dénombre alors 952 000 emplois. […]

Quelle concurrence internationale ? La France se place au 4e rang des exportateurs mondiaux de produits et de services pour l'environnement. En 2010, le secteur a ainsi généré 1,1 milliard d'euros d'excédent commercial (6,1 milliards d'euros d'exportations). […] Dans les filières à forte croissance, la France doit tout de même faire face à une concurrence internationale extrêmement forte.

Béatrice Héraud, *Novethic*, 21 juin 2012, *www.novethic.fr*

Questions

7. Quelles sont les principales activités présentes dans les filières vertes ?
8. Montrer que ce secteur constitue un point fort potentiel pour l'économie française.

Entraînement

Les compétences attendues

- Analyser les politiques de développement durable mises en place par les pouvoirs publics.
- Analyser l'influence du développement durable sur les processus de décision des agents économiques.

Mise en situation

Votre école a retenu pour son forum annuel le thème « Développement durable et innovation dans les transports ». Ce forum accueillera à la fois différentes expositions et une série de tables rondes. Parmi les différentes interventions prévues, vous avez choisi de préparer celle consacrée à « l'automobile à la recherche d'une énergie nouvelle ».

À partir de la documentation que vous avez rassemblée, rédigez une synthèse préalable à votre table ronde sur un nouveau modèle économique pour l'automobile.

Travail à faire

1. Quelles externalités négatives sont réduites par l'utilisation de véhicules électriques ?
2. Quelle est l'alternative possible en matière d'énergie pour l'automobile ?
3. Quelle politique l'État mène-t-il en matière d'automobile ?
4. Quelle est la conséquence du développement de la voiture électrique sur le secteur de l'énergie ?
5. Comment se justifie l'aide de l'État à l'acquisition de véhicules électriques ?

Annexe 1

La justification des aides d'État à la voiture électrique

Les aides d'État à la voiture électrique obéissent partiellement à des décisions politiques ou idéologiques. [...] Les voitures thermiques ont un coût pour la société en raison des nuisances qu'elles induisent. Aussi, en investissant dans la voiture électrique, l'État espère un retour sur investissement. La Commission européenne a ainsi évalué le coût social des véhicules thermiques [...].

Coûts évités par la voiture électrique	Bas	Moyen	Haut
Pollution de l'air Coût sur le système de santé, dommage aux bâtiments, etc.	250	500	750
Bruit Perte de valeur locative, coût sur la santé, etc.	250	2 500	3 500
Changement climatique – Coût des politiques visant à limiter le changement climatique – Coût des dommages liés à l'augmentation de la température	210	750	1 350
Total (€)	710	3 750	5 600

Le coût social de la voiture thermique

Le coût de la pollution atmosphérique et du bruit est déterminé suivant trois scénarios : urbain, en campagne et un scénario intermédiaire. En effet, l'incidence de ces nuisances de la voiture thermique impacte plus les activités humaines en ville qu'à la campagne. [...] La subvention de 5 000 € à la voiture électrique en France semble donc avoir une certaine rationalité.

www.voiture-electrique-populaire.fr

Annexe 2

Un nouveau modèle économique pour la voiture électrique ?

Nous sommes habitués à une forme de consommation [...] bien établie : nous achetons un véhicule chez un concessionnaire, puis nous nous fournissons nous-mêmes en carburant auprès d'autres distributeurs. Cependant, la voiture électrique pourrait amener un nouveau paradigme [une nouvelle manière de voir les choses] de la consommation de la mobilité. [...]

...

Le développement durable et l'automobile

SUITE

Petit aperçu des défis que pose la voiture électrique aux différents groupes d'acteurs :

1 – Les constructeurs

Dans le modèle économique de la voiture électrique, les constructeurs perdent la relation client. Ils se retrouvent simplement fournisseurs de produits technologiques « simplifiés ». La relation commerciale et l'innovation sont capturées par l'opérateur de mobilité et distributeur de voitures électriques. […] Le réseau de distribution automobile, dont le modèle est déjà fragilisé par l'entretien fortement réduit de la voiture électrique, ne tolérera pas le moindre retrait des constructeurs sur le volet commercial. Les constructeurs vont donc tenter de se positionner sur les services à forte valeur ajoutée […].

2 – Les énergéticiens

Les énergéticiens se voient également prendre une part conséquente du gâteau. Les électriciens comme les pétroliers sont assis sur des tas d'or et possèdent de très fortes capacités d'investissement pour ce nouveau marché. Les énergéticiens entendent donc être de véritables acteurs dans le développement du véhicule électrique, qui devrait leur permettre d'augmenter de manière conséquente leurs volumes de ventes (de kWh).

www.voiture-electrique-populaire.fr

ANNEXE 3

Le gouvernement fait le pari de l'automobile verte

« *L'avenir de l'automobile française passe par une voiture propre, innovante et populaire*, a expliqué le ministre, en commentant le plan [de soutien à la filière automobile] présenté en conseil des ministres. *Nous devons profiter de la transition énergétique pour en faire une réalité industrielle.* »

En premier lieu, il s'agit de changer le comportement des Français en les poussant à acheter des modèles non polluants. Pour cela, le système du bonus-malus, instauré en 2008, sera renforcé. Ainsi, par exemple, le bonus pour un véhicule électrique passe de 5 000 à 7 000 euros, et celui pour un véhicule hybride de 2 000 à 4 000 euros.

« *La mesure est applicable immédiatement et concerne tout le monde* », précise M. Montebourg. Réservée jusqu'alors aux particuliers, elle est étendue aux collectivités locales et aux véhicules de sociétés. […]

Philippe Escande et Dominique Gallois, *Le Monde*, 26 juillet12.

ANNEXE 4

La voiture hybride est la solution d'avenir

Les ventes de voitures électriques en France n'ont pas dépassé 2 630 unités en 2011, soit 0,1 % des immatriculations totales de voitures ; et 2012 a commencé encore plus mal. Quant aux infrastructures de recharge promises à l'époque pour les voitures électriques, où sont-elles ? En leur absence, acheter une voiture électrique reste très risqué.

La structure du parc automobile français demeure donc inchangée, à savoir presque exclusivement des voitures thermiques, avec une part de plus en plus importante de véhicules diesel. Or les experts de l'Organisation mondiale de la santé (OMS), estiment qu'on a maintenant suffisamment de preuves démontrant que les gaz d'échappement des moteurs diesel sont associés à un risque accru de cancer du poumon pour classer ces gaz dans le groupe des « cancérogènes certains ». […]

La solution qui s'impose serait d'encourager le développement des véhicules hybrides. Ceux-ci présentent, en effet, l'immense avantage par rapport aux véhicules 100 % électriques de pouvoir recharger eux-mêmes leurs batteries, ce qui les affranchit de la contrainte principale consistant à trouver une borne et attendre au moins trente minutes ou beaucoup plus avant de pouvoir repartir.

Il ne s'agit pas *stricto sensu* d'un véhicule « zéro émission » […] mais, au moins, ce n'est pas un véhicule « zéro client » comme les voitures électriques. La preuve en est que le leader mondial des voitures hybrides, Toyota, en a déjà vendu plus de quatre millions d'exemplaires dans le monde. […]

Face à la dangerosité du diesel pour la santé, à l'échec annoncé de la motorisation tout-électrique pour les raisons citées, et à l'impossibilité de revenir à l'essence, la voiture hybride apparaît donc comme la seule solution réaliste pour l'avenir de l'automobile. Son adoption permettrait de relancer une filière actuellement bien mal en point.

Hervé Leridon, *Le Monde*, 27.07.12.

Sens de la leçon

Le développement durable

1 Les objectifs du développement durable sont…

- Lutter contre les conséquences négatives de la croissance (externalités négatives)
- Mettre en œuvre un développement qui réponde aux besoins du présent…
- … sans compromettre les besoins à satisfaire des générations futures

2 Les indicateurs du développement durable sont :

- **L'empreinte écologique** (mesure la pression que l'homme exerce sur les ressources de la nature)
- **Le PIB vert** (produit intérieur brut après déduction du coût sur l'environnement de l'activité économique)
- **Les indicateurs du bien-être :** Bonheur intérieur brut (BIB) Indice de progrès véritable (IPV)

3 Les politiques du développement durable sont mises en œuvre…

■ par des conférences internationales :

- Ex. : protocole de Kyoto pour la réduction des gaz à effet de serre

■ par des décisions de l'Union européenne :

- Lutte contre la pollution de l'air et de l'eau
- Prévention des risques majeurs
- Protection de la nature et de la biodiversité

■ par des initiatives d'entreprises ou d'organismes privés :

- Réduction de la consommation de matières premières (assainissement, recyclage, chimie verte)
- Économies d'énergie (efficacité énergétique)
- Réduction des gaz à effet de serre (énergies renouvelables)

Les mots-clés : Banque mondiale – Développement durable – Empreinte écologique – Espérance de vie – IPV – PIB vert – PNUD – Protocole de Kyoto

9

Les facteurs de croissance

Le référentiel

2. La création de richesses et la croissance économique *(20 heures)*

2.2. La dynamique de la croissance *(11 heures)*

Les compétences attendues

- Identifier et caractériser les contributions respectives des facteurs d'offre à la croissance.
- Caractériser les facteurs de développement économique.

Le plan du chapitre

Mise en situation

La croissance chinoise à l'épreuve

Jusqu'au début des années 1980, les dirigeants chinois ne savaient pas comment sortir leur pays de la pauvreté. Trente ans plus tard, c'est la gestion de la richesse chinoise qui représente la principale interrogation des dirigeants du pays.

Le ralentissement de la croissance économique d'une croissance à 2 chiffres à un PIB en progression de seulement 8 % en 2013 conduisent les dirigeants chinois à s'interroger sur la façon dont le pays doit se préparer à une période difficile sur le plan économique.

I La contribution des facteurs de production à la croissance

A. La combinaison productive

Document 1 *Les sources de la croissance*

La croissance économique se mesure par l'augmentation du PIB. Elle provient de différentes sources : le travail, le capital et la combinaison de ces deux facteurs, dite « combinaison productive ».
La quantité de travail disponible dans une économie dépend de l'importance et de l'évolution de la population active, notamment en fonction du chômage et du taux d'activité. C'est cette quantité de facteur travail qui va alimenter la croissance.
Mais il faut prendre en compte également la qualification de la main-d'œuvre. Plus la qualification professionnelle des individus, leur expérience et leur motivation s'améliorent, plus la croissance sera forte.
Le capital facteur de production, ou capital technique, désigne l'ensemble des biens nécessaires à la production. Il faut distinguer la quantité de capital (machines, outillages, bâtiments…) et la qualité du capital humain (savoir-faire, connaissances technologiques) qui mettent en œuvre le capital physique.
La croissance peut alors provenir de l'utilisation soit de plus de capital, soit d'un capital plus riche, intense en technologie et en innovation.
La combinaison productive sera plus efficace en termes de croissance pour une quantité de travail et de capital donnée si l'on améliore l'utilisation conjointe des deux facteurs.

Questions

1. Caractérisez les facteurs qui permettent la production et la croissance.
2. Quel est le lien entre le niveau de formation de la population et la croissance économique ?

Document 2 *La distinction entre croissance extensive et croissance intensive*

La plupart des entreprises ont comme objectif de développer leurs activités. Cet objectif est synonyme de croissance. Il vise à augmenter les moyens de l'entreprise (effectif des salariés) ou le résultat atteint (chiffre d'affaires, bénéfice).
Deux solutions de croissance sont possibles :
- la croissance interne, dans laquelle l'entreprise se développe par ses propres moyens ;
- la croissance externe, dans laquelle elle recherche d'autres entreprises pour mettre en commun leurs activités.

La croissance extensive résulte du seul accroissement des facteurs de production : ouverture de nouvelles usines, exploitation de nouvelles matières premières, augmentation de la main-d'œuvre disponible.
La croissance intensive découle des gains de productivité qui permettent de mieux utiliser les ressources disponibles pour produire de la richesse : l'utilisation de machines plus performantes permet l'augmentation de la productivité des travailleurs, la formation du personnel le rend plus productif.

Questions

3. Quels facteurs sont à l'origine de la croissance extensive ?
4. Quels facteurs qualitatifs peuvent contribuer à la croissance de l'économie ?

Document 3 *Le facteur travail*

Évolution du taux de croissance du PIB et du taux de chômage en France depuis 1980, en %

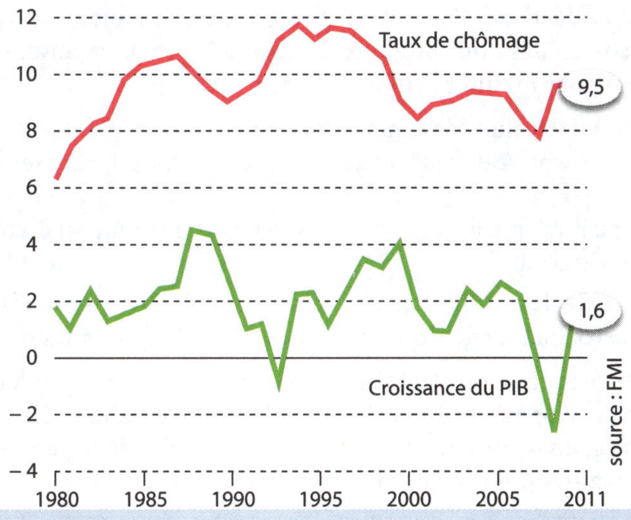

www.alternatives-economiques.fr

Question

5. Existe-t-il un lien entre l'évolution du taux de croissance du PIB et celle du taux de chômage ?

B. Le progrès technique

Document 4 *Le rôle du progrès technique dans la croissance*

Les travaux de Solow et de Swan, publiés en 1956, ont montré que la croissance économique est déterminée par l'intensité du progrès technique et l'accroissement de la population active, facteurs considérés tous deux comme exogènes. La théorie néoclassique met ainsi en lumière l'importance des innovations. […]

Parce que le progrès technique ne vient probablement pas d'une génération spontanée, des travaux de Romer publiés en 1986 et 1990 se sont efforcés de trouver ses déterminants. Ils ont donné le jour aux modèles dits « de croissance endogène ». Dans ces modèles, les connaissances conditionnent les innovations et le progrès technique, qui, d'une part, favorisent l'investissement et la croissance en se diffusant à l'ensemble de l'économie et, d'autre part, favorisent l'accumulation des connaissances et de nouvelles innovations, formant un cercle vertueux. […]

Par ailleurs, on observe que certains investissements dans la recherche et l'innovation engendrent des externalités positives, ce qui est le cas :

– de la recherche fondamentale qui, bénéficiant d'un financement public, ne présente aucun rendement privé à court terme, mais dont les résultats sont susceptibles, à terme, de déboucher sur d'importantes externalités positives ;

– de la recherche appliquée, lorsqu'elle débouche sur des connaissances susceptibles de se diffuser largement dans le tissu économique.

Sénat, rapport d'information n° 392, « Recherche et innovation en France », 11 juin 2008.

La croissance est endogène lorsqu'elle a comme origine des investissements engagés dans la production, la recherche-développement, la formation, l'aménagement d'infrastructure. Ces dépenses ont des effets non seulement sur l'entreprise qui les décide mais aussi sur l'ensemble des acteurs du marché.

La croissance est exogène lorsqu'elle s'explique par des évolutions indépendantes du fonctionnement de l'économie comme la croissance démographique ou les découvertes scientifiques et techniques.

Questions

6. Pourquoi le progrès technique est-il déterminant pour la croissance ?

7. Représentez le cercle vertueux de la croissance.

8. Quelle est la différence entre la recherche fondamentale et la recherche appliquée ?

C. La productivité

Document 5 *La mesure de la productivité*

Quand on aborde la productivité d'une entreprise, on cherche toujours à comparer ce qui est produit aux moyens utilisés pour produire. Les chefs d'entreprise suivent avec intérêt la productivité du travail pour mesurer l'efficacité de leurs salariés.

La productivité du travail s'évalue par le rapport entre :
– un indicateur de production réalisée grâce à l'utilisation du travail, par exemple la quantité de produits finis ;
– un indicateur de la quantité de travail utilisée pour cette production, par exemple le nombre d'heures ou de jours de travail.

Si le calcul est facile à faire dans l'industrie, il est plus compliqué dans les services et en particulier dans le commerce où les effets du travail sont plus difficiles à mesurer.

Toutes les entreprises visent à ce que leurs employés augmentent leur productivité, c'est-à-dire produisent plus sur une même durée, voire sur une durée réduite. Lorsque ce résultat est atteint, on parle de gains de productivité. Ces gains de productivité permettent à l'entreprise d'être plus compétitive pour mieux affronter la concurrence.

La productivité du capital mesure quant à elle l'efficacité du capital. Si deux entreprises produisent le même nombre de produits, l'entreprise ayant la plus grande productivité du capital sera celle qui utilise le moins de capital.

Exemple
Dans un atelier de peinture d'une entreprise de personnalisation automobile (custom), l'équipe de 4 peintres, travaillant pendant 8 heures, produit 2 véhicules par jour. L'heure de travail coûte à l'entreprise 40 euros et la personnalisation d'un véhicule est facturée en moyenne 1 500 euros.

Questions

9. Que mesure la productivité ?

10. À partir de l'exemple, calculez la productivité physique par peintre et par heure de travail.

11. À partir de l'exemple, calculez la productivité en valeur par peintre et par heure de travail.

Document 6 *À la recherche de gains de productivité*

Améliorer ou modifier l'organisation du travail est une des solutions possibles pour aboutir à un gain de productivité. Le travail à la chaîne ou la parcellisation des tâches sont des hypothèses envisageables. On découpe une tâche en gestes simples, et chaque tâche sera affectée à un ouvrier. Ces innovations organisationnelles doivent avoir pour conséquence une hausse des rendements. Ces innovations permettent de réduire le coût du travail pour deux raisons : d'une part, une faible qualification des ouvriers (d'où des salaires à la baisse), et d'autre part, un temps de formation réduit. Réaliser des investissements peut aussi concourir à l'augmentation des gains de productivité.

www.lejdd.fr

Question

12. Comment peut-on obtenir des gains de productivité ?

II Le rôle des investissements dans la croissance

A. Les formes de l'investissement

Document 7 *Les objectifs de l'investissement*

Dans une entreprise, l'investissement a pour objectif de maintenir ou d'accroître le potentiel productif. On distingue les investissements de capacité des investissements de productivité. L'investissement de capacité a pour objet l'achat de nouveaux équipements pour accroître la production, ce qui mène à une augmentation de la production et de l'emploi, tandis qu'un investissement de productivité consiste en l'achat d'équipements plus performants dans le but de parvenir à une réduction des coûts, ce qui aboutit à une augmentation de la productivité. Certains investissements sont, pour leur part, liés au renouvellement ou au remplacement du matériel.
L'investissement est facteur de croissance, [il permet] aux entreprises de produire plus et/ou mieux.

www.lejdd.fr

Questions

1. Retrouvez les trois objectifs possibles d'un investissement.
2. Pourquoi l'investissement est-il facteur de croissance ?

Document 8 *Destination des investissements dans l'industrie*

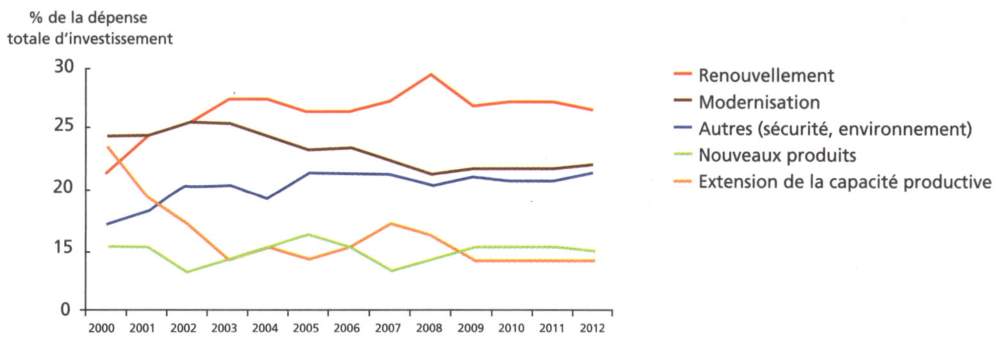

Champ : industrie manufacturière, y c. IAA hors production, transport et distribution d'eau, de gaz et d'électricité.
Insee, Enquête sur les investissements dans l'industrie, avril 2012 (opinion des chefs d'entreprise).

Questions

3. Comparez cette typologie des investissements avec celle du document 7.
4. Commentez le graphique.

Document 9 *La croissance africaine passe par l'essor des infrastructures*

L'Afrique possède l'infrastructure la plus faible au monde. À peine un Africain rural sur trois a accès à une route praticable en toutes saisons. Plus de 20 % de la population de pays comme le Cameroun, le Ghana, la Mauritanie, le Niger et la Tanzanie doivent parcourir plus de 2 km pour atteindre leur principale source d'eau [...].
Dans un récent rapport intitulé *Infrastructure africaine : une transformation impérative*, la Banque mondiale estime que l'amélioration des infrastructures nécessite 93 milliards de dollars, dont près de la moitié sera nécessaire pour mettre à niveau la production d'électricité. L'infrastructure constitue l'épine dorsale d'une économie moderne et ses insuffisances ralentissent visiblement la croissance économique.

Suite

Dans son étude, la Banque [mondiale] estime que l'Afrique subsaharienne perd chaque année 2 points de pourcentage de sa croissance économique à cause du mauvais état de ses infrastructures [...].
Le Consortium pour l'infrastructure en Afrique (ICA) [...] estime que la médiocrité des infrastructures routières, ferroviaires et portuaires augmente de 30 à 40 % le coût des marchandises échangées entre pays africains.

Afrique Avenir, 21 janvier 2010.

Questions

5. Quelles sont les conséquences de la faiblesse des infrastructures sur la vie des populations ?
6. Quelles sont les conséquences de la faiblesse des infrastructures sur l'économie des pays africains ?

Document 10 *Les investissements dans les TIC*

Un rapport de l'UE met l'accent sur la productivité, moteur essentiel de la compétitivité et du bien-être à long terme. Principale origine de l'écart entre les États membres de l'Union et les États-Unis : la productivité totale des facteurs, à savoir les gains de productivité engendrés par des facteurs intangibles comme le progrès technique ou l'innovation dans l'organisation. Il est donc logique que l'Union place au premier rang de ses priorités le renforcement des investissements en R&D, dans les TIC, l'éducation et la formation.
Les investissements dans les TIC sont hautement rémunérateurs sur le plan de la productivité lorsqu'ils s'accompagnent d'une modification avisée de l'organisation et d'un investissement dans les compétences.

www.europa.eu

Question

7. Pourquoi l'UE souhaite-t-elle renforcer les investissements dans les TIC ?

B. L'innovation

Document 11 *Innovation et activité économique*

Les cycles retracent l'évolution des phases d'activité économique. Un cycle est constitué d'expansions qui se produisent à peu près au même moment dans de nombreuses branches de l'activité, expansions qui sont suivies par des phases de récession, qui affectent elles aussi l'ensemble des activités économiques, les reprises débouchant sur la phase d'expansion du cycle suivant.
Pour l'économiste autrichien Joseph Schumpeter, les cycles longs de la croissance sont dus à des « grappes d'innovations » technologiques – chemin de fer, électricité, etc. – qui entraînent un processus de « destruction créatrice* » dans l'économie et provoquent de nouvelles périodes de croissance. Sans ces gains de productivité, l'activité est atone.
Pour mesurer la situation où se trouve une économie à l'intérieur de son cycle d'activité, il faut comparer la croissance de son PIB à sa « croissance potentielle », son rythme optimal d'activité estimé [...].

Adrien de Tricornot, *Le Monde*, 2 septembre 2008.

* La destruction créatrice est, selon Schumpeter, le processus par lequel des entreprises nouvelles, fondées sur des innovations, se substituent à des entreprises vieillies et routinières, ce qui provoque une disparition des firmes et branches anciennes, donc une « destruction », mais aussi l'apparition de nouveaux secteurs porteurs, donc une « création ».

Questions

8. Relevez les différentes phases d'un cycle économique.
9. Comment mesure-t-on la situation d'une économie à l'intérieur de son cycle d'activité ?

Document 12 *Cycles et innovations*

[Schumpeter] distingue une phase ascendante – qui correspond à une vague d'**innovations majeures** (innovations dites « en grappe ») et à l'essor de branches motrices – suivie ensuite d'une phase de déclin symétrique qui traduit à la fois l'arrivée à maturité de ces innovations, le tassement des profits et la disparition des occasions d'investissement.
Les historiens repèrent ainsi différents cycles longs attribuables à ces innovations majeures, et ce aussi bien au XIXe qu'au XXe siècle.

Cycles longs, innovations et branches motrices

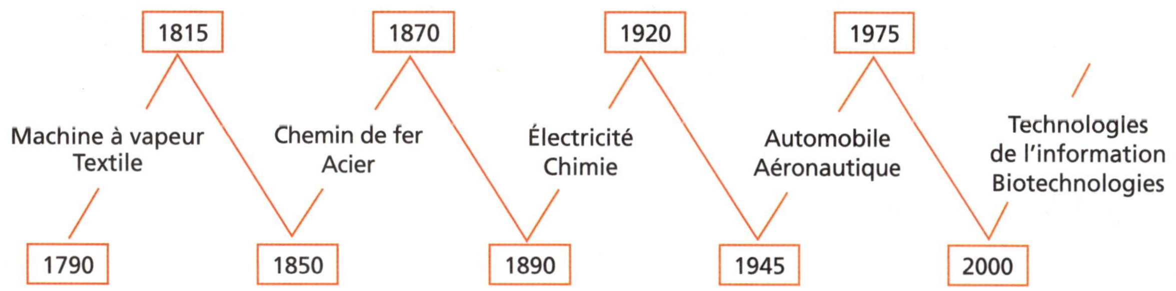

François Coulomb, Jean Longatte, Pascal Vanhove, *Économie*, Dunod.

Questions

10. Montrez l'existence du lien entre innovation et investissements.
11. Quelles conséquences économiques ont eues les innovations majeures du cycle 1945-1975 ?

Document 13 *Le passage d'un système technique à un autre : rupture ou continuité ?*

Les innovations modifient les pratiques culturelles, sociales, mais aussi économiques et organisationnelles. La révolution du moteur à explosion et de l'électricité signera ainsi l'avènement de la production et de la consommation de masse. La révolution des technologies de l'information celui de la société de la communication de masse.
Se pose alors en conséquence la délicate question du passage d'un système technique à un autre. [...]
L'innovation n'est donc en aucun cas une rupture, [...] on fait du neuf avec et grâce à de l'ancien : « Pour se développer, les nouvelles technologies s'appuient sur les technologies antérieures. Il n'y a donc pas un remplacement mais une greffe de la nouvelle technologie sur des pratiques anciennes. [...]
L'innovation est un phénomène cumulatif. » Les ingénieurs ont, par exemple, conçu et organisé le rail en référence à la seule expérience qu'ils avaient dans ce domaine : celle de la route. [...]
Chaque grappe d'innovation majeure, chaque révolution industrielle a également toujours engendré une nouvelle économie, c'est là même une de ses principales caractéristiques.

François Caron, « De l'innovation sociale au changement technique », *Problèmes économiques*, n° 2738.

Questions

12. Sur quel principe se développe l'innovation ?
13. Quelle est la conséquence sur l'économie des grappes d'innovation majeure ?

Document 14 *Illustration de l'innovation*

La démocratisation des drones civils pousse les universités à développer de nouveaux cursus pour ce marché prometteur.

Même si l'on parle beaucoup de l'intérêt que les forces de l'ordre portent aux drones, les plus gros utilisateurs de cette technologie ne sont pas les services de police, mais les universités. [...] Les responsables des universités sont tout excités par les possibilités qu'offrent les avions sans pilote. Ceux-ci pourraient par exemple bouleverser des domaines comme l'agriculture ou la gestion des catastrophes.

« *Les universités repoussent les limites de cette technologie*, déclare Lora Weiss, du Georgia Tech Research Institute d'Atlanta. *On essaie de mettre au point des logiciels fiables, solides et sûrs pour toutes sortes d'applications.* » Étudiants et professeurs du Georgia Tech planchent sur des projets qui vont de la réduction du bruit au programme Flying Android, qui vise à configurer des smartphones pour guider les aéronefs sans pilote. Autre exemple, à l'université d'État du Kansas, « *on cherche à mettre au point des drones capables de veiller sur les villes régulièrement frappées par des tornades* », déclare Kurt Barnhart, qui dirige le Centre de recherche appliquée sur l'aéronautique.

www.courrierinternational.com

Questions

14. Relevez les domaines d'utilisation des drones.

15. Que montre l'intérêt des universités pour cette technologie ?

Document 15 *Emploi et destruction créatrice*

La thèse – inspirée de Joseph Schumpeter, qui faisait de la « destruction créatrice » le moteur des sociétés capitalistes – peut se discuter, en particulier parce qu'elle tend à négliger les considérations sociales et le bien-être des travailleurs. Reste cependant que consacrer des millions à la survie aléatoire d'une entreprise et de ses emplois est, du point de vue économique, moins prometteur que consacrer les mêmes millions au soutien d'activités novatrices.

Alternatives économiques, n° 265.

Document 16 *En pleine « destruction créatrice »*

« Beaucoup, beaucoup, beaucoup de croissance » : l'affirmation de Nicolas Bouzou, hier matin, devant un hall du conseil général bondé, à Orléans, après l'assemblée générale de l'Agence de développement économique du Loiret, ne donne pas dans l'optimisme béat. Elle s'accompagne d'une contrepartie inéluctable : la « destruction créatrice ».

Le jeune économiste a illustré son propos de maints exemples, résumés en une phrase empruntée à l'économiste Joseph Schumpeter : « On n'a jamais vu un fabriquant de chandelles vendre des ampoules. » Ainsi chaque grande vague d'innovations (les lunettes, la machine à vapeur, l'électricité) s'est accompagnée de la disparition de pans entiers d'activités.

« Ne pas lutter contre les plans sociaux »

Aujourd'hui aussi, selon lui, nous vivons une grande vague d'innovation et de croissance, contenue dans les initiales NBIC, comme nanotechnologies, biologie, informatique et « cognitive intelligence ». Ces vagues sont, depuis toujours, synonymes de « décentrage » (la mondialisation actuellement), et de destruction d'emplois. Un exemple parlant : l'avènement des appareils photos numériques et la faillite de Kodak.

Destructions contre lesquelles, selon ce libéral, il serait vain de lutter, car cela gèlerait l'emploi et ne permettrait pas d'anticiper les mutations.

Carole Tribout, *www.larep.fr*

Questions

16. Quel argument s'oppose au soutien d'industries en déclin par l'État ?
17. Pourquoi la destruction créatrice peut-elle être facteur de croissance ?
18. À partir de l'exemple du téléphone portable, illustrez la notion de destruction créatrice.

C. Les incitations à investir

DOCUMENT 17 *Aider les entreprises du Limousin à investir pour se développer et se moderniser*

L'aide aux investissements matériels des entreprises permet, dans la région Limousin, d'accompagner les entreprises dans leurs efforts de développement, de modernisation et de reprise. [...]

Objectifs

L'objectif de cette aide est d'accompagner les entreprises du Limousin qui effectuent des efforts de développement, de modernisation et de reprise en acquérant de nouveaux investissements : mise en œuvre de technologies nouvelles, mise aux normes d'installation dans le cadre d'une reprise, protection de l'environnement, etc. [...]

Les investissements matériels éligibles concernent les investissements matériels de modernisation à contenu technologique ainsi que les investissements immatériels liés à ces investissements (logiciels, brevets, licences, frais d'études), les travaux d'agencement et d'aménagements liés à ces équipements, les frais externes de formation liés à l'investissement et les études de faisabilité liées à la mise en œuvre du programme.

www.editions-tissot.fr

Questions

19. Pourquoi la région Limousin apporte-t-elle une aide aux entreprises ?
20. Quels investissements sont privilégiés par l'aide de la région ?

DOCUMENT 18 *La politique française des pôles de compétitivité*

Acteurs majeurs du dispositif d'innovation français, présents dans un grand nombre de secteurs économiques, les pôles de compétitivité sont des associations qui réunissent localement des entreprises innovantes de toute taille et des acteurs de la formation et de la recherche, autour de projets collaboratifs, en s'appuyant sur les atouts et les savoir-faire présents dans les territoires.

Depuis le lancement des pôles de compétitivité, l'État a concentré la majeure partie de ses efforts au financement des projets collaboratifs de R&D. Une dynamique a ainsi été créée avec des coopérations entre acteurs industriels, scientifiques et de la formation d'un même territoire.

www.competitivite.gouv.fr

Question

21. Pourquoi le gouvernement a-t-il mis en place des pôles de compétitivité ?

Entraînement

Les compétences attendues

- Identifier et caractériser les contributions respectives des facteurs d'offre à la croissance.
- Caractériser les facteurs de développement économique.

Mise en situation

Vous effectuez un stage à l'Observatoire des sciences et des techniques (OST), qui conçoit et produit des indicateurs sur la recherche et le développement. Pour assurer cette mission, l'OST structure, à partir de sources multiples, une base de données sur la recherche internationale.

Vous travaillez au côté d'une chargée d'étude qui mène actuellement un travail sur les moteurs de la croissance chinoise. Les résultats de ce travail alimenteront le rapport biennal de l'OST, « *Indicateurs de sciences et de technologies* ».

À partir de la documentation que vous avez rassemblée, vous allez rédiger une synthèse à remettre à la chargée d'étude sur les caractéristiques de la croissance chinoise.

Travail à faire

1. Commentez l'évolution des indicateurs économiques chinois.
2. Quel est le principal moteur de la croissance chinoise ?
3. Quelles sont les conséquences de l'augmentation des salaires sur l'économie chinoise ?
4. Comment se situent les prévisions de croissance chinoise par rapport au reste du monde ?

Annexe 1

La croissance chinoise au plus bas depuis trois ans

CROISSANCE DU PIB CHINOIS
en % au 13 juillet 2012

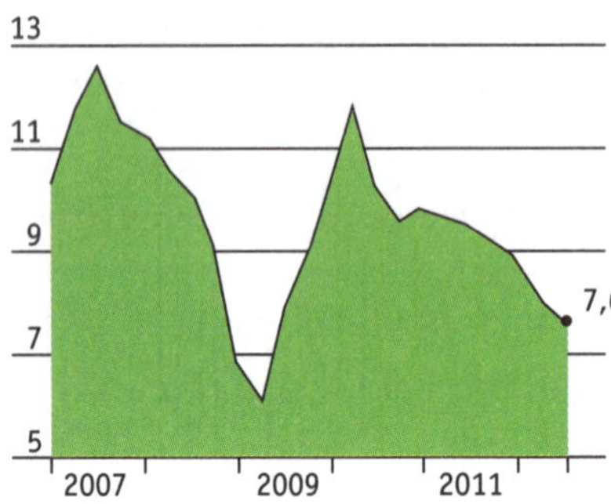

ÉVOLUTION DE L'INFLATION CHINOISE
en % au 30 juin 2012

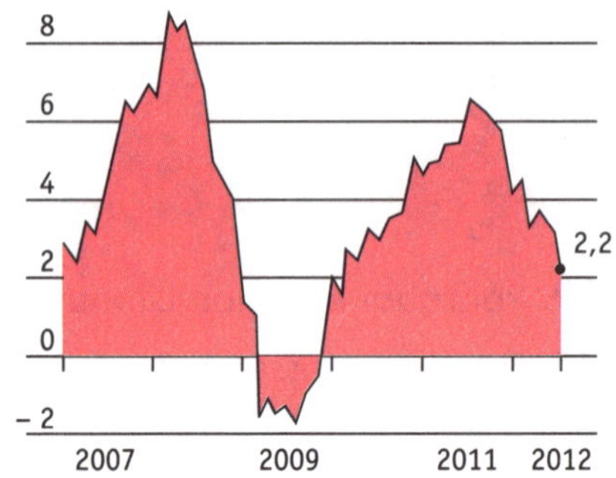

Harold Thibault, *Le Monde*, 14,15, 16 juillet 2012.

Annexe 2

Chine : le géant est fatigué

Plusieurs indicateurs confirment le ralentissement de l'économie chinoise. Pékin doit stimuler sa consommation intérieure pour rester à flot.

Une croissance de 7,6 % au second trimestre, une production industrielle en hausse de 9,2 % sur un an, un excédent commercial dont peuvent seulement rêver nombre de pays européens... À première vue, difficile de lire dans ces statistiques un ralentissement de l'économie chinoise. C'est pourtant le cas. Une série de chiffres publiés ces dernières semaines ont inquiété les investisseurs. [...]

La crise autrement brutale qui frappe les économies européennes et, dans une moindre mesure, américaine, réduit la demande de produits chinois et donc la production industrielle et les exportations de Pékin, dont la croissance dépend encore largement du commerce extérieur.

Dominique Albertini, *Libération*, 10 août 2012.

La croissance chinoise à l'épreuve

Annexe 3

Les salaires augmentent en Chine : progrès ou problème ?

Longtemps considérée comme usine du monde aux coûts salariaux faisant partie des plus bas, la Chine est maintenant confrontée à la hausse des salaires.

Ce changement est à la fois une menace pour la compétitivité de la Chine qui joue sur le facteur prix mais cela augmente aussi la productivité.

La conséquence va être la délocalisation de certaines entreprises, venues profiter du dumping social, vers l'Asie du Sud et du Sud-Est où les coûts salariaux sont toujours aussi bas.

Cette transformation montre aussi le changement de politique du gouvernement chinois qui veut maintenant produire des produits haut de gamme et non essentiellement des produits bas de gamme.

L'augmentation des salaires est un des facteurs de cette transformation car elle valorise la productivité et la qualité.

Raphaël Lorin, *www.chineseinstitute.fr*

Annexe 4

PRÉVISIONS DE CROISSANCE DU FMI POUR 2012, en % du PIB

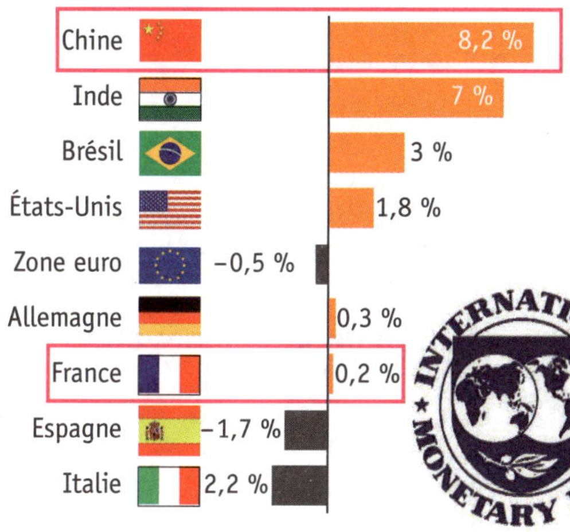

Le Figaro, 25 janvier 2012.

Annexe 5

Chine : adieu la croissance à deux chiffres

Depuis quelques mois, la Chine, locomotive de l'économie mondiale, s'essouffle. Elle devrait bientôt repartir, sur un rythme plus modéré. [...]

Reste que cette reprise ne se traduira plus jamais par une croissance à deux chiffres, puisque le gros des infrastructures a été réalisé et que le pouvoir a mesuré les risques d'une économie focalisée sur les exportations. Si ce rythme plus raisonnable se confirmait, ce serait une bonne nouvelle pour l'environnement, moins agressé, pour les prix des matières premières, moins tendus, et pour les emplois des pays industrialisés, moins menacés par la concurrence implacable des produits venus d'Asie orientale.

www.jeuneafrique.com, 7 septembre 2012.

Sens de la leçon

Les facteurs de croissance

1 Les facteurs de production contribuent à la croissance :

- **Extensive, par augmentation de la quantité de facteurs de production :**
  - Facteur travail (augmentation du temps de travail, de la population active, du taux d'activité)
  - Facteur capital (par l'investissement)
- **Intensive, par l'amélioration de la productivité grâce :**
  - À la qualité du facteur travail
  - Au progrès technique
  - À une meilleure combinaison des facteurs travail et capital

2 Les investissements jouent un rôle dans la croissance :

- **En fonction de l'objectif qu'ils visent :**
  - Capacité (pour produire plus)
  - Productivité (pour produire mieux)
  - Remplacement (pour renouveler les équipements)
- **En fonction de leur contenu et du degré d'innovation :**
  - Formation du capital humain
  - Recherche et développement (R&D)
  - Infrastructures
- **Selon la thèse de la destruction créatrice :**
  - Phase de croissance : création d'emplois
  - Phase de dépression : destruction d'emplois
- **Grâce aux incitations de l'État :**
  - Par l'aide au financement
  - Par les pôles de compétitivité

Les mots-clés : Croissance extensive – Croissance intensive – Cycle économique – Destruction créatrice – Facteurs de production – Grappe d'innovation – Investissement – Pôle de compétitivité – Productivité – Progrès technique

10

Les firmes multinationales dans l'économie mondiale

Le référentiel

2. La création de richesses et la croissance économique *(20 heures)*
2.2. La dynamique de la croissance *(11 heures)*

Les compétences attendues

- Repérer et analyser les flux d'investissements directs à l'étranger (IDE).
- Analyser les effets des stratégies des firmes multinationales sur les pays d'accueil et les pays d'origine.

Le plan du chapitre

I La division internationale du processus productif (DIPP)

- **A. Qu'est-ce que la DIPP ?** → Documents 1 et 2
- **B. L'importance des investissements directs à l'étranger (IDE) dans la mondialisation** → Documents 3 à 5
- **C. La place des firmes multinationales** → Documents 6 et 7
- **D. La localisation des activités** → Documents 8 et 9

II Les effets des stratégies des FMN

- **A. L'effet dans les pays d'accueil et l'action des États pour se rendre attractifs** → Documents 10 à 12
- **B. L'effet dans les pays d'origine** → Documents 13 et 14

Mise en situation

Délocalisations *versus* relocalisations

Les entreprises qui délocalisent sont souvent évoquées dans l'actualité économique. Dans le même temps, les médias citent en exemple des entreprises qui font le pari de relocaliser leurs activités dans leur pays d'origine. Cette double situation montre que la mondialisation est un phénomène dynamique et susceptible d'évoluer en termes de flux. La nouvelle tendance à la relocalisation prouve que la recherche de bas coûts salariaux pour déplacer ses unités de production n'est pas la seule motivation de l'entreprise.

I La division internationale du processus productif (DIPP)

A. Qu'est-ce que la DIPP ?

Document 1 *Définition de la DIPP*

Traditionnellement, la DIPP est supposée refléter une logique d'extension de la division internationale du travail à l'ensemble des pays selon la hiérarchisation mondiale des avantages comparatifs. Toutefois, ce phénomène s'opère de manière sélective dans l'espace au profit des pays combinant, outre des avantages en termes de coûts salariaux et/ou de maîtrise technologique, une position géographique favorable (par rapport aux grands courants d'échange), des infrastructures de communication de qualité et un potentiel de marché. […]
Concrètement, la DIPP correspond au fait que les firmes délocalisent certains morceaux ou segments de la chaîne de valeur (l'assemblage, par exemple), ce qui peut donner lieu à une exportation préalable de composants (tissus, composants automobiles, composants électroniques, pièces détachées…) et à des importations de produits finals. Ces opérations s'effectuent soit par le biais d'investissements directs (telle firme multinationale crée une filiale d'assemblage ou de montage à l'étranger), soit par le biais de la sous-traitance internationale.

Philippe Moati et El Mouhoub Mouhoud,
Revue d'économie politique, septembre-octobre 2005.

Questions

1. Rappelez la théorie de l'avantage comparatif.
2. Réalisez un schéma pour décrire la mise en place de la DIPP.

Document 2 *Les aventures d'un tee-shirt moderne*

« Les aventures d'un tee-shirt dans l'économie globalisée », racontées avec brio par Pietra Rivoli, professeur associée à l'université Georgetown. Via le parcours de son tee-shirt acheté 5,99 dollars en Floride, elle plonge le lecteur de la manière la plus concrète qui soit dans la mondialisation […]
[Au Texas] réside l'industrie du coton numéro 1 dans le monde. […] Pour exporter leur coton, les planteurs du Texas ont décidé de s'unir il y a bien longtemps dans la Coopérative de compression des fermiers (FCC). […] Dans le cas du tee-shirt de Pietra Rivoli, les balles de coton destinées à l'industrie chinoise du textile empruntent les routes américaines jusqu'au port de Long Beach en Californie. Chargées sur des bateaux, elles termineront leur périple à Shanghai ou à Canton. […] À Shanghai, [c'est à] « la filature de coton numéro 36 […] que le coton se transforme en fils avant de rejoindre l'usine de vêtements à l'extrémité opposée de Shanghai ». […] Pour l'export, l'État contrôle une gigantesque société, Tricots de Shanghai, qui sert d'intermédiaire entre les producteurs chinois et les importateurs américains. En 2000, selon Pietra Rivoli, « cette société a expédié environ 2 millions de tee-shirts vers les États-Unis, au prix moyen de 13 dollars la douzaine ». Pour cela, les conteneurs remplis de tee-shirts sont chargés au port de Shanghai, puis traversent l'océan Pacifique, […] et accostent à Miami, là même d'où étaient parties les balles de coton texan.
À Miami, la Sherry Manufacturing Company, où a été imprimé le tee-shirt de Pietra Rivoli […] s'approvisionne également au Mexique, au Salvador, en République dominicaine, au Costa Rica, au Bangladesh, au Honduras, au Pakistan, au Botswana, en Inde, à Hong Kong et en Corée du Sud. Le tee-shirt venu de Chine, lui, aura coûté 1,42 dollar […], dont 24 cents de tarifs douaniers.

www.journaldunet.com

Questions

3. Recensez les différentes étapes de la production du tee-shirt et situez géographiquement les lieux de réalisation de ces étapes.
4. Identifiez l'avantage procuré par chaque étape.

B. L'importance des investissements directs à l'étranger (IDE) dans la mondialisation

Document 3 *Le facteur travail*

Les investissements directs regroupent les opérations effectuées par les investisseurs afin d'acquérir, d'accroître (ou de liquider) un intérêt durable dans une entreprise et d'avoir (ou de ne plus avoir) une influence sur sa gestion. Par convention, on considère qu'une relation d'investissement direct est établie dès lors qu'une personne physique ou morale (l'investisseur) détient au moins 10 % des droits de vote lors des assemblées générales d'une entreprise (l'entreprise investie) ou à défaut 10 % du capital social. Lorsque ce seuil est atteint, l'ensemble des opérations financières entre les deux entreprises est alors enregistré en investissements directs.

Sénat.

Selon le *Manuel de la balance des paiements* du Fonds monétaire international, un investissement direct est supposé tel quand « il est effectué dans le but d'acquérir un intérêt durable dans une entreprise exerçant ses activités sur le territoire d'une économie autre que celle de l'investisseur, le but de ce dernier étant d'avoir un pouvoir effectif dans la gestion de l'entreprise ».

Pierre Jacquemot, *La firme multinationale : une introduction économique, Economica.*

Questions

5. En quoi ces définitions se complètent-elles ?

6. Pourquoi qualifie-t-on ces investissements de « directs » ?

Document 4 *Les IDE dans le monde : 1 500 milliards de dollars en 2011*

Selon un Rapport sur l'investissement dans le monde 2012 publié par la Cnuced*, les investissements directs étrangers « entrants » ont atteint dans le monde, en 2011, 1 500 milliards de dollars, soit une hausse de 16 %. […]

Malgré la crise, la Cnuced prévoit 1 600 milliards de dollars pour 2012, 1 800 milliards de dollars pour 2013 et 1 900 milliards de dollars pour 2014.

Dans ce total, les pays développés s'adjugent 55 % des flux (748 milliards de dollars), mais les pays en développement reviennent très fort, en raison de leur croissance bien supérieure, et attirent désormais 45 % des capitaux (684 milliards de dollars). […]

Top 5 sur l'attractivité des différents pays : la Chine est suivie des États-Unis, de l'Inde, de l'Indonésie et du Brésil. La France pointe à la dix-neuvième place...

Si l'on étudie maintenant les flux de capitaux « sortants », ils sont dominés par les pays développés (1 200 milliards de dollars). Le premier investisseur mondial demeure les États-Unis, avec 396 milliards de dollars. Mais le monde en développement n'est pas absent (380 milliards de dollars) sous la poussée de la Chine (65 milliards de dollars) et de Hongkong (81 milliards de dollars) qui établissent des têtes de pont aussi bien dans les pays riches que dans les pays du Sud bien dotés en matières premières.

Alain Faujas, *Le Monde, 5 juillet 2012.*

* Conférence des Nations unies sur le commerce et le développement.

Document 5 *Flux mondiaux d'IDE et projection pour 2012-2014*

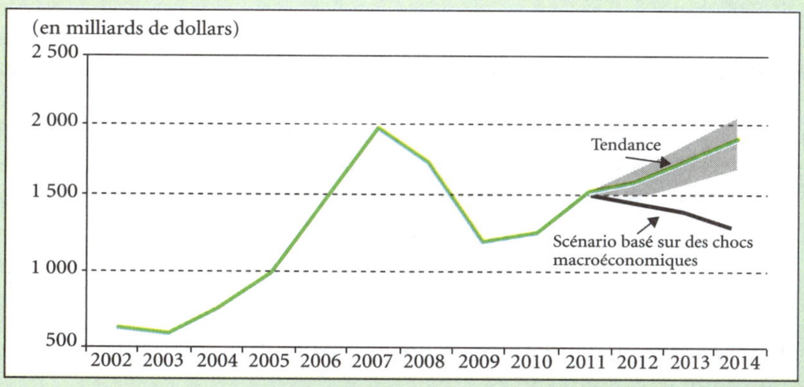

UNCTAD, *World Investment Report, 2012, www.unctad-docs.org*

Questions

7. Relevez l'influence de la crise sur les flux mondiaux d'investissements.

8. Quelle est la place des pays en développement en matière d'IDE ?

C. La place des firmes multinationales

Document 6 *Les firmes multinationales (FMN), acteurs majeurs de la mondialisation*

Une firme multinationale est constituée d'une maison mère et de filiales implantées à l'étranger. La CNUCED retient une définition large des firmes multinationales (FMN) : est considérée comme multinationale une firme qui contrôle au moins une filiale basée à l'étranger ; est considérée comme une filiale une entreprise dont la maison mère détient au moins 10 % du capital. [...]

Le commerce international est très lié à l'activité des FMN. On estime en effet qu'un tiers du commerce mondial de biens et services correspond à des échanges « intra-firmes » réalisés par des entreprises dépendant d'une même firme. Un autre tiers correspond aux ventes « extra-firmes » des FMN et de leurs filiales.

Au-delà, il importe de noter que le montant des ventes locales des filiales à l'étranger représente aujourd'hui le double de la valeur totale des exportations mondiales. Autrement dit, le commerce international, qui est pourtant un indicateur majeur de la mondialisation, est nettement moins important que la distribution locale de biens et services par les multinationales. [...]

Apprécier la place réelle d'une nation dans la mondialisation implique donc de prendre en compte l'activité des FMN dont la maison mère est basée dans ce pays. Si le lourd déficit de la balance des paiements américaine (près de 5 % du PIB) peut faire penser que la puissance commerciale des États-Unis est écornée, il ne saurait faire oublier que les ventes à l'étranger des filiales américaines représentent deux fois le montant des exportations américaines.

Rapport du Sénat n° 2333, « Mondialisation et environnement ».

Questions

9. À quelles conditions une firme peut-elle être qualifiée de « multinationale » ?
10. Précisez la différence entre les échanges intra-firmes et les échanges extra-firmes.
11. Quelle est la contribution des FMN au commerce mondial ?

Document 7 *Nouvelles multinationales : Inde et Chine en tête dans les quinze prochaines années*

Le paysage compétitif mondial connaîtra une transformation importante d'ici à 2020 en voyant l'émergence de nouveaux acteurs globaux issus des économies émergentes. [...]

L'Inde est le pays qui devrait voir naître le plus grand nombre de nouvelles multinationales, devant la Chine. Plus de 2 200 entreprises indiennes développeront des activités à l'extérieur de l'Inde dans les quinze prochaines années. Les pays d'Amérique du Sud [...] (Argentine, Brésil, Chili et Mexique) seront moins prolifiques sur ce terrain alors que les pays d'Asie du Sud-Est aux économies tournées vers l'export (Malaisie et Singapour), la Russie et la Corée du Sud, nouvellement industrialisée, devraient continuer à générer une quantité significative de nouvelles multinationales. [...]

Le nombre d'entreprises issues des marchés émergents qui s'implantent en dehors de leur territoire national a augmenté au cours des cinq dernières années, en partie en raison du développement rapide de la globalisation et de la révolution des technologies de l'information et de la communication. Cette tendance va se poursuivre dans les quinze prochaines années, qui vont voir un nombre croissant de nouvelles entreprises multinationales issues des économies émergentes s'affirmer sur la scène économique globale. [...]

Nicolas Granier, associé en charge des pays émergents chez PricewaterhouseCoopers en France explique : « Il est frappant de noter qu'au cours des dernières années, un nombre croissant d'entreprises issues des pays émergents se sont affirmées comme des multinationales de premier plan en se développant sur les marchés des économies développées tout autant que sur d'autres pays émergents. On peut s'attendre à ce que ces nouvelles multinationales soient de plus en plus présentes dans le secteur des services aux entreprises ou dans les secteurs manufacturiers à plus forte valeur ajoutée, par opposition aux secteurs plus traditionnels d'extraction des ressources naturelles par exemple. »

PricewaterhouseCoopers, communiqué de presse du 29 avril 2010.

Questions

12. Quels facteurs favorisent le développement des firmes multinationales dans les pays émergents ?
13. Quelle est la conséquence de ce développement pour les FMN des pays développés ?

D. La localisation des activités

Document 8 *Les critères de localisation des activités*

Critères de choix de sites, par ordre d'importance (% des réponses à l'enquête de la Cnuced)

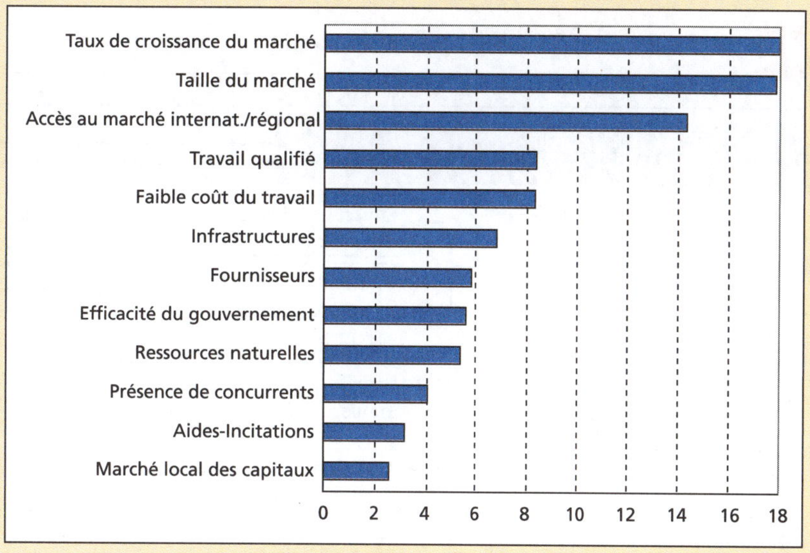

Cnuced, *Rapport sur l'investissement dans le monde 2008-2010.*

Questions

14. Après avoir regroupé les trois critères de choix les plus importants, calculez la part de chacun par rapport à l'ensemble des critères de choix de sites.

15. Pourquoi ces trois critères se détachent-ils du lot ?

16. Indiquez l'intérêt pour le choix d'un site des autres critères présents sur le graphique.

Document 9 *Apple et les délocalisations*

Dans un récent article, le New York Times expliquait pourquoi le géant américain de l'informatique, Apple était contraint de faire fabriquer ses iPhones, iPads et autres produits à l'étranger et notamment en Chine. [...] 90 % des centaines de composants que contient un iPhone, par exemple, sont produits hors des États-Unis. Ainsi, les semi-conducteurs proviennent d'Allemagne et de Taïwan, les mémoires de Corée et du Japon, les écrans et le câblage de Corée et de Taïwan, les puces d'Europe, etc. et le tout est monté en Chine. Une meilleure organisation des entreprises et une meilleure disponibilité des compétences expliquent ainsi la préférence donnée à l'Empire du milieu où on trouve, contrairement aux États-Unis, beaucoup d'ingénieurs hautement qualifiés très flexibles et surtout habitués au rythme imposé par la succession rapide des innovations et des versions des produits de la marque à la pomme.

C'est cette flexibilité qui permet à Foxconn Technology, son principal sous-traitant en Chine, d'assembler pour des compagnies autres qu'Apple (Amazon, HP, Dell, Motorola, Nintendo, Nokia, Samsung, Sony, etc.), 40 % de la production mondiale des biens de consommation électroniques.

Vitraulle Mboungou, *Afrique Expansion Magazine,* 06 mars 2012.
www.afriqueexpansion.com

Questions

17. Quels avantages la Chine offre-t-elle pour les entreprises qui veulent délocaliser leurs activités ?

18. Quel lien peut-on établir entre les délocalisations et la DIPP ?

II Les effets des stratégies des FMN

A. Les effets dans les pays d'accueil et l'action des États pour se rendre attractifs

Document 10 *L'impact des IDE sur les pays d'accueil*

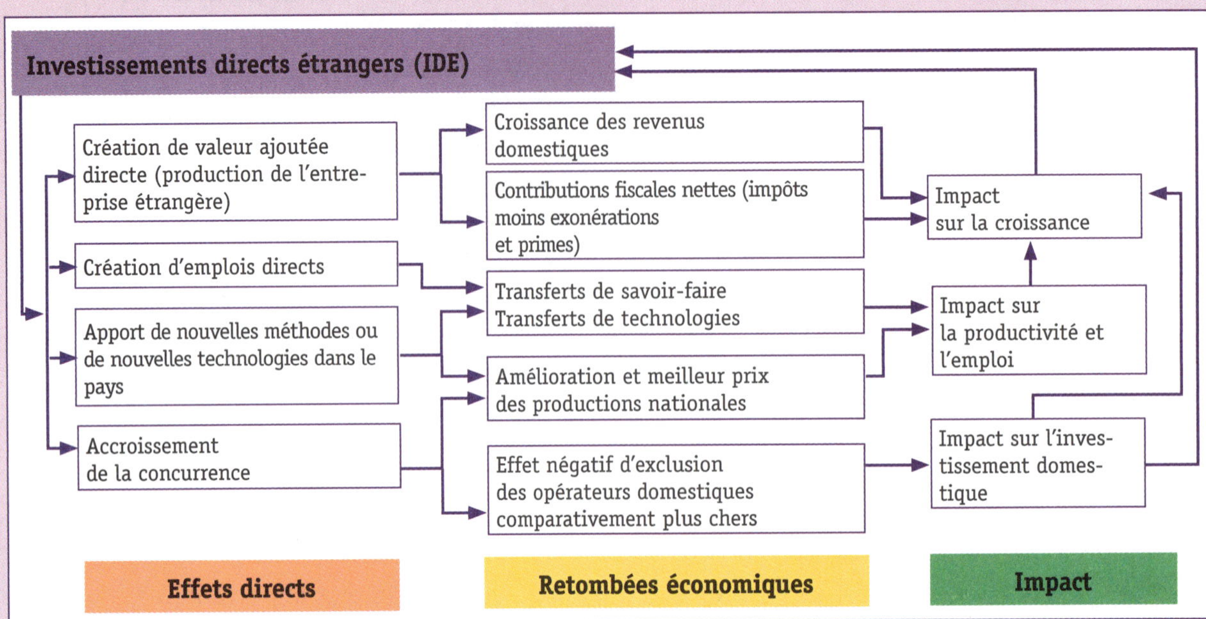

© Bénédict de Saint Laurent – ANIMA Investment Network

Questions

1. Montrez comment les IDE ont un impact sur la croissance.
2. Expliquez en quoi les IDE contribuent à accroître la concurrence.

Document 11 *Les investissements étrangers en France*

La France est un acteur majeur de l'investissement international, troisième pays d'accueil des flux d'investissements directs étrangers dans le monde et seconde destination en Europe des investissements étrangers créateurs d'emplois. Plus de 24 000 entreprises étrangères y sont implantées, tandis que 30 000 entreprises françaises ont investi hors de l'Hexagone.
La crise économique a renforcé la concurrence entre les pays européens, tous mobilisés pour attirer les projets créateurs d'emplois. Elle a redonné du poids aux fondamentaux de l'attractivité : la profondeur du marché, la solidité du système financier, la qualité des infrastructures et des qualifications, l'intensité des activités de recherche et d'innovation, l'efficacité des services publics ou la qualité de vie. La France est comparée à onze pays qui ont un poids important dans les investissements internationaux et des relations économiques le plus souvent soutenues avec la France. La taille et le dynamisme du marché, l'excellence des infrastructures et le niveau de qualification et de productivité de la main-d'œuvre apparaissent comme autant d'atouts pour le site France. Malgré des progrès récents notables, sa position relative est moins favorable en matière de fiscalité et d'environnement administratif.

Agence française pour les investissements internationaux ; communiqué de presse, « Tableau de bord 2010 de l'attractivité de la France », 19 juillet 2010.

Questions

3. Sous quelle forme principale les IDE sont-ils réalisés ?
4. Quels sont les atouts de la France qui favorisent les investissements internationaux sur son territoire ?

B. L'effet dans les pays d'origine

Document 12 *Les effets négatifs des délocalisations*

« *Ce qui est bon pour General Motors est bon pour les États-Unis* », disait autrefois son directeur général C. Wilson. Mais les destinées des entreprises et des nations sont aujourd'hui séparées, car les entreprises ne produisent plus toujours là où elles vendent, et réciproquement. [...]
Dans ce contexte, le débat sur les délocalisations est marqué par deux craintes. La première concerne la désindustrialisation [...]. L'idée est que la délocalisation de l'essentiel de l'industrie ferait perdre le contact avec l'innovation, qui se fait largement dans l'atelier. Cette analyse est partagée par les firmes japonaises, qui estiment indispensable de continuer à produire sur place pour innover.
Le second débat porte sur l'emploi. [...] Dans les services, le McKinsey Global Institute estime les emplois perdus par les pays développés au bénéfice du Sud à 1,5 million en 2003 et sans doute 4,1 millions en 2008, ce qui est peu au regard de l'emploi global.
Cependant, l'impact se fait aussi sentir sur les salaires, la menace réelle ou supposée de la délocalisation pesant sur les négociations salariales. D'autre part, l'effet sur l'emploi dépend largement du degré de flexibilité et de réactivité des marchés. La mondialisation reconfigure l'emploi rapidement et certains pays s'adaptent plus vite que d'autres. Une autre enquête du McKinsey Global Institute a montré que les délocalisations avaient un effet global positif aux États-Unis et négatif en Allemagne, essentiellement parce que 70 % des personnes licenciées aux États-Unis retrouvaient un emploi dans les six mois, contre 40 % seulement en Allemagne.
La concurrence oppose donc les pays développés entre eux et le risque pour la France, plutôt que le fantasme chinois, c'est de voir les sièges sociaux partir aux Pays-Bas et les usines en Europe de l'Est. Dans cette concurrence renouvelée, l'attractivité repose sur la qualité de la main-d'œuvre, des institutions et des infrastructures, autant que sur le coût du travail.

Arnaud Parienty, *Alternatives économiques*, n° 268.

Questions

5. Expliquez la phrase : « Ce qui est bon pour General Motors est bon pour les États-Unis. »
6. Pourquoi les délocalisations entraînent-elles une « perte de contact avec l'innovation » ?
7. Quels sont les effets des délocalisations sur le marché du travail ?

Document 13 *Les avantages des délocalisations pour les pays d'origine*

On craint depuis longtemps que les marchés du travail dans les économies avancées ne souffrent de délocalisations vers les pays à bas salaires [...]. En revanche, on parle beaucoup moins des avantages que la délocalisation peut apporter à l'ensemble de l'économie parce que, en règle générale, ils ne sont pas immédiatement observables et qu'il est donc plus difficile de les associer directement à la délocalisation.
Cela dit, des études indiquent que la délocalisation peut aider à réaliser des gains de productivité, favoriser l'amélioration des compétences, entraîner une hausse du pouvoir d'achat des consommateurs (en raison du niveau inférieur des prix des intrants importés) et réduire l'exposition des exportateurs au risque de change en offrant une couverture naturelle.
La délocalisation joue selon toute vraisemblance un rôle important en réorientant la composition de l'activité économique du pays d'origine vers les industries qui exploitent le mieux les avantages comparatifs de ce pays. Elle contribue en outre à élargir la base d'approvisionnement mondiale, ce qui se traduit généralement par une intensification de la concurrence et donne lieu à une modification des rapports de prix.

Calista Cheung, James Rossiter et Yi Zheng, *Revue de la Banque du Canada*, automne 2008.

Questions

8. Quels sont les avantages des délocalisations présentés dans ce document ?
9. Pourquoi les délocalisations entraînent-elles une hausse du pouvoir d'achat des consommateurs ?

Entraînement

Les compétences attendues

- Repérer et analyser les flux d'investissements directs à l'étranger (IDE).
- Analyser les effets des stratégies des firmes multinationales sur les pays d'accueil et les pays d'origine.

Mise en situation

Vous êtes consultant auprès d'un organisme d'études spécialisées dans l'activité des entreprises. Cet organisme doit fournir à la chambre de commerce de votre région des informations sur les intentions des entreprises de délocaliser hors de France ou de relocaliser en France certaines de leurs activités.

Pour préparer la conduite des entretiens avec les différents chefs d'entreprise, vous avez rassemblé une documentation qui vous permet de mieux cerner les mouvements de délocalisation.

À partir de la documentation que vous avez rassemblée, vous allez rédiger une synthèse préalable à la conduite de votre enquête sur les intentions des entreprises en matière d'investisssements.

Travail à faire

1. Quelles sont les activités qui profitent le plus des délocalisations ?
2. Quels arguments plaident en faveur des délocalisations ?
3. À quelles conditions les relocalisations peuvent-elles réussir ?
4. Pourquoi les entreprises chinoises sont-elles conduites à délocaliser leurs activités ?

Annexe 1

Les délocalisations : qui gagne ? qui perd ?

En déplaçant leur production, de nombreux industriels trouvent leur compte financièrement en raison des coûts et des charges moindres dans les pays qui les accueillent. Par contre, ces derniers y gagnent en asseyant une expertise et en développant leur économie à moyen terme.

L'avantage pour les entreprises à rechercher des territoires plus favorables en termes de fiscalité et de droit du travail est de multiplier les dividendes pour leurs actionnaires. Pour être direct, on citera l'entrepreneur français Jean-François Bernardin qui affirme que la délocalisation est « la solution la plus efficace et la plus rapide » pour maximiser les profits. […]

En termes d'avantages, la délocalisation permet aussi de s'implanter dans le marché du pays vers lequel les entreprises déplacent leur production, en tentant de se l'approprier. Il s'opère, dans ce cas précis, un rapprochement [obéissant] à des règles de commerce classique qui engagent les besoins et la demande des consommateurs locaux. […]

Les plus grands perdants dans l'affaire sont d'abord les travailleurs des pays industrialisés qui se retrouvent généralement sans emploi et sans grand espoir de reconversion. Et même si de nombreux analystes estiment que la création d'un nouveau type d'emplois est possible, il n'en demeure pas moins que le chômage massif aux États-Unis et dans la Communauté européenne de ces dernières années découle en grande partie de la délocalisation des entreprises. Ce qui, nécessairement, plombe les déficits publics des pays. […]

Et ce n'est pas fini puisqu'avec l'extension du phénomène au secteur des services et de pointe, les analystes évaluent à près de 30 % les emplois qui seront « enlevés » aux États-Unis et en Europe dans les dix prochaines années.

On verra à ce moment-là quelle dimension auront prise les pays « hôtes » des délocalisations. Cela afin de mieux en apprécier l'ampleur et surtout si, avec leur propre croissance et l'amélioration des conditions de travail des travailleurs, on n'assistera pas à une « relocalisation » des entreprises.

Léopold Nséké, *Jeune Afrique*, 07 mars 2012.
www.afriqueexpansion.com

Délocalisations *vs* relocalisations

ANNEXE 2

Relocalisations : vive la France !

Décathlon, Smoby, Meccano... Ces dernières années, plusieurs entreprises ont choisi de rapatrier en France une partie de leurs activités, implantées en Asie ou ailleurs. [...]
Du textile aux jouets, en passant par l'électronique ou les services, seule une vingtaine d'entreprises ont pour l'instant franchi le pas. Problèmes de qualité de fabrication, de délais de livraison, de coût du transport : les raisons du retour dans l'Hexagone sont nombreuses. « Les entreprises qui reviennent le font soit parce qu'elles ont trouvé de meilleurs moyens de produire à bas coût, soit parce que leur délocalisation a échoué », résume El Mouhoub Mouhoud[1]. Les Taxis bleus, qui avaient expatrié leur centre d'appel au Maroc en 2002, l'ont ainsi réinstallé quelques mois plus tard à Paris pour stopper l'hémorragie de clients, déçus par la prestation.

Est-ce que ça rapporte ?

Atol, qui avait confié la fabrication de ses lunettes à un sous-traitant chinois en 2003, l'a relocalisée deux ans plus tard dans le Jura. Ce choix de valoriser « l'argument qualité » du « made in France » a multiplié les coûts de production par trois. Et le modèle économique n'a pas tout de suite été viable. « On a fait en sorte d'avoir beaucoup plus de valeur ajoutée pour que le consommateur soit prêt à payer plus cher, 200 euros en moyenne la paire contre 145 auparavant », explique le directeur général délégué [...].

12 décembre 2011, *www.metrofrance.com*

1. Professeur d'économie à Paris-Dauphine.

ANNEXE 3

La Chine délocalise à son tour sa production

Il y a quelques années, la Chine était la destination privilégiée des délocalisations d'entreprises européennes et américaines. Avec l'augmentation des coûts en Chine, un mouvement inverse s'amorce. Des entreprises chinoises produisent désormais en Éthiopie, Indonésie et Égypte.
L'augmentation des salaires et des coûts de fonctionnement en Chine est à l'origine d'un mouvement de délocalisation des entreprises chinoises. Ces dernières cherchent dans des pays à plus faible niveau de vie un moyen de préserver leur marge. C'est ainsi qu'elles se sont tournées vers l'Afrique et s'installent en Éthiopie.
En Éthiopie, le coût de la main d'œuvre et la production locale de cuir ont permis l'implantation d'usines de chaussures qui seront vendues aux États-Unis et en Europe. Un groupe de haute technologie de Shanghai va délocaliser certaines activités en Indonésie. Dans la zone franche de Port-Saïd en Égypte, un groupe chinois produit des vêtements à bas prix qui sont exportés sous l'étiquette « *made in Egypt* » au lieu de « *made in China* ».
Les délocalisations chinoises ont aussi pour but de rapprocher la production des consommateurs. Le groupe automobile Great Wall Motors s'installe en Bulgarie, afin de s'ouvrir un marché en Europe. Quant au groupe chinois d'énergie renouvelable Fire Energy, il n'a pas choisi Châteaudun au centre de la France pour ses bas salaires mais bien pour son implantation géographique favorable et la qualité de sa desserte ferroviaire.

www.rfi.fr

Sens de la leçon

Les firmes multinationales dans l'économie mondiale

1 La mondialisation conduit les FMN à…

■ **Une division internationale du processus productif en fonction des avantages comparés procurés par chaque pays :**

Pays de fabrication → Pays d'assemblage → Pays de montage final

■ **Des décisions d'investissements directs à l'étranger (IDE) selon deux moyens :**

- Acquérir une entreprise étrangère : au moins 10 % du capital
- Implanter une entreprise à l'étranger

■ **Une délocalisation de leurs activités en fonction des avantages recherchés :**

- Coût et qualification de la main-d'œuvre
- Présence de ressources naturelles et de fournisseurs
- Qualité des infrastructures
- Proximité du marché de consommation

2 Les stratégies des FMN ont des effets contrastés.

■ **Elles favorisent le développement économique des pays d'accueil.**

- Créations d'emplois
- Transferts de technologies
- Augmentation des exportations

■ **Elles contribuent aux mouvements de délocalisation avec des conséquences sur les pays d'origine.**

Négatives
- Suppressions d'emplois
- Perte de contact avec l'innovation
- Baisse du niveau des salaires

Positives
- Hausse de pouvoir d'achat
- Augmentation de la productivité

Les mots-clés : Délocalisation – Division internationale du processus productif (DIPP) – Firme multinationale – Investissements directs à l'étranger (IDE ou IED) – Maison mère – Mondialisation

préparation à l'épreuve

S'entraîner au BTS n° 2

Les enjeux du développement durable pour les pays émergents

Les compétences attendues

- Analyser les politiques de développement durable.
- Caractériser les facteurs de développement économique.

Mise en situation

Le site Presidency Key Brief est un site de prospective consacré au développement durable.

Ses créateurs l'ont fondé sur l'idée qu'il ne peut pas y avoir de développement durable sans réflexion prospective politique et économique à moyen et long terme. De même, le développement durable ne peut se développer sans démocratie ni bonne gouvernance des États et des entreprises.

Le site Presidency Key Brief vous a demandé de suivre la préparation du prochain forum mondial organisé par la Nouvelle École d'Athènes, qui réunit les leaders des trois groupes d'acteurs qui contrôlent la mondialisation, c'est-à-dire les gouvernements, les entreprises et la société civile, et qui a pour thème : « Les enjeux du développement durable pour les pays émergents ».

Le but de ce forum sera d'étudier la compatibilité ou la non-compatibilité entre les nécessités du développement économique et celles du développement durable.

Travail à faire

Présentez les travaux suivants dans le cadre d'une note structurée et argumentée.

1. Comment un pays peut-il assurer son développement économique ?
2. Quelles sont les conséquences des principes du développement durable sur le développement économique ?
3. Quelles sont les différences de perception du développement durable entre pays du Nord et pays émergents ?
4. Pourquoi est-il nécessaire que les pays émergents s'impliquent dans la prise en compte des enjeux environnementaux ?

Ressources documentaires

Annexe 1 *Pollution : le nouveau fléau des pays émergents*

Le nouveau fléau des pays émergents est la pollution de l'air qui progresse notamment dans les grandes métropoles asiatiques et sud-américaines. Le phénomène des particules (en suspension dans l'air) est un problème important dans les grandes villes.
« Karachi, New Delhi, Katmandou, Dacca, Shanghai, Pékin et Bombay, qui se trouvent en Asie, dépassent toutes les limites en matière de pollution par particules », a estimé la chercheuse Liisa Jalkanen de l'Organisation météorologique mondiale.
Selon Liisa Jalkanen, cette pollution, qui peut gravement nuire à la santé humaine, touche aussi des villes d'Amérique du Sud comme Lima, Santiago et Bogotá.
La cité la plus polluée d'Afrique est Le Caire. Environ la moitié de la population mondiale vit dans des agglomérations et cette proportion devrait augmenter aux deux tiers d'ici à 2030.
L'Organisation météorologique mondiale (OMM) estime que les pays industrialisés ont pris conscience du phénomène mais ces régions, qui ont enregistré ces dernières années une croissance économique importante, doivent maintenant faire face à d'importants problèmes de pollution atmosphérique. [...]
Après le phénomène des pluies acides dans les années 1980, les normes imposées en Europe ont permis de diviser par 20 les concentrations de dioxyde de soufre.
« Dans d'autres régions qui ont connu une forte croissance économique (en Asie, en Chine, en Inde), c'est l'inverse qui s'est produit alors qu'en Amérique du Nord la pollution a été placée sous un contrôle accru », a indiqué le responsable de la recherche à l'OMM, Len Barrie.

www.ushuaia.com

Annexe 2 *Le développement durable est-il instrumentalisé par le Nord ?*

Le développement durable est-il un instrument de dialogue ou de domination Nord/Sud ? [...] Le concept est aujourd'hui omniprésent tant dans la sphère politique qu'économique. Jusqu'à devenir un enjeu géopolitique ? [...] Pour le Nord, « le concept est relativement confortable. D'ailleurs, il est très vite entré dans le langage marketing », souligne ainsi le directeur général d'Oxfam France, Luc Lamprière. Mais pour le Sud ?
« Il faut rappeler que la façon dont le développement durable est apparu sur la scène internationale en fait d'emblée un instrument de domination », assène d'entrée de jeu la géographe Sylvie Brunel, professeur à l'université Paris IV-Sorbonne. [...] Car « en 1992, lors du sommet de Rio, nous sommes à la fin de la guerre froide : les nouveaux ennemis sont les pays émergents qui concilient le développement économique et le développement démographique. Le Nord adopte alors la vision anglo-saxonne du monde basée sur l'accaparement des ressources d'une part et le mythe de la "wilderness", soit la nature laissée à l'état sauvage, d'autre part ». Et ce, souvent au détriment des populations locales dont le développement, déjà difficile, doit alors être soumis aux exigences de « durabilité » dont ils n'ont pas toujours les moyens, explique l'auteur du livre *À qui profite le développement durable ?*. [...]

...

SUITE

Vers un nouvel équilibre ?

[...] Les pays dits émergents montrent désormais leur détermination à peser de tout leur poids dans des négociations jusqu'alors menées exclusivement par les pays du Nord. Ils ont d'ailleurs eux-mêmes trouvé dans la croissance verte de nouveaux débouchés et ont réussi à imposer – du moins, dans le débat public – l'idée de « dette écologique ». Mais de là à ce que le développement durable puisse réellement « devenir un instrument fiable et utilisable de dialogue » entre les pays industrialisés et les autres... La route est encore longue, selon Philippe Martin, député du Gers et membre de la commission du développement durable et de l'aménagement des territoires de l'Assemblée nationale : « Au vu des sommets de Bali et de Copenhague, auxquels j'ai assisté, les pays du Nord ne m'ont pas donné une impression de volonté durable. Cela est en partie dû à ce que, dans ces pays, le temps politique est très différent du temps du développement durable : les chefs d'État doivent prendre des décisions très impopulaires dans leurs pays, qui n'auront de résultats qu'une fois que leurs noms seront sur les plaques des rues ! »

En attendant, les tensions croissent entre le Nord et le Sud. « La croissance économique – et démographique – prodigieuse des pays émergents nous enferme dans une crise écologique inéluctable. À laquelle s'ajouteront des crises politiques, économiques et sécuritaires, avec la montée des tensions dans les pays fragiles », prédit l'ancien directeur de la Banque mondiale [...], Serge Michailof [...]. Une thèse également développée par le psychosociologue allemand, Harald Welzer, dans *Les Guerres du climat*, un essai où il fait justement le lien entre accaparement des ressources, violences, conflits, migrations... et le protectionnisme désormais « admis » des pays du Nord, moins touchés par les dégradations climatiques et soucieux de préserver leur tranquillité...

Béatrice Héraud, *http://www.novethic.fr*, 4 mai 2010.

ANNEXE 3 *Perte de biodiversité : un enjeu mieux compris dans les pays émergents*

Dans un rapport publié ce 13 juillet, le groupe de travail sur l'économie des écosystèmes et de la biodiversité montre que les grosses sociétés devraient et pourraient mieux surveiller leur impact sur la biodiversité et les services rendus par les écosystèmes.

[...] Aujourd'hui, une grande partie de l'activité des entreprises est liée aux services rendus par les écosystèmes : on estime par exemple que 25 à 50 % des 640 milliards de dollars générés par le marché pharmaceutique proviennent des ressources génétiques ou que la contribution des insectes pollinisateurs à l'agriculture s'élève à 190 milliards de dollars chaque année. Pourtant, une étude de Price Waterhouse Cooper montre une prise de conscience extrêmement diverse entre les dirigeants de sociétés du Nord et du Sud : 53 % des dirigeants interrogés en Amérique latine et 45 % en Afrique considèrent que l'appauvrissement de la biodiversité est une menace pour la croissance économique. Mais cette inquiétude est partagée par seulement 18 % de leurs homologues en Europe de l'Ouest et 14 % d'entre eux en Amérique du Nord... Dommage, car pour Achim Steiner, le secrétaire général adjoint des Nations unies et directeur exécutif du PNUE*, « nous entrons dans une ère où les marchés et les consommateurs réagissent quand des ressources naturelles ou brutes d'une valeur de plusieurs milliards de dollars disparaissent. La façon dont ces entreprises prendront en compte ces risques, réalités et opportunités déterminera leur rentabilité, leur image sur le marché et leur modèle de développement dans les prochaines décennies sur une planète de 6 milliards d'habitants qui en comptera plus de 9 en 2050 ».

Une enquête d'opinion menée par Ipsos montre qu'un nombre croissant de consommateurs (60 % des personnes interrogées en Amérique/Europe et plus de 90 % au Brésil) se disent inquiets de l'appauvrissement de la biodiversité. 80 % des consommateurs interrogés déclarent même qu'ils n'achèteront plus les produits de sociétés dont la politique d'approvisionnement n'est pas éthique. [...]

...

Suite

Mesurer l'impact sur la biodiversité est un travail auquel s'attellent de nombreux acteurs. Dans le secteur financier un outil évaluant « la performance en termes de conservation de la biodiversité et la gestion des ressources naturelles » est en cours de conception. Il devrait avoir une influence dans les choix d'investissements de l'IFC, la branche de la Banque mondiale pour le secteur privé, mais aussi de la soixantaine de banques multinationales qui ont adopté les principes de l'Équateur*. Cela concerne, selon le rapport, le financement de projets dans les pays émergents pour un montant de 10 millions de dollars. Mais des efforts doivent encore être déployés par les associations professionnelles pour élaborer de nouveaux outils permettant d'intégrer la biodiversité à la comptabilité des entreprises. L'étude n'oublie pas le rôle des gouvernements, qui peuvent créer un environnement efficace en arrêtant les subventions qui favorisent le réchauffement climatique, en offrant des exemptions de taxes pour les investissements en faveur de la conservation de la nature ou en développant de nouveaux types de droits de propriété pour les écosystèmes…

Béatrice Héraud, *http://www.novethic.fr*, 13 juillet 2010.

* Programme des Nations unies pour l'environnement : sa mission est de montrer la voie et d'encourager la coopération pour protéger l'environnement. Il se doit aussi d'être une source d'inspiration et d'information pour les États et les populations et un instrument de facilitation leur permettant d'améliorer la qualité de leur vie sans toutefois compromettre celle des générations à venir.

www.unep.org

* Normes volontaires environnementales et sociales applicables au financement de projets. En signant de manière volontaire ces « principes de l'Équateur », une banque s'engage à prendre en compte un certain nombre de critères.

Annexe 4 *Énergie : les pays émergents plus gourmands*

Selon le pétrolier BP, les pays émergents gaspillent plus d'énergie. Cette surconsommation contribue par conséquent à l'essor du charbon, préoccupant pour l'environnement.
En 2008, la consommation d'énergie des pays émergents a représenté 51,2 % de la consommation mondiale selon l'économiste de BP, Christoph Rühl.
L'an dernier, la Chine a compté pour les trois quarts de la hausse de la demande d'énergie (+ 1,4 %). Le reste vient de la région Asie Pacifique en général, qui a représenté 87 % de ces 1,4 %.

Une lourde menace pour l'environnement
Les pays émergents comme l'Inde et la Chine misent toujours sur le charbon pour se développer. La consommation du charbon a progressé de 3,1 % selon les estimations de BP alors que celle du pétrole a reculé. « Sans la contribution de l'Inde et de la Chine, la consommation (mondiale de charbon) aurait chuté », a estimé Christoph Rühl.
Outre le charbon, les autres énergies fossiles sont beaucoup trop utilisées par les pays émergents. Par exemple, ils consomment trois fois plus de pétrole par point de croissance que les pays de l'Organisation de coopération et de développement économiques (OCDE).

http://www.ushuaia.com

11

Les inégalités de revenus et de patrimoine des ménages

Le référentiel

3. La répartition des richesses *(20 heures)*

3.1. Les inégalités de revenus et de patrimoine des ménages *(8 heures)*

Les compétences attendues

- Décrire et caractériser la répartition des revenus et du patrimoine.
- Analyser les inégalités de revenus dans les pays développés.
- Analyser les modalités de formation des salaires.

Le plan du chapitre

I La répartition des revenus

- **A. Le partage de la valeur ajoutée** → Documents 1 et 2
- **B. La formation du revenu disponible des ménages** → Documents 3 à 5

II Les mécanismes de la formation des salaires

- **A. La formation des salaires** → Documents 6 à 8
- **B. L'action de l'État** → Documents 9 à 11

III Les inégalités

- **A. Les inégalités de revenus et de patrimoine** → Documents 12 à 16
- **B. Les inégalités de salaires** → Documents 17 à 19
- **C. L'évolution des inégalités de niveau de vie** → Documents 20 et 21

Mise en situation

Les salaires hommes/femmes en Europe

Un rapport de l'Union européenne sur l'égalité entre les hommes et les femmes confirme qu'en dépit de « certains progrès, des inégalités entre les deux sexes demeurent dans de nombreux domaines ». Il s'agit en particulier des écarts de rémunération. Tous secteurs confondus, les femmes gagnent 17,4 % de moins que les hommes, en moyenne, dans l'Union européenne.
En France, malgré quelques progrès, les femmes sont toujours moins payées que les hommes, et sous-représentées dans les entreprises aux postes de responsabilité.

I La répartition des revenus

A. Le partage de la valeur ajoutée

Document 1 *La valeur ajoutée et sa répartition*

Partage de la valeur ajoutée et des bénéfices dans les PME en 2011

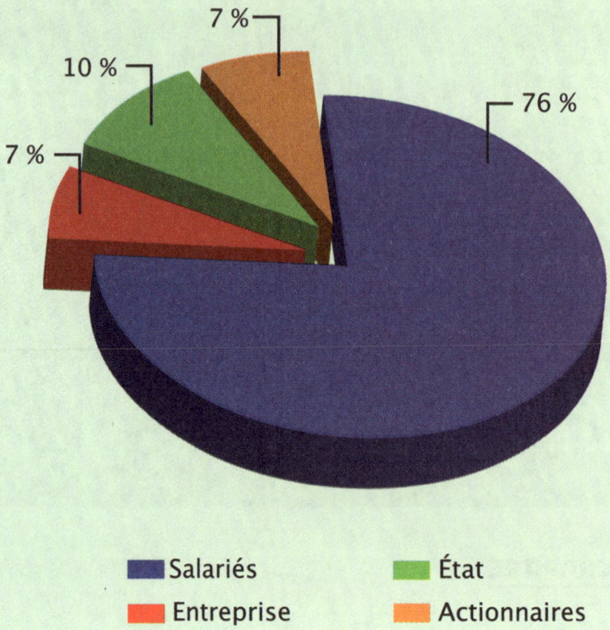

Après avoir encaissé le produit de ses ventes et payé les factures de ses fournisseurs, un chef d'entreprise observe ce qui lui reste : la valeur ajoutée créée par son activité tout au long de l'année. Il utilisera cette valeur ajoutée pour payer les salaires, les primes, les cotisations sociales, bref tout ce qui est lié aux salaires. L'excédent brut d'exploitation (EBE) sera ainsi dégagé.

L'EBE sera utilisé pour payer les impôts, en particulier l'impôt sur les bénéfices, et pour verser des dividendes aux actionnaires de la société. Le reste pourra être investi dans l'entreprise pour continuer à la développer.

ATH, *Zoom sur le partage de la valeur ajoutée et des bénéfices de 500 PME*, édition 2012.
www.observatoireath.com

Questions

1. Entre quels acteurs se répartit la valeur ajoutée ?
2. Comment est constituée la part attribuée à chacun ?

Document 2 *Les enjeux du partage de la valeur ajoutée*

Le partage de la valeur ajoutée a des implications à la fois économiques et sociales. [...] Si une part importante de la valeur ajoutée est accordée au travail, la consommation sera favorisée. Si au contraire c'est le capital qui tire son épingle du jeu, c'est l'investissement qui pourra être accru. Socialement, on peut dire que le partage de la VA traduit le pouvoir des salariés dans les négociations salariales. Faible en période de fort chômage, on peut imaginer que la part du travail dans la valeur ajoutée augmente avec la reprise du marché de l'emploi. [...] Ce partage met alors en jeu un conflit distributif. Thomas Piketty écrit ainsi à ce sujet : « En l'absence de toute action publique de redistribution, le partage effectif entre capital et travail dépendra, par exemple, du pouvoir de négociation des syndicats, des capacités des employeurs à s'approprier une large part, ou plus généralement de l'état présent des rapports de forces entre capitalistes et travailleurs. »

www.businesspme.com, DR.

Questions

3. Quel rôle peut jouer la négociation syndicale dans le partage de la valeur ajoutée ?
4. Quelle est la conséquence d'un partage de la valeur ajoutée favorable aux salariés ? favorable aux entreprises ?

B. La formation du revenu disponible des ménages

1. La répartition primaire des revenus

Document 3 *Les revenus primaires des ménages*

Les revenus primaires des ménages sont les revenus directement liés à leur participation au processus de production.

Revenus salariaux	Revenus de la propriété	Revenus mixtes
Salaires + primes	Revenus fonciers Revenus des valeurs mobilières Revenus de l'épargne « quasi liquide »	Rémunération du travail effectué par le propriétaire de l'entreprise individuelle + rémunération du capital

Questions

5. Quels noms portent les revenus des différentes valeurs mobilières ?
6. Citez des actifs non salariés qui perçoivent des revenus mixtes.

2. La répartition secondaire des revenus

Document 4 *La répartition secondaire des revenus*

La redistribution des revenus est une politique qui vise à assurer une plus juste répartition des richesses entre les individus. Elle vise à réduire les écarts de revenu entre les ménages d'une même société. La redistribution s'opère en deux étapes :

– une première étape de prélèvements obligatoires sur la richesse des ménages et des entreprises, sous forme d'impôts et de cotisations sociales ;

– une seconde étape de versement de revenus de transfert sous la forme d'indemnités chômage, d'allocations familiales, de pensions de retraite ou encore de revenu de solidarité active (RSA).

L'objectif de la redistribution est de réduire les écarts de revenu qui existent entre les ménages en modifiant leur revenu disponible. Ce revenu disponible correspond à la somme des revenus primaires et des prestations sociales perçus par un ménage diminuée des impôts et des cotisations sociales qu'il a versés.

Le système d'imposition qui finance la redistribution peut être plus ou moins redistributif, notamment lorsque le taux d'imposition augmente avec la base d'imposition. On parle alors d'impôt progressif.

Questions

7. Quel est l'objectif principal de la redistribution des revenus ?
8. À quelle condition l'impôt participe-t-il à la redistribution des revenus ?
9. Classez les principaux impôts en impôts redistributifs et impôts non redistributifs.

Document 5 *Comparaison entre revenu disponible et revenu avant transferts*

En 2009, le revenu disponible médian, qui partage la population des ménages en deux parties égales, est de 28 740 euros. Les 10 % de ménages les plus modestes ont un revenu disponible inférieur à 12 930 euros […] et les 10 % de ménages les plus aisés ont un revenu supérieur à 59 900. […]
[…] Les revenus avant transferts et prélèvements […] s'établissent respectivement à 10 570 euros et 69 220 euros.

INSEE, *Les revenus et le patrimoine des ménages*, édition 2012.
www.insee.fr

Question

10. Quels sonts les effets de la répartition secondaire sur le revenu disponible des ménages les plus pauvres ? et les plus riches ?

II Les mécanismes de la formation des salaires

A. La formation des salaires

Document 6 *La conception moderne du salaire*

Le salaire est fixé par négociation entre les représentants syndicaux et ceux de la direction de l'entreprise.
Le salaire est le résultat d'un équilibre obtenu sur un marché monopolistique, avec deux forces en présence : un offreur face à un demandeur.

Si la négociation porte uniquement sur le salaire, son niveau sera déterminé en fonction de la capacité de résistance du syndicat et des possibilités de concession du patronat. Toutes deux sont fonction du temps. La négociation peut être schématisée par une courbe dont l'allure s'apparente à celle de la courbe de l'offre et de la demande.

A. Silem, *Encyclopédie de l'économie et de la gestion*, Hachette.

Question

1. En quoi peut-on dire qu'une négociation salariale s'apparente à la loi de l'offre et de la demande ?

Document 7 *Le dialogue social*

Les grilles de salaires sont fixées par les partenaires sociaux dans le cadre des conventions collectives nationales.

La détermination de la grille de classification et de salaires ne se fait pas en fonction de l'emploi occupé par le salarié qui est engagé, mais en fonction de la convention collective qui est applicable dans l'entreprise, compte tenu de son activité, de sa forme juridique, etc. Le principe est qu'un employeur n'applique qu'une seule convention collective ; l'ensemble des salariés relèvent donc de la même grille de salaires.
Chaque convention collective définit une grille de classification ainsi que les critères permettant de positionner un emploi sur la grille.
Par exemple, pour un organisme relevant de la convention des théâtres privés, les employés travaillant à la création et la réalisation des costumes seront rattachés, selon le cas, à l'emploi de couturière ou de chef couturière, ou encore de chef costumière. Pour la convention des entreprises artistiques et culturelles, les fonctions de metteur en scène et scénographe relèvent de la nomenclature spécifique aux emplois artistiques.
Par contre, la création et la réalisation de costumes relèveront, selon le cas, de la qualification de technicien agent de maîtrise 1 « réalisateur de costumes » (nomenclature générale, filière technique) ou de la qualification de collaborateur(trice) du metteur en scène, concepteur de costumes (nomenclature spécifique aux emplois artistiques).

Ainsi, la qualification est à étudier en fonction de la convention collective applicable dans l'entreprise et du contenu précis du poste.

© CAGEC GESTION
www.cagec.fr, www.legiculture.fr

Questions

2. Qu'est-ce que le dialogue social ? Qui sont les partenaires sociaux ?
3. Définissez les termes suivants : convention collective, qualification, grille de classification.

Document 8 *Les facteurs qui influent sur le salaire*

Diplôme, qualification	Les grilles de salaires prévoient un salaire plus élevé lorsque le diplôme et/ ou la qualification sont supérieurs.
Âge, ancienneté	Le salaire progresse avec l'ancienneté et l'expérience.
Sexe	Écart salarial entre hommes et femmes = 19,7 % en moyenne (*Insee Première* n° 1 403 – juin 2012), bien que la loi interdise les discriminations.
Région	Île-de-France, Alsace, Rhône-Alpes ont les salaires les plus élevés, Nord-Pas-de-Calais, Auvergne, Limousin et Languedoc-Roussillon ont les salaires les plus faibles.
Secteur d'activité	Les salaires dans le commerce sont inférieurs à ceux de l'industrie.
Taille de l'entreprise	Les petites entreprises payent leurs salariés presque deux fois moins que les grandes.
Secteur d'activité	Dans le secteur privé ou semi-public, les cadres gagnent environ trois fois plus que les ouvriers non qualifiés.
Temps de travail	Le travailleur à temps partiel a un salaire inférieur au salarié à plein temps.

Question

4. Quels critères devraient être réunis pour permettre à un salarié d'obtenir le salaire le plus élevé possible ?

B. L'action de l'État

Document 9 *Le salaire minimum de croissance (Smic)*

Le Smic est le salaire horaire en dessous duquel il est interdit de rémunérer un salarié [...]. Le Smic assure aux salariés dont les salaires sont les plus faibles la garantie de leur pouvoir d'achat et une participation au développement économique de la nation.

À qui s'applique le Smic ?

Doit percevoir un salaire au moins égal au Smic tout salarié du secteur privé, âgé d'au moins 18 ans et d'aptitude physique normale. Bénéficient également de ce minimum les salariés du secteur public employés dans des conditions de droit privé.

Comment le Smic est-il revalorisé ?

Conformément aux principes fixés par le Code du travail, le Smic est revalorisé :

– chaque 1er janvier, en tenant compte de l'évolution de l'indice des prix à la consommation, augmentée de la moitié de l'évolution du pouvoir d'achat du taux de salaire horaire de base ouvrier ;

– et lorsque l'indice des prix à la consommation atteint un niveau correspondant à une hausse d'au moins 2 % par rapport à l'indice constaté lors de l'établissement du Smic immédiatement antérieur.

www.travail-solidarite.gouv.fr

Questions

5. Quelles sont les garanties apportées par le Smic ?

6. Quelle est l'utilité du Smic comme salaire plancher dans les négociations salariales ?

Document 10 *Les salaires dans la fonction publique*

Les salaires de la fonction publique de l'État sont calculés en fonction d'une grille qui définit la rémunération principale, selon l'échelon hiérarchique et l'ancienneté. Chaque agent de l'État possède un indice, qui définit la base de son traitement, auquel s'ajoutent ensuite des primes et indemnités. Le point d'indice, commun à tous les fonctionnaires de l'État, est en général revalorisé chaque année pour tenir compte de l'inflation. Mais après avoir été augmenté de 0,8 % chaque année entre 2007 et 2009, puis de 0,5 % en 2010, il a été gelé « en valeur » en 2011 et 2012.

Samuel Laurent, *Le Monde*, 02 juillet 2012.
www.abonnes.lemonde.fr

Questions

7. Sur quels critères sont fixés les salaires dans la fonction publique ?

8. Le traitement des fonctionnaires prend-il en compte la motivation individuelle ?

Document 11 *L'intervention de l'État dans le secteur privé*

Le Code du travail prévoit déjà une obligation annuelle de négocier sur les salaires au niveau des branches professionnelles et des entreprises. La [loi sur les revenus du travail] établit un lien entre ces négociations obligatoires et le droit aux allègements de cotisations, dans un but incitatif.
Toutes les entreprises soumises à l'obligation de négociation annuelle (entreprises comportant au moins 1 [délégué syndical]) et n'observant pas l'obligation d'engager des négociations sur les salaires effectifs devront supporter une réduction, puis la suppression de certains allègements de cotisations patronales dont elles bénéficient.
En effet, si, au cours d'une année civile, l'obligation annuelle de négociation n'est pas remplie, le montant de **l'allègement sera réduit de 10 %** au titre des rémunérations versées cette même année et sera totalement **supprimé si l'employeur ne respecte pas son obligation pour la 3e année consécutive.**

www.cabinet-bouticourt.com

Questions

9. Pourquoi le gouvernement encourage-t-il les entreprises à négocier sur les salaires ?

10. Le système de sanction utilisé est-il suffisant pour obliger les entreprises à négocier ? Pourquoi ?

III Les inégalités

A. Les inégalités de revenus et de patrimoine

1. Les inégalités de revenus

Document 12 *La mesure des inégalités : qu'est-ce qu'un décile ?*

Pour mesurer les inégalités, on découpe la population en tranches. [...]
Quand on découpe notre population en tranches égales de 10 %, on obtient ce que l'on appelle des « déciles ». Si on la découpe en fonction du niveau de salaire, notre décile est le niveau de salaire qui sépare chaque tranche, de 10 % en 10 %.
Ensuite, on classe les déciles par ordre croissant. Le premier décile, c'est donc le niveau de salaire pour lequel 10 % de la population touche moins. Alors, logiquement, 90 % touche plus. [...] Les statisticiens écrivent D1, pour le premier décile, D2 pour le second, et ainsi de suite. [...]
Notre découpage nous intéresse pour mesurer les inégalités, car il permet de rapporter le niveau d'une tranche sur une autre. Le plus souvent, on rapporte D9 à D1, et on appelle ça le « rapport interdécile ».

Louis Maurin, *Observatoire des inégalités*, *www.inegalites.fr*

Question

1. Quel est l'intérêt de découper la population en tranches égales de 10 % (appelées déciles) pour observer les inégalités ?

Document 13 *L'évolution des inégalités de revenus en France*

Les inégalités *relatives* de niveau de vie [...] ont diminué nettement dans les années 1970. Le rapport entre le revenu des 10 % les plus riches et celui des 10 % les plus pauvres est passé de 4,8 à 3,5 entre 1970 et 1984. Depuis, il stagne ou baisse légèrement. Entre 1997 et 2007, le revenu des 10 % les plus pauvres a augmenté de 15,7 % alors que celui des 5 % les plus riches progressait de 12,8 %. Résultat, le rapport entre ces revenus est passé de 4,4 à 4,28.
Si l'on raisonne en écarts absolus – en euros –, les choses sont très différentes. Entre 1997 et 2007, alors que les 10 % les plus pauvres ont gagné 1 360 euros de plus (après inflation), les 5 % les plus aisés ont engrangé 4 900 euros supplémentaires ! L'écart de niveau de vie s'est creusé de 3 500 euros. On vit bien avec des euros et non avec des pourcentages... Les revenus des plus riches et des plus pauvres s'écartent, même si d'une façon relative ils se rapprochent.

Observatoire des inégalités, *www.inegalites.fr*

Questions

2. Expliquez ce que sont les inégalités relatives de niveau de vie.

3. Que constate-t-on si l'on observe les inégalités de niveau de vie en « écarts absolus » ?

Document 14 *L'indice de Gini*

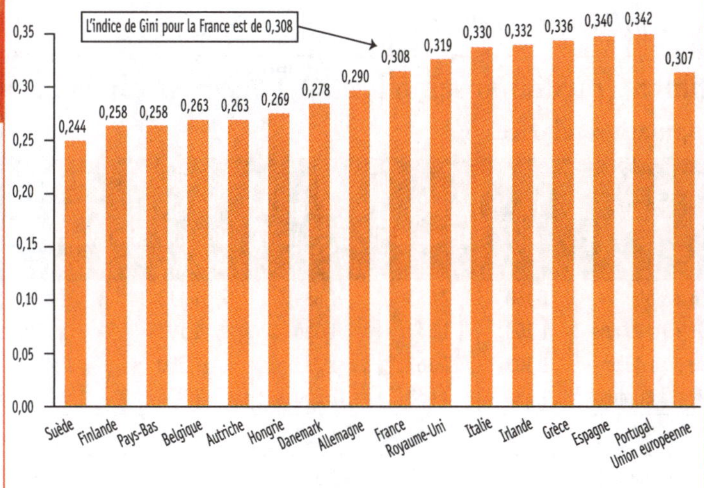

L'indice de Gini compare l'état de la répartition des revenus à une situation théorique d'égalité parfaite. Plus il est proche de zéro, plus on s'approche de l'égalité (tous les individus ont le même revenu). Plus il est proche de un, plus on est proche de l'inégalité totale (un seul individu reçoit tous les revenus).

Observatoire des inégalités, *www.inegalites.fr*

Données 2011, source Eurostat, 12 décembre 2012

Questions

4. Donnez un titre au graphique.

5. Quelle est la situation de la France ?

2. Les inégalités de patrimoine

Document 15 *Inégalités de répartition du patrimoine plus fortes que celles des revenus*

Le patrimoine d'un individu ou d'une famille est l'ensemble des biens sur lesquels celui-ci ou celle-ci peuvent faire valoir un titre de propriété ou un droit et qui peuvent être vendus. Même si l'héritage en demeure fréquemment une source, un patrimoine se constitue aussi avec les biens que l'on acquiert soi-même. [...] Les inégalités de répartition du patrimoine sont beaucoup plus fortes que celles des revenus. Cela s'explique logiquement. D'une part, les héritages sont souvent plus élevés au sein des familles disposant de hauts revenus. D'autre part, des revenus plus élevés génèrent une plus forte capacité d'épargne et d'endettement, et donc, année après année, une plus forte accumulation patrimoniale. La catégorie sociale et l'âge sont d'autres facteurs déterminants. Le patrimoine se constitue tout au long de la vie et l'héritage intervient le plus souvent dans la deuxième partie de sa vie. De ce point de vue, deux évolutions peuvent être soulignées. D'une part, avec l'allongement de la vie, on hérite de plus en plus vieux. D'autre part, les débuts dans la vie professionnelle sont plus difficiles. Au total, le patrimoine relatif des ménages les plus jeunes (personnes de référence de moins de 30 ans) est en recul.

www.lafinancepourtous.com

Questions

6. Quels critères influent sur le patrimoine possédé ?

7. Pour quelles raisons les inégalités de patrimoine sont-elles plus fortes que celles de revenu ?

Document 16 *Patrimoine : qui possède combien ?*

Les 10 % les plus riches possèdent 46 % de la fortune nationale.
Les 5 % les plus fortunés disposent d'un tiers de l'ensemble de la richesse du pays, les 50 % les moins fortunés, en possèdent 7 %... 90 % des ménages ont un patrimoine inférieur à 382 000 €, et 30 % inférieur à 15 000 €. L'inégalité des patrimoines est encore plus accentuée que celle des revenus : ce qui est logique car il s'agit de revenus accumulés dans le temps. Contrairement à une idée répandue, patrimoine et revenus vont globalement ensemble, même si, à catégorie sociale équivalente, le fait de posséder ou non son logement modifie le niveau de vie réel.
Ces énormes inégalités sont à la source de la reproduction sociale de génération en génération, et pourtant, on continue de réduire l'impôt sur l'héritage, une pratique au final peu libérale, qui favorise la rente au détriment du travail...

Observatoire des inégalités, *www.inegalites.fr*

Questions

8. Établissez la relation entre inégalités de revenus et inégalités de patrimoine.

9. Expliquez la phrase « Ces énormes inégalités... de génération en génération ».

B. Les inégalités de salaires

Document 17 *L'influence du diplôme*

Salaires (médians) selon le sexe, l'âge regroupé et le diplôme

Champ : population salariée

SEXE	ÂGE	Ensemble	Diplôme supérieur	Baccalauréat + 2 ans	Baccalauréat ou autre diplôme de ce niveau	CAP, BEP ou autre diplôme de ce niveau	Brevet des collèges	Aucun diplôme ou CEP
Ensemble	Ensemble	1 450	2 083	1 689	1 413	1 378	1 315	1 200
	De 15 à 29 ans	1 200	1 532	1 380	1 192	1 159	1 014	1 054
	De 30 à 49 ans	1 503	2 167	1 783	1 500	1 400	1 400	1 222
	50 ans et plus	1 582	2 838	2 250	1 938	1 523	1 500	1 231
Hommes	Ensemble	1 583	2 488	1 882	1 600	1 500	1 500	1 355
Femmes	Ensemble	1 300	1 808	1 575	1 292	1 196	1 200	1 011

Enquête emploi en continu 2007, *Insee Résultats*, n° 87.

Questions

10. Quelle est l'influence du diplôme sur le salaire pour l'ensemble des salariés ?

11. Cette influence est-elle la même pour les hommes et pour les femmes ? et aux différents âges ?

Document 18 *Une prime au travail qualifié*

Pourquoi les inégalités de revenus à l'intérieur d'un très grand nombre de pays augmentent, au point qu'aujourd'hui, la Chine est aussi inégalitaire que les États-Unis ? Fondamentalement, le problème de l'inégalité tient au fait que le travail qualifié est beaucoup mieux rémunéré que le travail non qualifié, et cela en raison de l'évolution technologique. En économie, le facteur rare est toujours mieux payé que le facteur abondant. Mais ce problème est aggravé par le fait que le travail non qualifié n'est pas assez développé ou stimulé. Les hausses répétées et indifférenciées du Smic, par exemple, ont pour conséquence de rendre plus difficile l'entrée sur le marché des non-qualifiés. [...]

Beaucoup d'études faites à propos du Mexique montrent que la rareté du travail disponible profite avant tout aux travailleurs qualifiés plus qu'aux non-qualifiés. Autrement dit, même si le travail est non qualifié, ce sont des travailleurs qualifiés qui le prennent. C'est un problème que l'on connaît d'ailleurs en France aussi, notamment dans les emplois de la fonction publique, où l'on ne peut pas refuser un emploi à une personne sous prétexte qu'elle serait surqualifiée.

Zaki Laïdi, *Constructif*, n° 19, *www.constructif.fr*

Questions

12. Comment s'expliquent les disparités de salaires entre le travail qualifié et le travail non qualifié ?

13. Quel est le lien entre la rareté du travail qualifié disponible et le niveau des salaires ?

Document 19 *Le nouveau dilemme de la poule et de l'œuf*

Si la productivité horaire est élevée, il est plus facile de verser des salaires élevés. Sur le long terme, la répartition de la valeur ajoutée entre salaire et profit oscille aux alentours d'une répartition 2/3-1/3. Alfred Sauvy, analysant les mutations des sociétés industrielles, prenait à rebrousse-poil ceux qui voyaient dans la machine la cause du chômage. Au contraire, expliquait-il, la machine en accroissant la productivité élève le niveau de vie de la population, suscitant ainsi une demande nouvelle. [...]

Ces gains de productivité ont été aiguillonnés par la concurrence et, dans une certaine mesure, par le dialogue social. Dans cette vision, plutôt positive, qui rend bien compte de la situation des Trente Glorieuses, la hausse de la productivité entraîne la hausse des salaires et de l'enrichissement général. [...]

La forte réduction du temps de travail des années 2000 a provoqué les mêmes conséquences pernicieuses. À salaire global inchangé, une telle mesure a augmenté le coût de l'heure travaillée, sans que la productivité horaire change *a priori*. Une telle mesure a eu deux effets : l'élimination des travailleurs les moins qualifiés et, de façon mathématique, l'élévation de la productivité moyenne.

A. B. Galiani, *www.alain-lambert-blog.org*

Questions

14. Justifiez le titre du document.
15. Analysez les conséquences de la réduction du temps de travail sur la productivité et sur le coût horaire du travail.

C. L'évolution des inégalités de niveau de vie

Document 20 *La courbe de Kuznets*

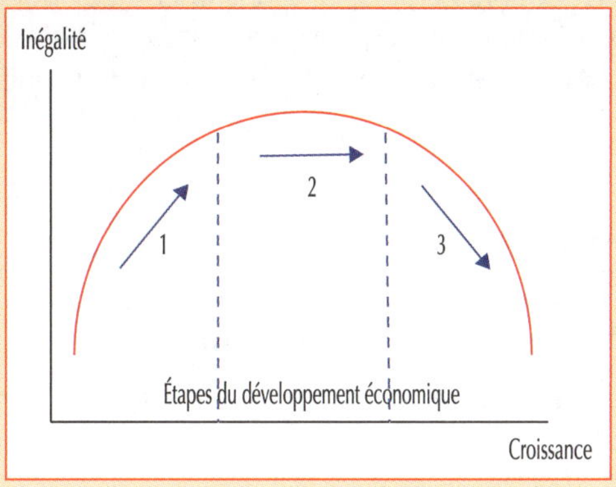

La courbe en « U inversé » de Simon Kuznets, économiste et statisticien américain d'origine russe […], amène à distinguer trois phases : une première étape du développement économique au cours de laquelle les inégalités économiques iraient croissant ; puis une phase de stabilisation, les inégalités cessant d'augmenter ; enfin, un troisième stade de croissance avancée qui se caractériserait par une réduction des inégalités. […]

On ne peut pour autant en déduire qu'il existerait une relation mécanique réduisant les inégalités à mesure qu'avance le développement des pays. En effet, ce n'est pas parce que l'on observe, même sur une longue période, que la croissance a augmenté en même temps que les inégalités ont baissé que l'on peut en déduire une relation de cause à effet entre les deux. Bien d'autres facteurs, comme le progrès technique ou l'amélioration du niveau d'éducation, peuvent avoir à la fois amélioré la croissance et réduit les inégalités. Il est notamment un facteur clé, que Kuznets avait lui-même mis en avant pour commenter ce qu'il observait : l'importance prise par la politique sociale dans la redistribution des revenus à partir des années 1940 et son rôle dans la réduction des inégalités pendant les années de croissance d'après-guerre.

Jézabel Couppey-Soubeyran, *Alternatives Économiques* n° 312.

Questions

16. Quelle relation la courbe de Kuznets établit-elle entre développement et inégalités ?
17. Quels facteurs agissent sur la réduction des inégalités ?

Document 21 *Pays industrialisés : hausse des inégalités de revenus*

L'Organisation de coopération et de développement économiques (OCDE) a présenté le 5 décembre 2011 son deuxième rapport sur les inégalités [qui] constate que [les inégalités de revenus] ont globalement fortement augmenté depuis le milieu des années 1980.

Ce constat vaut pour des pays où les inégalités étaient originellement déjà fortes et où elles se sont encore accentuées au cours des 10 dernières années, comme Israël ou les États-Unis (le revenu disponible moyen des 10 % les plus riches y est 14 fois supérieur à celui des 10 % les plus pauvres). Mais il vaut aussi pour des pays traditionnellement plus égalitaires comme la Suède, le Danemark ou l'Allemagne qui, par exemple, a vu l'écart de revenu entre les 10 % les plus riches et les 10 % les plus pauvres passer de 5 fois à 7-8 fois en 30 ans. En France, la progression des inégalités semble plus modérée. On y constate notamment une augmentation plus faible des très hauts revenus : la part des revenus des 1 % les plus riches n'est passée que de 8,2 % à 8,9 % entre 1990 et 2006, alors qu'elle a souvent doublé dans les pays anglophones. […] L'importance grandissante en France du travail féminin (4e rang des pays de l'OCDE) a pu compenser la montée des écarts entre les salaires des hommes. Cette stabilité, apparente sur 30 ans, doit pourtant être relativisée : les inégalités ont baissé durant les années 1990 mais, depuis, elles évoluent lentement à la hausse.

www.vie-publique.fr

Questions

18. Comment observe-t-on statistiquement les inégalités ?
19. Comment ont évolué les inégalités depuis le milieu des années 1980 ?

Entraînement

Les compétences attendues

• Analyser les modalités de formation des salaires.

Mise en situation

Vous travaillez pour un magazine, destiné plus spécialement à un public féminin. Un numéro spécial va être consacré au thème « salaires hommes/femmes : l'égalité en marche ? » Vous devez rassembler une documentation sur ce sujet à partir d'articles de presse et d'études. La situation de la France est à apprécier par rapport à l'Union européenne.

Travail à faire

1. Quelle évolution de l'économie favorise le travail féminin ?
2. Quelle est la tendance des inégalités de salaires hommes/femmes au niveau de l'UE ? Quels pays se distinguent particulièrement en matière d'inégalités ?
3. Comment s'expliquent les inégalités de salaires entre les hommes et les femmes ?

Annexe 1

Les femmes continuent d'être victimes d'inégalités salariales dans l'UE

Même si la tendance tend à un resserrement de l'écart des rémunérations hommes/femmes dans l'Union européenne, le fossé se creuse dans certains pays dont la France (qui reste cependant légèrement sous la moyenne européenne avec un écart de 16 %), a déploré Bruxelles.

« Le principe de l'égalité des rémunérations entre les travailleurs masculins et les travailleurs féminins pour un même travail est inscrit dans les traités européens depuis 1957. Il est grand temps que ce principe soit appliqué partout », a affirmé Viviane Reding, commissaire chargée de la justice, en présentant ce rapport.

Les chiffres les plus récents montrent que, en 2010, l'écart salarial entre hommes et femmes s'est établi en moyenne à 16,4 % au sein de l'Union européenne. Ils confirment une légère tendance à la baisse observée ces dernières années, puisque ce chiffre avoisinait auparavant les 17 %, voire plus [...].

Cet écart de salaire reflète, selon Bruxelles, la difficulté à concilier vie professionnelle et vie familiale. Certaines femmes se retrouvent obligées de prendre davantage de congés parentaux et de travailler à temps partiel. Mais, a insisté la Commission, l'écart de rémunération va bien au-delà de cela : il traduit une inégalité persistante sur le marché du travail dans son ensemble.

Lepoint.fr, 2 mars 2012, Dépêche AFP.

Annexe 2

Les inégalités entre les femmes et les hommes en Europe

Écart de rémunération entre hommes et femmes (%)			
Les femmes gagnent... % de moins que les hommes			
Italie	5,5	Espagne	16,7
Roumanie	8,1	**Union européenne**	**16,9**
France	15,5	Royaume-Uni	20,6
Suède	16	Allemagne	23,2

Lecture : en Suède, le salaire horaire moyen des femmes est inférieur de 16 % au salaire horaire moyen des hommes. En d'autres termes, le salaire horaire des femmes y est donc équivalent à 84 % de celui des hommes.

Source : Eurostat, année des données : 2009.

Ces données doivent cependant être prises avec précaution. Elles ne prennent pas en compte les écarts de salaires liés aux différences de temps de travail. Or les femmes sont bien plus nombreuses que les hommes à travailler à temps partiel. De plus, ces données sont fortement corrélées à la participation des femmes au marché du travail. Tout particulièrement en Italie, où 64 % des femmes seulement sont sur le marché de l'emploi, contre près de 80 % dans l'ensemble de l'Union européenne. Cela explique en partie l'écart de salaire observé en Italie, très faible par rapport aux autres pays.

Observatoire des inégalités, 5 mars 2012, *www.inegalites.fr*

Les salaires hommes/femmes en Europe

Annexe 3

Le travail féminin

L'implication massive des femmes dans l'économie fait partie des évolutions majeures du monde du travail durant le siècle dernier. [...]
La différence en termes d'emploi peut s'étudier en considérant les structures industrielles du pays, et en particulier la transformation d'une économie industrielle, qui favorise un travail plus « physique » à une économie de services qui requiert plus de capacités sociales ou intellectuelles. Le travail féminin étant comparativement plus productif dans le tertiaire, il est beaucoup plus demandé dans ce secteur.

Barbara Petrongolo, *La lettre PSE* n° 9, *www.parisschoolofeconomics.eu*

Annexe 4

Inégalités salariales : « Au moment de l'arrivée dans le monde du travail, il est déjà trop tard »

Comment expliquez-vous que cette différence de traitement entre hommes et femmes subsiste ?
D'abord, il faut noter que si on calculait en termes d'emploi à temps partiel, l'écart serait plus important. Cette différence est liée au secteur, aux études, aux responsabilités, qui varient : moins de femmes occupent des postes de direction ou travaillent dans des secteurs rémunérateurs (comme l'informatique). Outre ces écarts liés aux caractéristiques de l'emploi, il faut prendre en compte la façon dont on éduque les petites filles à faire des choix typés, notamment dans leur éducation (se diriger vers des filières littéraires). Ce n'est pas naturel, mais on inculque aux filles une idée différente de la réussite. Face au monde du travail actuel, avec des stratégies de management qui n'ont pas de sens, l'exigence du rendement pour le rendement, des horaires de travail décalés, il est logique que des femmes choisissent de travailler à temps partiel, ou de ne pas travailler le mercredi, de centrer leur réussite sur autre chose que le monde professionnel. [...]

Quelle est l'influence sur le monde du travail des différences d'éducation entre les sexes ? Est-ce que cela engendre une forme de reproduction ?
Cela commence à l'école maternelle. Au moment de l'arrivée dans la carrière, il est déjà beaucoup trop tard. Suivant le sexe des enfants, on les éduque avec des représentations différentes de la société. Cela tient à la structure sexuée de la société, inscrite en profondeur – il est logique que cela ne change pas du jour au lendemain, d'autant que les acteurs eux-mêmes reproduisent les schémas [...]
C'est d'ailleurs la même chose avec les enfants d'ouvriers, qu'on oriente vers des filières techniques et professionnelles. Quant aux filles, le discours selon lequel elles réussissent mieux à l'école est faux. Au bout du compte, il y a davantage de garçons dans les grandes écoles prestigieuses.

La sous-représentation des femmes dans les postes prestigieux, et très bien payés, est frappante ; mais la désertion des hommes pour des professions moins bien payées et féminisées (enseignement, justice) explique-t-elle aussi cet écart salarial ?
Attention, il y a des millions d'hommes qui occupent des emplois mal payés, ce n'est pas si simple. Mais en s'élargissant et en se féminisant, certains métiers perdent du prestige, même si la corrélation n'est pas si simple. Dans les emplois de cadre, il y a une dévalorisation qui est certaine ; c'est à l'image [de la place] que les femmes occupent dans la société !
Mais c'est compliqué : assistante maternelle, par exemple, est un métier mal rémunéré, massivement féminin, mais est-ce mal payé parce ce que ce sont des femmes qui l'occupent ou non ? Le serpent se mord la queue.

Entretien avec Louis Maurin, © Kim Hullot-Guiot, *Libération*, 26 juin 2012, *www.liberation.fr*

Sens de la leçon

Les inégalités de revenus et de patrimoine des ménages

1 Des inégalités importantes subsistent :

- Inégalités de revenus et de patrimoine qui progressent.
- Inégalités de salaires qui résultent de facteurs économiques et sociaux.
- Inégalités de niveaux de vie qui s'aggravent.

2 Le partage de la valeur ajoutée conditionne les revenus primaires des ménages.

- La répartition primaire est corrigée par des mesures de redistribution des revenus :
  - Impôts et cotisations sociales
  - Allocations familiales
  - Indemnités de chômage
  - Pensions de retraite
- Pour aboutir au revenu disponible des ménages.

Revenu primaire − Prélèvements obligatoires + Prestations sociales

3 La formation des salaires résulte :

- du jeu de l'offre et de la demande…
- … tempéré par la négociation entre les représentants syndicaux et les dirigeants de l'entreprise

4 L'État intervient dans la fixation des salaires :

- en fixant un salaire minimum (Smic).
- comme employeur avec les salaires de la fonction publique.
- en incitant les entreprises à négocier sur les salaires.

Les mots-clés : Convention collective – Courbe de Kuznets – Décile – Dialogue social – Indice de Gini – Partenaires sociaux – Patrimoine – Prélèvements obligatoires – Productivité – Rémunération – Répartition primaire des revenus – Répartition secondaire des revenus – Revenu disponible – Salaire – Smic

12

La politique de redistribution

LE RÉFÉRENTIEL

3. La répartition des richesses *(20 heures)*
3.2. La politique de redistribution *(8 heures)*

LA COMPÉTENCE ATTENDUE

• Caractériser et analyser les différents instruments de la redistribution en France.

LE PLAN DU CHAPITRE

I Les objectifs et les instruments de la redistribution

A. Les objectifs de la redistribution → DOCUMENTS 1 À 4

B. Les instruments de la redistribution → DOCUMENTS 5 À 10

II L'efficacité de la redistribution

A. Les aspects positifs de la redistribution → DOCUMENTS 11 À 17

B. Les limites de la politique de redistribution → DOCUMENTS 18 À 23

MISE EN SITUATION

Le bilan du RSA

rSa
revenu de Solidarité active

Le RSA (revenu de solidarité active) a été mis en place en 2009 pour garantir à ses bénéficiaires un revenu minimum et soutenir le retour à l'emploi en complétant les revenus liés à une activité professionnelle. Quatre ans plus tard, le bilan est mitigé. Il semble que le RSA ne soit pas correctement identifié par tous les bénéficiaires potentiels. Par ailleurs, la crise a freiné l'efficacité du RSA sur le retour à l'emploi.

I Les objectifs et les instruments de la redistribution

A. Les objectifs de la redistribution

Document 1 *Les deux conceptions de la couverture des risques sociaux*

1) La conception bismarckienne : les assurances sociales
Les assurances sociales sont nées en Allemagne à la fin du XIXe siècle, à l'époque du chancelier Bismarck. [...] L'État a pris la responsabilité d'institutionnaliser la protection sociale, dispensée auparavant par de nombreuses « caisses de secours ». [...] L'assurance est nettement distinguée de l'assistance sociale : la protection sociale est en effet accordée en contrepartie d'une activité professionnelle. [...] Dans tous les pays qui ont adopté le modèle bismarckien, la protection s'est généralisée par l'extension à des catégories de population initialement non protégées [...].

2) La conception beveridgienne : la Sécurité sociale
Le Royaume-Uni constitue le berceau de la Sécurité sociale, dont les principes furent énoncés en 1942 par Lord Beveridge. Critiquant alors le régime britannique d'assurance maladie obligatoire et le considérant comme « trop limité avec le système du plafond d'affiliation, trop complexe avec la multitude des caisses », Lord Beveridge propose une réforme fondée sur [...] l'universalité de la protection sociale par la couverture de toute la population et de tous les risques sociaux.

Sénat, « La protection sociale, note de synthèse », *www.senat.fr*

Document 2 *Objectif tirelire et objectif Robin des bois*

Les États-providence peuvent poursuivre des objectifs distincts et réaliser différents types de redistribution. Dans la plupart des pays de l'OCDE, la principale finalité des systèmes de transferts sociaux est soit d'offrir une assurance ou de garantir un certain niveau de revenu en cas de réalisation de risques particuliers (chômage, invalidité, maladie), soit d'opérer une redistribution des revenus au cours du cycle de vie, soit sur des périodes où les individus ont des besoins plus importants (notamment lorsqu'ils ont des enfants à charge) ou pendant lesquelles ils verraient leur revenu diminuer en l'absence de ces transferts (à la retraite, par exemple). C'est ce que l'on appelle l'« objectif tirelire ».
La seconde finalité essentielle de l'État-providence peut être décrite comme le fait de prendre aux riches pour donner aux pauvres (ce que l'on appelle l'« objectif Robin des bois »). [...]

« Croissance et inégalités », rapport OCDE 2008.

Questions

1. Qu'est-ce que l'État-providence ?
2. Montrez que la conception beveridgienne de la protection sociale repose sur un principe de solidarité.
3. Montrez que la conception bismarckienne de la protection sociale repose sur un principe d'assurance.

Document 3 *Prémunir la population contre les risques sociaux*

Article 25 de la Déclaration universelle des droits de l'homme
Toute personne a droit à un niveau de vie suffisant pour assurer sa santé, son bien-être et ceux de sa famille, notamment pour l'alimentation, l'habillement, le logement, les soins médicaux ainsi que pour les services sociaux nécessaires ; elle a droit à la sécurité en cas de chômage, de maladie, d'invalidité, de veuvage, de vieillesse ou dans les autres cas de perte de ses moyens de subsistance par suite de circonstances indépendantes de sa volonté.

Question

4. L'article 25 repose-t-il sur une logique de solidarité ou sur une logique d'assurance ?

Document 4 *Lutter contre les inégalités pour combattre la pauvreté*

La lutte contre la pauvreté ne sera efficace que si elle s'appuie sur une réforme de notre système de redistribution des richesses. […]
Alors qu'au cours des dernières décennies du xxe siècle, la pauvreté avait baissé sous l'effet de la revalorisation des pensions et de l'augmentation du taux d'activité féminin, depuis le milieu des années 2000, on observe une remontée des situations d'exclusion et de pauvreté. Quels que soient les indicateurs retenus, les inégalités s'accroissent entre les plus riches et les plus pauvres. Ainsi, en 2009, plus de 8 millions de personnes vivaient sous le seuil de pauvreté monétaire. […]
Comme l'indique l'OCDE, « la réforme des politiques fiscales et sociales est la manière la plus directe et la plus puissante d'accroître les effets redistributifs ».
En effet, le rôle de l'impôt est à la fois de financer les politiques publiques, de redistribuer les richesses et d'inciter à modifier le comportement des agents économiques. Dès lors, la refondation du système fiscal […] renvoie au choix du type de société que nous voulons construire : une communauté où l'assistance est considérée comme un « cancer social », ou une société où la solidarité nationale constitue un devoir et une source de développement mutuel. Choisir la solidarité suppose en matière budgétaire une réelle redistribution de la richesse nationale.

Didier Gélot, Fondation Copernic, 13 avril 2012.
www.fondation-copernic.org

Questions

5. Quel est le lien entre pauvreté et inégalités ?
6. Par quel moyen principal peut-on lutter contre les inégalités ?

B. Les instruments de la redistribution

1. La fiscalité

Document 5 *Les prélèvements obligatoires*

Les prélèvements obligatoires en 2011 par destinataires et par type d'impôt	En milliards d'euros	En % du PIB
État[1]	259,2	13,0
Organismes divers d'administration centrale	16,4	0,8
Administrations publiques locales	118,7	5,9
Administrations de sécurité sociale[2]	477,1	23,9
Institutions de l'Union européenne	5,0	0,3
Total des prélèvements obligatoires	**876,3**	**43,9**
Principaux prélèvements[3]		
Taxe sur la valeur ajoutée	140,5	7,0
Taxe intérieure sur les produits pétroliers	23,9	1,2
Impôt sur le revenu	50,6	2,5
Contribution sociale généralisée	88,5	4,4
Impôt sur les sociétés	41,9	2,1
Taxes foncières (propriétés bâties et non bâties)	27,4	1,4
Taxe d'habitation	16,0	0,8
Cotisations sociales effectives	336,7	16,9

1. Déduction faite des transferts fiscaux de l'État aux collectivités locales et à la Sécurité sociale et des impôts dus non recouvrables.
2. Déduction faite des cotisation dues non recouvrables.
3. Prélèvements sans déduction des prélèvements dus non recouvrables.
Source : Insee, comptes nationaux, base 2005.

Insee première, n° 1400, mai 2012.
www.insee.fr

Questions

7. Indiquez quels sont les principaux destinataires des prélèvements obligatoires.
8. Classez les prélèvements obligatoires en grandes catégories.
9. Que signifie le taux de 43,9 % de prélèvements obligatoires (total des prélèvements obligatoires exprimés en % du PIB) ?

Document 6 *Qu'entend-on par proportionnalité et progressivité de l'impôt ?*

• Un **impôt proportionnel applique un taux de prélèvement identique quelle que soit la base d'imposition** (ex. : l'impôt sur les sociétés). La base d'imposition, ou assiette, désigne les grandeurs économiques (revenus, patrimoine, chiffre d'affaires…) servant de base au calcul de l'impôt. Les partisans de la proportionnalité considèrent que c'est un mode de calcul juste, car chacun contribue dans la même proportion de son revenu. Ils pensent également qu'elle favorise la neutralité fiscale. […]
• Avec l'**impôt progressif, le taux d'imposition augmente avec la base d'imposition** (ex. : l'impôt sur le revenu). Plus le revenu est élevé, plus la proportion acquittée sous forme d'impôt est grande. D'autres éléments que le taux permettent d'introduire de la progressivité : minimum de perception, seuils. L'impôt progressif est considéré comme juste dans la mesure où il permet une redistribution des richesses et une réduction des inégalités.

www.vie-publique.fr

Questions

10. Quel type d'impôt permet de lutter contre les inégalités ? Illustrez par un exemple.

11. Définissez la notion de « neutralité fiscale ».

2. Les transferts sociaux

Document 7 *Les prestations contributives et non contributives*

Il existe deux types de prestations vieillesse :
1. Les **prestations contributives** correspondent à une idée d'assurance dans la mesure où leur attribution suppose le versement antérieur de cotisations dont elles constituent la contrepartie : pensions dues à l'assuré lui-même ; pensions dues au conjoint survivant, assurance vieillesse des mères de famille.
2. Les **prestations non contributives** sont destinées à combler les lacunes des précédentes et relèvent plutôt d'une idée d'assistance : il s'agit de garantir un revenu minimum aux personnes âgées indigentes par le versement d'allocations indépendantes de tout versement antérieur de cotisations.
Les deux types d'avantages ne procèdent donc pas des mêmes conceptions. Les avantages contributifs sont en principe proportionnels aux cotisations versées et constituent pour l'assuré un droit acquis par ses cotisations, tandis que les prestations non contributives sont d'un montant fixe et soumises à des conditions de ressources.

Questions

12. Définissez les termes « prestations contributives » et « prestations non contributives ».

13. Recherchez d'autres exemples de prestations contributives et non contributives.

Document 8 *Les prestations de protection sociale par risque*

Répartition des prestations par risque en 2010 (en milliards d'euros)

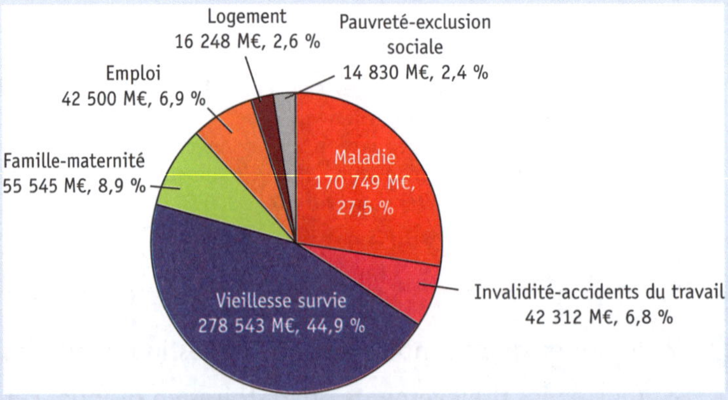

Source : DREES, juin 2012.

Question **14.** Faites correspondre les prestations de la protection sociale avec les droits mentionnés dans l'article 25 de la *Déclaration universelle des droits de l'homme* (voir document 3).

Document 9 *Redistribution horizontale et redistribution verticale de la politique familiale*

La politique familiale opère une redistribution horizontale entre les familles en limitant la perte de niveau de vie consécutive à la présence des enfants et une redistribution verticale, en resserrant les écarts de niveau de vie entre ménages modestes et ménages plus aisés à configuration familiale identique. [...]

Par les charges qu'elle occasionne, la présence des enfants tend à réduire le niveau de vie des familles. La collectivité compense, en partie, ces charges par le biais de plusieurs mécanismes : les prestations familiales (y compris les allocations logement), les *minima* sociaux et la politique fiscale. [...] À configuration familiale donnée, la politique familiale opère une redistribution vers les plus bas niveaux de vie. [...]

Après transferts, le niveau de vie relatif des 10 % des ménages les plus modestes est toujours amélioré, quelle que soit la taille de la famille. Cette amélioration est particulièrement marquée pour les familles les plus nombreuses et pour les familles monoparentales.

Parmi les familles d'au moins trois enfants, le niveau de vie avant prestations familiales est 5,9 fois plus élevé pour les 10 % des ménages les plus aisés que pour les 10 % les plus modestes. Cet écart tombe à 3,6 après prise en compte de ces prestations.

Rapport présenté par Marie-Françoise Clergeau au nom de la Commission des Affaires culturelles, familiales et sociales sur le projet de loi de financement de la Sécurité sociale pour 2003, Assemblée nationale.

Questions **15.** Quel est le contenu de la politique familiale ?

16. Expliquez la distinction entre redistribution horizontale et redistribution verticale.

3. Les services publics

Document 10 *Les prestations en nature des services publics ont un effet redistributif massif*

Les services publics de santé, d'éducation et de logement fournissent des prestations en nature gratuites ou subventionnées. Leur rôle dans la réduction des inégalités est central : le montant global de ces services est bien plus important que les prestations monétaires. Au total, ils expliquent 70 % de la réduction de l'écart de revenus entre les plus riches et les plus pauvres. C'est ce qui explique qu'ils ont davantage d'impact sur la redistribution des revenus. Si on prend en compte la valeur en nature de ces services publics, le rapport entre les 20 % les plus aisés et les 20 % les plus pauvres passe de 3,8 à 2,6. Il faut noter que ces données ne mesurent que l'effet sur les revenus de ces services publics. L'école gratuite, les logements sociaux ou les remboursements de soins ne se limitent pas à redistribuer de la richesse, ils permettent également de réduire les inégalités sociales d'accès aux soins ou au logement et d'accroître la mobilité sociale.

www.inegalites.fr

Questions **17.** Quels services publics agissent sur la redistribution des richesses ?

18. Montrez que les services publics ont un impact plus important que la redistribution par l'impôt.

II L'efficacité de la redistribution

A. Les aspects positifs de la redistribution

1. Les progrès sociaux

Document 11 *Les transferts sociaux atténuent les inégalités*

Qu'est-ce qui, en France, réduit les écarts de niveau de vie entre les ménages les plus pauvres et les ménages les plus aisés ? L'Insee a fait ses calculs [...] : ce sont les transferts sociaux qui jouent ce rôle.
Qu'ils se présentent en espèces (minima sociaux, allocations familiales ou chômage, aides à la garde d'enfant...), ou sous la forme de services (quasi) gratuits (santé, éducation...), ces transferts ont eu pour effet de ramener l'écart de revenus initial – de 1 à 5 – à un rapport de 1 à 3,2. [...]
En revanche, souligne l'étude, « le système de redistribution n'a globalement pas d'impact sur les 20 % de ménages » situés au milieu, dont le niveau de vie reste stable, même après transferts sociaux.

Marie Dancer, *La Croix*, 18 novembre 2009.

Question 1. Repérez les gagnants de la redistribution.

Document 12 *La redistribution et l'assurance maladie*

La redistribution opérée par l'assurance maladie est avant tout « horizontale », des bien-portants vers les malades. Si tous les individus avaient les mêmes risques de santé et si les prélèvements n'étaient pas modulés selon les revenus, le système de l'assurance maladie n'entraînerait aucune modification des revenus.
Dans la réalité, l'état de santé des individus n'est pas indépendant de leur niveau de vie, et les prélèvements des régimes publics d'assurance maladie sont liés aux revenus et non pas aux risques individuels. Aussi n'y a-t-il jamais égalité exacte pour chaque individu, même en moyenne sur une longue période de temps, entre les prestations qu'il reçoit de l'assurance maladie et les prélèvements qu'il acquitte pour son financement. De la sorte, l'assurance maladie contribue à la conversion des revenus primaires des ménages en un revenu disponible pour la consommation et l'épargne [...].
On s'attend à ce que, en France comme dans tout pays dans lequel l'essentiel de l'assurance maladie est assuré par de larges régimes obligatoires, les prélèvements payés par les assurés pour leur couverture maladie soient essentiellement proportionnels à leurs revenus. Les propriétés redistributives de l'assurance maladie vont donc dépendre de façon décisive du lien entre les remboursements des soins et le revenu au niveau individuel.

Dossier « Solidarité et santé » n° 1, *www.sante.gouv.fr*

Question 2. Comment fonctionne la redistribution opérée par l'assurance maladie ?

2. La redistribution permet de soutenir la croissance

Document 13 *Keynes et la redistribution*

Keynes ne néglige pas la possibilité d'agir directement sur la consommation finale de la population. [...] Des modifications sensibles de la propension à consommer* de la société peuvent être obtenues par des transferts de revenus en faveur des personnes à faible revenu, pour qui l'épargne représente un luxe peu accessible. En ce sens, l'indemnisation du chômage et, plus généralement, la protection sociale ont pour Keynes une utilité macroéconomique certaine car elles participent au soutien de la consommation, principal composant de la demande globale.

J. Boncœur, H. Thouément, *Histoire des idées économiques de Walras aux contemporains*, Armand Colin.

* La propension moyenne à consommer est la part de son revenu qu'un ménage consacre à la consommation.

Document 14 *La revalorisation des minima sociaux peut relancer l'économie*

Pour la deuxième année consécutive, le taux de personnes sous le seuil de pauvreté (964 euros) augmente significativement. [...]
Le Conseil national des politiques de lutte contre la pauvreté et l'exclusion sociale (CNLE) rappelle [...] que « pour beaucoup de ménages modestes, l'équilibre est structurellement impossible à réaliser », le reste pour vivre étant bien souvent en fait négatif.
[...] ATD quart monde demande aujourd'hui au gouvernement de revaloriser le RSA à 50 % du SMIC et d'indexer les minima sociaux en fonction d'un « panier de consommation » correspondant aux dépenses courantes des ménages les plus pauvres [...].

Les personnes qui reçoivent le RSA investissent tous leurs revenus dans la consommation, les études citées par le CNLE montrent même qu'il ne leur reste rien pour vivre à la fin du mois. Augmenter les minima sociaux, c'est donc agir directement sur la consommation et relancer l'économie.

www.atd-quartmonde.fr

Questions

3. Que signifie la phrase soulignée ?
4. Quel effet peut avoir l'augmentation des minima sociaux sur la croissance ?

3. La redistribution permet de valoriser le capital humain

Document 15 *La théorie du capital humain*

La théorie du capital humain repose sur une hypothèse néoclassique d'une parfaite orthodoxie. Point un : l'investissement en éducation est le déterminant principal du « capital humain » individuel, auquel on pourra par exemple ajouter l'expérience professionnelle acquise au cours d'une vie active. Deuxième point : ce capital incorporé détermine une bonne partie de la productivité de l'individu, compte tenu de l'équipement physique que son travail implique (machines, etc.) ou, par exemple, de l'organisation du travail collectif [...]. Le revenu individuel découlera assez directement du capital humain et donc de l'investissement éducatif dont la personne aura bénéficié.

Florence Arestoff et Jérôme Sgard, « Éducation, pauvreté, inégalités : quelles relations économiques ? », CERISCOPE Pauvreté, 2012, *www.ceriscope.sciences-po.fr*

Document 16 *La théorie de la croissance endogène*

La théorie de la croissance endogène met en évidence le rôle positif de l'investissement public en matière d'éducation, d'infrastructures et de recherche fondamentale sur la croissance. La croissance endogène prend appui sur l'hypothèse que la croissance génère par elle-même de la croissance. La croissance devient source de progrès qui permet à la croissance de s'auto-entretenir. Ainsi, l'investissement éducatif crée un progrès qui améliore la formation des individus.

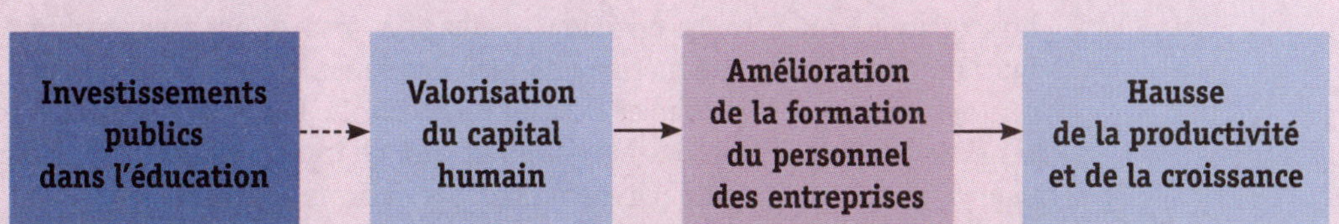

Questions

5. Comment l'État agit-il pour favoriser la croissance endogène ?
6. Pourquoi peut-on dire que la redistribution permet de valoriser le capital humain ?

B. Les limites de la politique de redistribution

1. Le poids des prélèvements obligatoires

Document 17 *La courbe de Laffer*

Parfois résumée par l'expression « trop d'impôt tue l'impôt », la courbe de Laffer* montre la relation entre le taux d'imposition et les recettes fiscales qui en découlent. Si, dans un premier temps, les recettes augmentent parallèlement au taux d'imposition, elles s'avèrent inversement proportionnelles au-delà d'un certain taux d'imposition ; d'où une courbe « en cloche ». Le point d'inflexion de cette courbe correspond au taux maximum d'imposition au-delà duquel l'effet désincitatif de l'impôt l'emporte. Cependant, ce taux maximum n'est pas empiriquement établi : il varie selon le lieu, l'époque, la conjoncture, etc.

IREF (Institut de recherches économiques et fiscales).

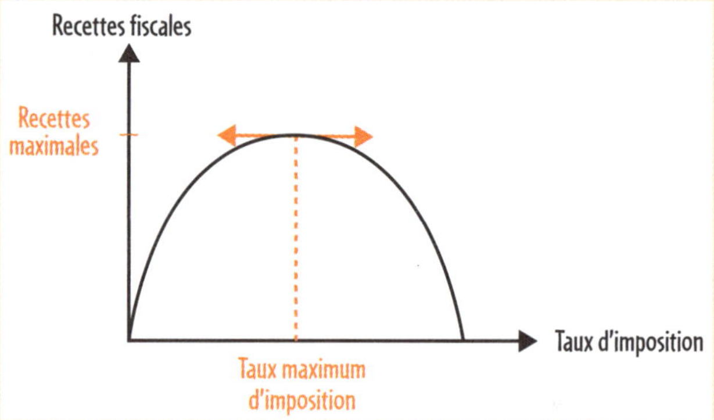

* Arthur Laffer est un économiste libéral américain.

Document 18 *Le risque de fuite des capitaux*

Les revenus de transfert représentent une très lourde charge pour la société. Les prélèvements obligatoires sont composés, pour un peu plus de la moitié, par les prélèvements sociaux. Or, si le taux d'imposition en France est beaucoup plus élevé que dans un autre pays — la Belgique, par exemple —, on assistera à une expatriation fiscale des ménages parmi les plus riches et de certaines entreprises vers la Belgique, l'imposition étant jugée confiscatoire par les contribuables.

Questions

7. Expliquez la phrase : « Trop d'impôt tue l'impôt. »
8. En quoi consiste l'expatriation fiscale ?
9. La redistribution est-elle efficace au vu de ces conséquences ?

Document 19 *Les prélèvements obligatoires pénalisent la compétitivité économique*

Les entreprises jouent un rôle déterminant dans le système de prélèvements obligatoires. D'une part, elles participent à la collecte de certains impôts (TVA, CSG, CRDS) et des cotisations sociales. D'autre part, elles sont elles-mêmes la source d'un certain nombre de prélèvements obligatoires (recettes fiscales et cotisations sociales). La question des prélèvements obligatoires des entreprises est d'autant plus sensible qu'elle recouvre des enjeux de nature économique. Ainsi toute décision en matière fiscale est susceptible d'avoir des effets en matière de coûts de production, de prix des biens et services, d'emploi, de localisation des entreprises (sur le territoire et hors du territoire)… Les entreprises sont tout particulièrement sensibles à l'imposition des bénéfices et aux charges portant sur les facteurs de production capital et travail (la part patronale des cotisations sociales).

4 septembre 2012
www.mouvement-perpetuel.over-blog.com

Questions

10. Quel rôle occupent les entreprises en matière de prélèvements obligatoires ?
11. Quel risque les prélèvements obligatoires font-ils peser sur la compétitivité des entreprises ?

2. Les difficultés du financement de la Sécurité sociale

Document 20 *Le « trou » de la Sécurité sociale*

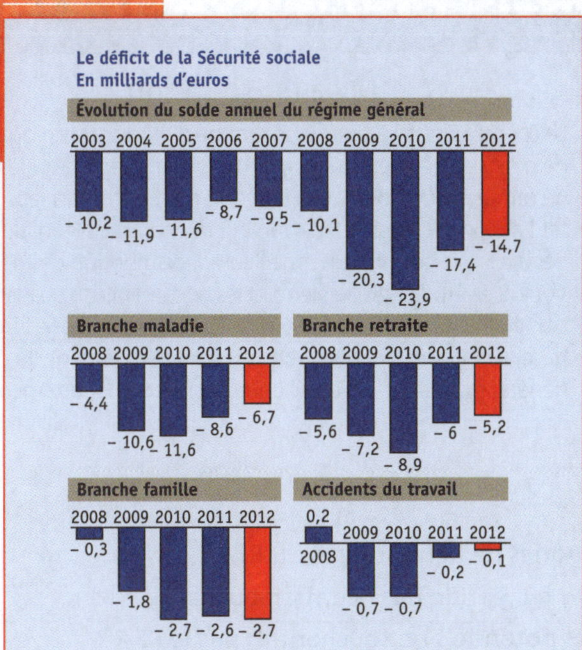

Source : « Cour des comptes » et AFP *www.lemainelibre.fr*

Questions

12. Que signifie l'expression « trou » de la Sécurité sociale ?

13. Déterminez la contribution de chaque branche au « trou » de la Sécurité sociale.

Document 21 *Objectifs des réformes des systèmes de retraite*

Au-delà de la diversité des solutions proposées pour assurer la pérennité du système français de retraites, le constat commun est celui d'un déséquilibre financier à venir de grande ampleur. La raison principale en est une situation démographique défavorable : l'accès des classes d'âge nombreuses d'après-guerre à la retraite et l'élévation continue de l'espérance de vie contribuent à une inversion du rapport du nombre de retraités au nombre d'actifs. Or, dans le même temps, les entrées sur le marché du travail sont de plus en plus tardives, et les retraits d'activité, précoces.

www.ladocumentationfrancaise.fr

Question

14. Quelles sont les causes des réformes des systèmes de retraite ?

3. La remise en cause des services publics au niveau européen

Document 22 *Le « service public à la française » est-il euro-compatible ?*

L'Union européenne a mis progressivement en cause les formes nationales d'organisation et de régulation des services publics [...] mais sans définir en même temps des objectifs et normes communautaires [...]

Les règles européennes [...] consisteront à mettre en œuvre une libéralisation maîtrisée, organisée, régulée. On verra apparaître le concept de « service universel » dans les télécommunications et à La Poste, puis pour l'électricité, garantissant certains services essentiels à tous les citoyens et résidents ; des obligations de service public seront définies dans l'énergie et les transports ; la jurisprudence de la Cour de justice reconnaîtra que les services d'intérêt économique général peuvent relever d'autres objectifs, missions et formes d'organisation que les lois générales de la concurrence.

Pierre Bauby, *Forum*, n° 01.
www.revueforum.fr

Questions

15. Comment l'Union européenne a-t-elle remis en cause l'organisation des services publics propres à chaque État ?

16. Que signifie le concept de « service universel » ?

Entraînement

La compétence attendue

- Caractériser et analyser les différents instruments de la redistribution en France.

Mise en situation

Le conseil général a chargé un groupe d'étudiants de votre école de mesurer les effets du revenu de solidarité active sur les gains de retour à l'emploi. Votre bilan doit permettre de mieux orienter l'action sociale du département et en particulier d'aider aux décisions en faveur d'une meilleure redistribution des revenus. Vous allez étudier préalablement les documents du dossier remis par le directeur de la cohésion sociale. Votre synthèse servira de base au rapport qui sera transmis au vice-président du conseil général en charge de la politique sociale du département.

Travail à faire

1. Présentez les différentes catégories de bénéficiaires du RSA.
2. Le RSA est-il pour les jeunes un facteur de désincitation au travail ?
3. Pourquoi certains bénéficiaires potentiels ne touchent-ils pas le RSA ?
4. Après avoir défini les termes « trappe à pauvreté », « trappe à bas salaires », indiquez les limites du RSA.

Annexe 1

Catégories d'allocataires du RSA

On distingue trois types d'allocataires du revenu de solidarité active.

⇨ Bénéficiaires du RSA socle

Il s'agit des foyers bénéficiaires du **RSA socle seul** qui n'ont pas de revenus d'activité, ou bien dont les membres ayant un emploi sont en période de cumul intégral (1).

⇨ Bénéficiaires du RSA socle et activité

Les bénéficiaires du RSA socle et activité ont de faibles revenus d'activité et l'ensemble de leurs ressources est inférieur à un montant forfaitaire (intervenant dans le calcul du montant de la prestation et dépendant de la composition du foyer).

⇨ Bénéficiaires du RSA activité seul

Les foyers bénéficiaires du RSA activité seul sont ceux qui ont de faibles revenus d'activité et dont l'ensemble des ressources est supérieur au montant forfaitaire.

(1) Le cumul intégral consiste à neutraliser l'ensemble des revenus d'activité pour le calcul du RSA, pendant une période de trois mois suivant la reprise d'emploi, dans la limite de quatre mois au cours des douze derniers mois.

www.rsa-revenu-de-solidarite-active.com

Annexe 2

Bénéficiaires RSA
Évolution des bénéficiaires RSA entre mars 2011 et juin 2012.
En milliers et intégrant la France Métropolitaine et les Dom
(ainsi que Mayotte à partir de mars 2012)

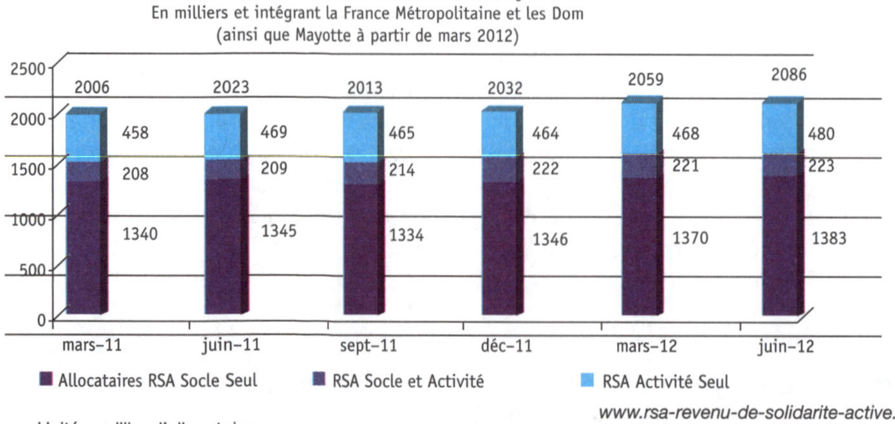

■ Allocataires RSA Socle Seul ■ RSA Socle et Activité ■ RSA Activité Seul

Unité = millier d'allocataires.

www.rsa-revenu-de-solidarite-active.com
Source : *L'e-ssentiel*, Cnaf, n° 126.

Le bilan du RSA

Annexe 3

Le RSA décourage-t-il certains jeunes de travailler ?

– L'éligibilité au revenu de solidarité active (RSA) est soumise à plusieurs critères. La condition d'âge est notamment restrictive : très peu de personnes de moins de 25 ans sont éligibles au RSA. [...] Cette restriction s'appuie notamment sur la crainte que l'accès au revenu minimum décourage certains jeunes de poursuivre leurs études ou de rechercher un emploi.

– On peut évaluer l'ampleur de cette désincitation au travail autour du seuil d'âge ainsi créé. Si elle existe, cette désincitation devrait se traduire par un fléchissement du taux d'emploi des jeunes juste après 25 ans, puisque le gain à l'emploi de certains jeunes serait plus faible à partir de cet âge. Or, aucune rupture dans les taux d'emploi à 25 ans n'est repérable pour les jeunes célibataires sans enfant ayant au moins un CAP ou un BEP. [...] Le RSA n'aurait donc pas d'effet désincitatif marqué sur l'emploi de ces jeunes. Ceci ne préjuge évidemment pas de l'effet qu'aurait l'extension du revenu minimum à des tranches d'âge plus jeunes.

– Une très légère rupture dans les taux d'emploi est décelable pour les jeunes les moins diplômés (ayant au mieux le brevet des collèges), mais elle n'apparaît significative que pour quelques années seulement (2004 et 2005). Au total, sur la période 2004-2009, entre 1,7 % et 2,9 % de ces jeunes très peu qualifiés auraient été découragés de travailler en raison du RMI.

Olivier Bargain et Augustin Vicard, *Insee Analyses*, n° 6.
www.insee.fr
www.20minutes.fr

Annexe 4

Les bénéficiaires potentiels du RSA ne se manifestent pas

Cela fait trois ans qu'il existe et pourtant, le RSA reste une source d'interrogation pour les potentiels bénéficiaires. D'après une étude de la Caisse nationale des allocations familiales (Cnaf), près de 1,7 million de foyers éligibles au RSA n'en sont pas bénéficiaires, essentiellement parce qu'ils croient ne pas pouvoir toucher ces revenus.

D'après cette étude réalisée fin 2010-début 2011, le taux de « non-recours » au RSA socle [...] était de 35 % en moyenne tandis que le taux de « non-recours » au RSA activité [...] atteignait 68 %. Le sondage montre que 48 % des foyers éligibles pauvres n'ont pas demandé le RSA contre 70 % des ménages éligibles au-dessus du seuil pauvreté. Cela induit « un montant non distribué de l'ordre de 432 millions d'euros », précise la Cnaf, qui a versé en 2010 environ 8 milliards d'euros de RSA, financé par les départements (RSA socle) et par l'État (RSA activité) à près de 2 millions de foyers.

« La méconnaissance du RSA, ou sa mauvaise connaissance, explique pour l'essentiel le non-recours à la prestation. En revanche, les non-recourants n'évoquent que marginalement un faible intérêt financier de la prestation », explique la Cnaf. Parmi les foyers éligibles au RSA mais qui ne le touchent pas, 54 % estiment « connaître le RSA », 35 % disent l'avoir déjà touché par le passé et 11 % ne le connaissent pas. Au sein des 54 %, au moins 19 % étaient « sûrs de ne pas pouvoir en bénéficier », essentiellement parce qu'ils pensent que le dispositif est réservé aux sans-emploi.

Cette étude révèle que ce sont les couples plutôt que les personnes seules qui ont plus souvent tendance à ne pas demander le RSA, surtout s'ils sont sans enfant, car ils peuvent « avoir le sentiment de mieux se débrouiller financièrement », avance l'étude. De même, les plus diplômés le demandent moins « en raison de leur croyance plus forte dans le caractère transitoire de leur situation ou encore leur refus plus grand de dépendre de l'aide sociale compte tenu de leur diplôme ».

Lefigaro.fr, 8 juillet 2012.
www.lefigaro.fr

Annexe 5

RSA socle : vers une revalorisation de 10 % sur 5 ans

Dans le cadre de la conférence nationale contre la pauvreté et pour l'inclusion sociale des 10 et 11 décembre 2012, le Premier ministre a notamment annoncé la revalorisation sur 5 ans du RSA socle à hauteur de 10 % (en plus de l'indexation annuelle sur l'inflation). La 1re revalorisation doit intervenir en septembre 2013.

www.gouvactu.adminet.fr

Sens de la leçon

politique de redistribution

1 La redistribution est menée par l'État dans la conception de l'État-providence :

- Dans une logique d'assurance pour couvrir les risques sociaux.
- Dans une logique de solidarité pour réduire les inégalités économiques et sociales.

2 Pour cela, l'État dispose de plusieurs instruments :

- La fiscalité
- Les transferts sociaux
- Les services publics

3 La redistribution présente :

Des aspects positifs :

- En matière économique, les prélèvements obligatoires et les transferts sociaux…
  - … réduisent la pauvreté.
  - … soutiennent la consommation.
- En matière sociale, les dépenses de santé et d'éducation réduisent les inégalités.

Mais aussi des limites :

- Le poids des prélèvements obligatoires pénalise la compétitivité des entreprises.
- Le financement de la protection sociale crée un déficit des dépenses des régimes sociaux couvert par l'État.
- L'ouverture des services publics à la concurrence a des aspects négatifs sur la redistribution.

Les mots-clés : Compétitivité – Courbe de Laffer – Croissance endogène – État-providence – Multiplicateur d'investissement – Prélèvements obligatoires – Prélèvements sociaux – Prestations sociales – Propension à consommer – Protection sociale – Redistribution – Relance keynésienne – Risques sociaux – RSA – Transferts sociaux

13

Les inégalités de richesse au niveau mondial

Le référentiel

3. La répartition des richesses *(20 heures)*

3.3 La répartition des richesses au niveau mondial *(11 heures)*

La compétence attendue

- Repérer les inégalités de richesse au niveau mondial.

Le plan du chapitre

I Les inégalités entre pays riches et pays pauvres

- A. La division entre pays riches et pays pauvres → Documents 1 à 5
- B. L'évolution des inégalités → Documents 6 à 8

II Le décollage économique des pays émergents

- A. Vers un rattrapage des pays développés → Documents 9 et 10
- B. L'ouverture des économies → Documents 11 et 12
- C. Une croissance sur fond d'inégalités internes → Document 13

Mise en situation

La pauvreté dans le monde

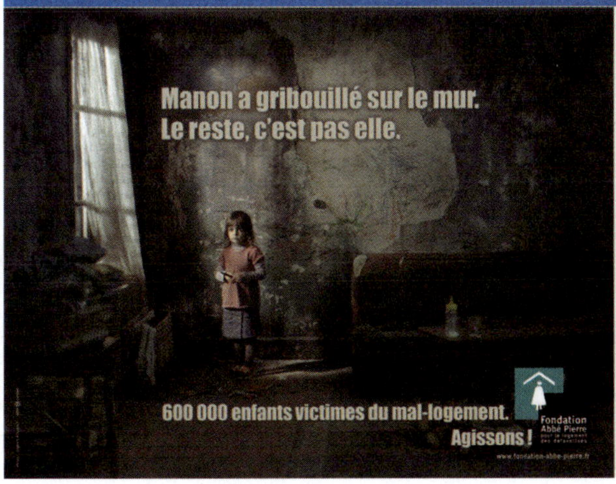

La pauvreté baisse dans le monde et, pourtant, elle concerne près du quart des habitants de la planète, qui vivent toujours dans une extrême précarité. La plupart des régions du monde, en particulier l'Asie, l'ont vue reculer avec le développement économique. Parallèlement, on assiste à une augmentation importante de la pauvreté dans les pays riches, conséquence de la faiblesse des économies occidentales depuis 2008.

I Les inégalités entre pays riches et pays pauvres

A. La division entre pays riches et pays pauvres

Document 1 *Un monde déformé par les inégalités*

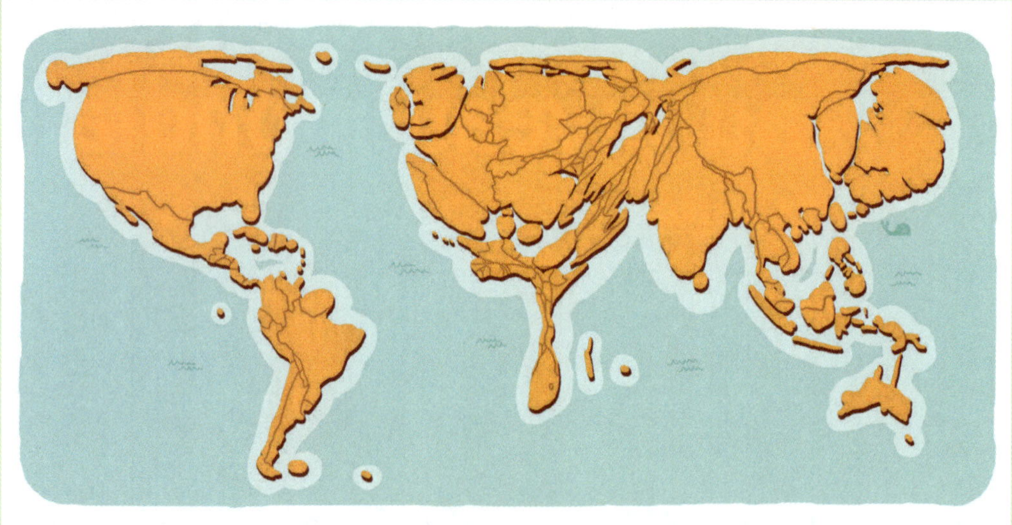

Voici à quoi ressemblerait notre planète... si la taille des pays était proportionnelle à la richesse de ses habitants ! Sur la carte, plus le pays est gros, plus le pouvoir d'achat par habitant est élevé. Pour connaître le pouvoir d'achat, on calcule la quantité de biens et de services que l'on peut acheter avec un salaire.

Stéphanie Ledu et Stéphane Frattini, illustrations d'Élodie Balandras et Julien Castagié, *Atlas des inégalités,* Milan Jeunesse.

Questions

1. Quel est l'intérêt du principe de construction du document ?
2. Commentez la situation de l'Europe en la comparant à celle de l'Afrique.

Document 2 *Un monde scindé en deux*

Les écarts de revenus et de conditions de vie entre les populations les plus riches et les plus pauvres du monde sont vertigineux [...]. Au point que notre monde apparaît, pour ainsi dire, scindé en deux...

On comptabilise 1,4 milliard de personnes extrêmement pauvres – elles vivent avec moins de 30 euros par mois – dans le monde, selon les dernières estimations de la Banque mondiale. [...] L'Organisation des Nations unies pour l'alimentation et l'agriculture (la FAO) estime qu'une personne meurt de malnutrition toutes les cinq secondes dans le monde... Dans les pays [en développement], l'espérance de vie à la naissance est beaucoup plus faible que la moyenne mondiale : 51,5 années en Afrique subsaharienne, alors que la moyenne mondiale atteint 67,6 années.

Pour la plus grande partie des populations des pays riches, l'accès aux biens de base tels que l'eau potable ne constitue plus un problème. Les maladies qui tuent au sein des pays les plus pauvres (diarrhées, paludisme, choléra, etc.) ont disparu, notamment en raison de l'amélioration des conditions d'hygiène. La plupart des pays développés se sont dotés d'un système de protection sociale permettant de garantir une partie des aléas de la vie. La grande pauvreté existe toujours, mais elle est rarement mortelle. Ces conditions de vie dont bénéficient les populations des pays riches se reflètent dans la longévité de leur espérance de vie à la naissance : elle est de 80,3 années en Europe de l'Ouest et de 79,3 années en Amérique du Nord.

...

SUITE

Au-delà des éléments vitaux, les habitants des pays riches accèdent à un ensemble de services publics plus ou moins développés selon les pays. Dans ce cadre, la question de l'accès à l'école est essentielle. Si la quasi-totalité des jeunes y sont scolarisés jusqu'à 16 ans, c'est loin d'être le cas partout dans le monde. Ainsi en Afrique subsaharienne, le taux de scolarisation n'est que de 73 % au primaire et de 27 % au secondaire, et les conditions d'études n'ont rien à voir avec celles que connaissent les enfants des pays riches.

Cédric Rio et Louis Maurin, Observatoire des inégalités, 16 février 2012. *www.inegalites.fr*

Questions

3. Relevez les facteurs d'inégalités entre le monde « riche » et le monde « pauvre ».
4. Quelle est la principale différence entre la pauvreté du monde « riche » et celle du monde « pauvre » ?

DOCUMENT 3 *La malnutrition dans le monde*

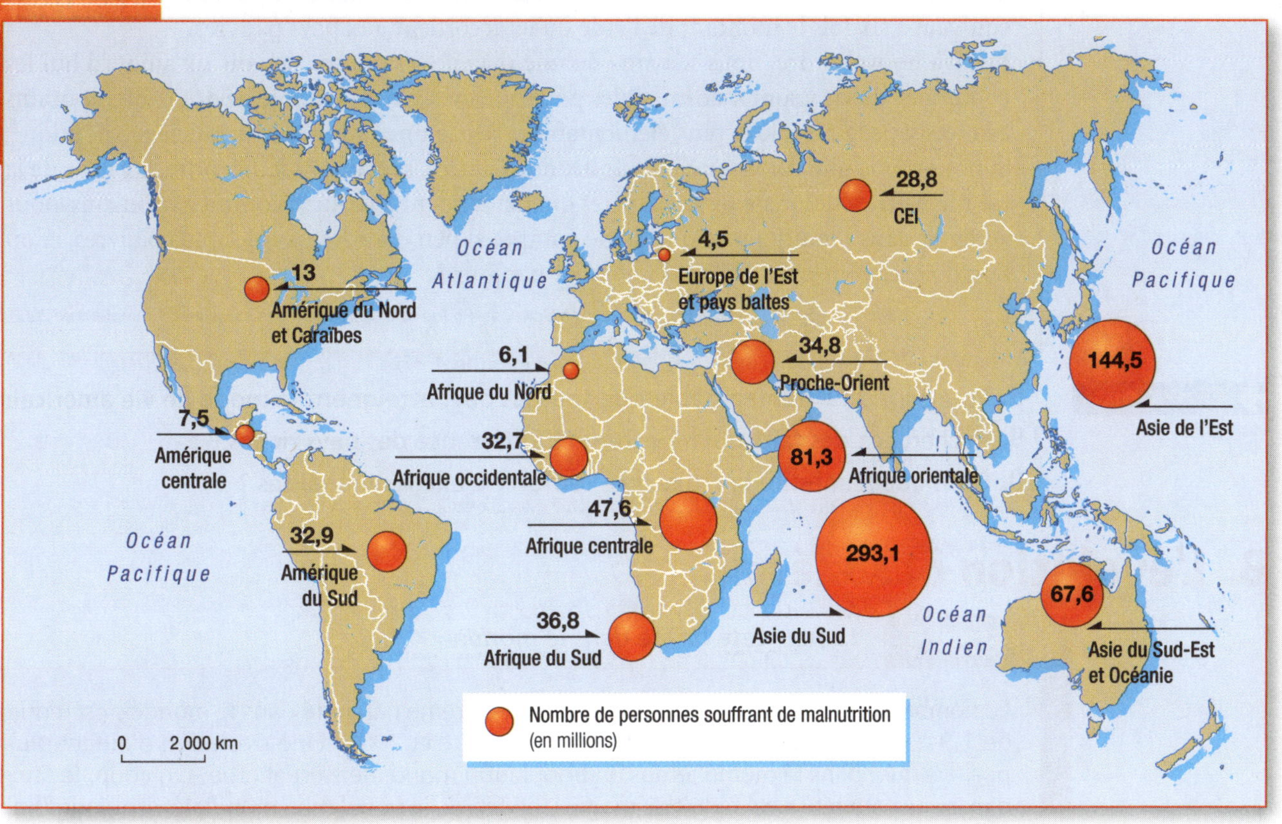

DOCUMENT 4 *Portrait mondial de la pauvreté*

En ce début de XXIe siècle, 1,2 milliard de personnes vivent dans la pauvreté extrême, la plupart étant des femmes. Non seulement la pauvreté décime toujours des populations entières, mais les organismes internationaux notent une aggravation généralisée du phénomène. Chaque année, neuf millions de personnes meurent de faim ou de malnutrition, un milliard n'a pas accès à l'eau potable et plus d'un milliard de personnes vivent dans la misère extrême avec moins d'un dollar par jour. D'autres statistiques sont tout simplement intolérables. Près de 50 % de la population mondiale vivent avec moins de deux dollars par jour ; plus de 800 millions de gens se couchent chaque soir le ventre creux et 50 000 meurent chaque jour de causes liées à la pauvreté.

www.mondialisation.ca

Questions

5. Définissez géographiquement une ligne de séparation nord/sud de la pauvreté.
6. Le seuil de pauvreté de 2 dollars par jour est-il pertinent pour définir la pauvreté ? Justifiez.
7. Relevez les conséquences de la pauvreté sur les populations.

Document 5 *L'indifférence des pays riches*

Les économistes le savent, la croissance ne réduit pas ipso facto la pauvreté ou les inégalités, elle peut même, dans nombre de cas, accroître ces dernières. Dans les pays riches comme le nôtre, celle-ci est perçue comme le seul moyen de résorber le chômage et donc la pauvreté. Mais dans le même temps, les économistes conviennent aujourd'hui qu'il est inimaginable que tous les pays du monde aient comme horizon la société américaine grâce à une croissance à la chinoise. Ce que notre ignorance des pays pauvres et la force de nos intérêts matériels nous empêchent de voir, c'est que nombre de nos actions ont des effets sur ces autres si lointains, que nombre de nos politiques peuvent être généreuses à l'intérieur de nos frontières et extrêmement dommageables hors de nos frontières, pour les pays les plus pauvres notamment. C'est explicite dans nombre d'arbitrages budgétaires européens : on finance l'agriculture avec pour résultante que les vaches européennes « reçoivent » deux dollars et demi de subventions par jour, soit un revenu plus élevé qu'un habitant sur trois de la planète, sachant que le total de ces subventions à l'agriculture dans les pays riches équivaut à six fois le montant de l'aide qu'ils accordent aux pays pauvres.
Jusqu'à nouvel ordre, nous n'avons qu'une planète, et refuser de voir qu'aujourd'hui les conditions de vie y sont inadmissibles pour une masse considérable de nos contemporains à la fois sape la morale la plus élémentaire et révèle une incroyable insouciance politique. Si nous avons une commune humanité, nous autres, si prompts à défendre la valeur de la vie même chez des malades incurables qui demandent à mourir, comment pouvons-nous accepter dans l'indifférence que la vie compte si peu dans les pays les plus pauvres, là où l'on doit survivre avec moins d'un dollar par jour ?

Marie Duru-Bellat, sociologue, professeur à Sciences-Po Paris, Observatoire des inégalités, 12 septembre 2008.

Questions

8. Pourquoi est-il inimaginable que tous les pays atteignent le mode de vie américain ?
9. Recherchez des faits qui montrent l'indifférence des pays riches.
10. Dans quelle mesure la croissance renforce-t-elle les inégalités ?

B. L'évolution des inégalités

Document 6 *La pauvreté baisse dans le monde*

Le nombre de personnes vivant sous le seuil d'extrême pauvreté dans le monde s'est réduit de 1,9 à un peu moins de 1,3 milliard entre 1981 et 2008. Une évolution d'autant plus positive que, dans le même temps, la population mondiale s'est accrue. Du coup, le taux d'extrême pauvreté a été réduit de moitié : 22,4 % de la population mondiale vit aujourd'hui avec moins de 1,25 dollar par jour contre 52,2 % au début des années 1980.
La plupart des régions du monde ont vu l'extrême pauvreté reculer. La réduction la plus spectaculaire est observée en Asie de l'Est, notamment sous l'impulsion de la Chine : on compte aujourd'hui 284 millions de personnes extrêmement pauvres (14,3 % de la population) alors qu'elles étaient plus d'un milliard en 1981 (77,2 % de la population). Le constat pour l'Afrique subsaharienne est en revanche plus mitigé. La part de la population concernée par l'extrême pauvreté n'a reculé que légèrement (47,5 % en 2008 contre 51,5 % en 1981), et le nombre de personnes a même augmenté (386 millions aujourd'hui contre 204,9 millions en 1981). La baisse de l'extrême pauvreté depuis le début des années 2000 ne compense pas la hausse observée durant les années 1980 et 1990.
Il n'y a pas de fatalité au sous-développement et aux inégalités dans le monde : la situation des pays les plus pauvres peut aussi s'améliorer. Toutefois, ce jugement positif doit être nuancé. Le seuil d'extrême pauvreté considéré est particulièrement bas : en prenant un seuil à 2 dollars par jour, on compte toujours près de 2,5 milliards de pauvres, soit 43 % de la population de la planète.

Observatoire des inégalités, 14 mai 2012, *www.inegalites.fr*

Questions

11. Pourquoi est-il difficile statistiquement d'apprécier la pauvreté ?
12. Le recul de la pauvreté est-il identique dans toutes les régions du monde ?

Document 7 *L'évolution des revenus par habitant dans le monde*

Évolution du Pib par habitant dans le monde par régions Unité : dollars PPA	1980	1985	1990	1995	2000	2005	2010	Variation entre 2000 et 2010 (en %)
Amérique du Nord	25 290,8	28 238,2	31 426,7	33 295,4	38 877,2	41 796,6	41 819,4	+ 7,57
Europe et Asie centrale	13 315,6	14 118,5	15 810,7	15 140,6	17 266,7	19 435,9	20 551,7	+ 19,02
– dont Union européenne	16 690,2	17 858	20 517,5	21 672	24 826,8	26 840,6	27 554,1	+ 10,99
Amérique latine et Caraïbes	7 619,2	7 107,5	7 112,2	7 703,6	8 304,8	8 890,8	10 195,7	+ 22,77
Afrique du Nord et Moyen-Orient	7 031,6	6 372,6	6 147,5	6 581,5	7 279,1	8 141,7	9 112,6*	+ 24,07**
Asie de l'Est et Pacifique	2 539,1	3 051,9	3 811,1	4 665,6	5 386,9	6 679,2	8 742,9	+ 62,30
Asie du Sud	889,6	1 027,6	1 218,3	1 410,3	1 678,6	2 127,1	2 893,5	+ 72,37
Afrique subsaharienne	1 791,9	1 618,7	1 611,5	1 497,7	1 563,8	1 763,4	2 022	+ 29,30
Monde	5 903,7	6 206,6	6 797,5	7 037,5	7 882,1	8 826,1	9 868,6	+ 25,20

* Données pour l'année 2009 ** Variation entre 2000 et 2009

Source : Banque mondiale. Observatoire des inégalités, 28 février 2012.
www.inegalites.fr

Questions

13. Rappelez pourquoi le PIB est évalué en parité de pouvoir d'achat.

14. Représentez graphiquement l'évolution du PIB entre 1980 et 2010 dans chacune des régions du monde.

15. Commentez le tableau et le graphique ainsi obtenus.

Document 8 *Une convergence des niveaux de vie ?*

Doit-on conclure que nous entrons dans un processus mondial de convergence des niveaux de vie ? [...] On ne mesure qu'un niveau général de richesse : ces chiffres ne préjugent en rien de la répartition de cette richesse à l'intérieur des pays. Ainsi les pays émergents, comme la Chine, ont connu une très forte croissance (+ 155 % d'augmentation du Pib par habitant entre 2000 et 2010) mais celle-ci ne bénéficie pas à toute la population de manière égalitaire : chaque habitant ne voit pas ses revenus augmenter autant en proportion de la richesse produite, loin de là... Ainsi, il est impossible à partir de ces données de mesurer les inégalités au sein des pays, mais aussi entre les individus à l'échelle mondiale. Ces données ne constituent que des éléments de comparaison entre les pays. [..]

Enfin, les écarts entre les régions restent gigantesques : le Danemark affiche un Pib par habitant en 2010 de 32 485 dollars, tandis que celui de l'Angola, pays qui a enregistré la plus forte hausse du Pib par habitant en Afrique subsaharienne, est cinq fois moins élevé avec 5 480 dollars. Pour certains pays pauvres, l'écart ne cesse de se creuser. [...] Et les écarts actuels entre les régions sont plus importants qu'en 1980.

Bref, on est très loin d'une réelle convergence des niveaux de vie au niveau mondial et encore moins d'une éradication de la pauvreté, qui implique à la fois une forte croissance de la richesse – ce qui est le cas d'un certain nombre de pays du Sud – et un réel partage de ces richesses à l'intérieur de chaque pays [...]

Si ces données restent fragiles, elles nous invitent à une certaine prudence vis-à-vis de certains discours catastrophistes concernant l'évolution économique et sociale mondiale : de nombreux pays pauvres ont montré une évolution positive des revenus de leurs habitants ces dernières années. À cela, rappelons que les conditions de vie dans le monde s'améliorent, notamment l'accès aux besoins fondamentaux des plus pauvres. Si les écarts restent énormes entre les populations, les évolutions récentes des revenus par habitant montrent aussi que la lutte pour la réduction des inégalités dans le monde n'est pas vaine.

Observatoire des inégalités, 28 février 2012.
www.inegalites.fr

Questions

16. Peut-on parler de convergence des niveaux de vie au niveau mondial ?

17. Comment peut-on éradiquer la pauvreté dans le monde ?

II Le décollage économique des pays émergents

A. Vers un rattrapage des pays développés

Document 9 *Hausse de la productivité dans les pays émergents*

Si les niveaux de productivité ont augmenté dans le monde entier au cours des dix dernières années, de grandes disparités demeurent entre les pays industrialisés et la plupart des autres, bien que l'Asie du Sud, l'Asie de l'Est, l'Europe centrale et du Sud-Est (hors UE) aient commencé à combler leur retard.
Les États-Unis sont toujours largement en tête du classement de la productivité par personne employée, malgré une rapide hausse de la productivité en Asie de l'Est où les travailleurs produisent maintenant deux fois plus qu'ils ne le faisaient il y a dix ans.
En Asie de l'Est, où les niveaux de productivité ont connu la plus forte hausse, doublant en dix ans, la production par travailleur est passée d'un huitième à un cinquième du niveau atteint par les pays développés, entre 1996 et 2006. Quant à l'Asie du Sud-Est et le Pacifique, la productivité y reste 7 fois inférieure à celle des pays industrialisés, et 8 fois moindre en Asie du Sud, révèle le rapport.
Au Moyen-Orient, en Amérique latine et dans les Caraïbes, la productivité par personne employée est près de 3 fois plus faible que dans les économies développées ; en Europe centrale et du Sud-Est (hors UE), le niveau est 3,5 fois plus bas et 4 fois moindre en Afrique du Nord. Le plus grand fossé est observé en Afrique subsaharienne, où la valeur ajoutée par travailleur est 12 fois inférieure à celle d'un travailleur du monde industrialisé.

OIT, communiqué de presse, 2 septembre 2007.

Questions

1. Quel facteur est à l'origine d'une hausse de la productivité ?
2. Classez les zones géographiques suivant leur niveau de productivité.

Document 10 *Contribution au PIB mondial, pourcentage en parité de pouvoir d'achat*

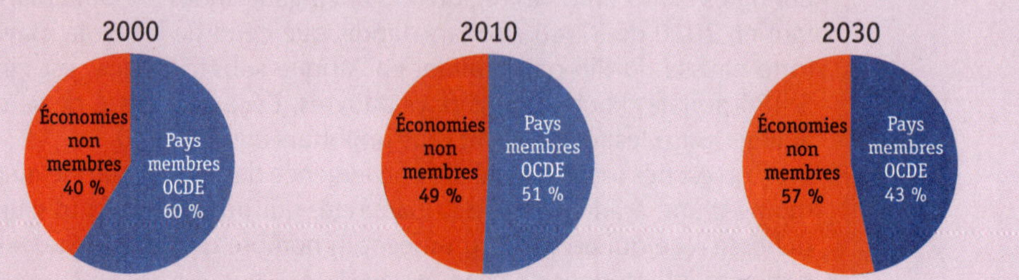

OCDE, 16 juin 2010.

La croissance rapide des économies émergentes a conduit à un recentrage du pouvoir économique : les prévisions [...] suggèrent que le poids économique agrégé des pays en développement et des pays émergents est sur le point de dépasser celui de l'ensemble des pays développés.
Selon *Perspectives du développement mondial : le basculement de la richesse,* [...] la crise financière et économique a accéléré cette transformation structurelle de l'économie mondiale. Les prévisions à plus long terme suggèrent que les pays en développement et les pays émergents sont susceptibles de représenter près de 60 % du PIB mondial en 2030.

Questions

3. Commentez les graphiques sur les perspectives du développement mondial.
4. Expliquez la signification du « recentrage du pouvoir économique ».

B. L'ouverture des économies

Document 11 *Chine : libéralisation, ouverture et investissement*

Les réformes économiques de la Chine ont connu deux phases distinctes : la première, débutée en 1978 à l'initiative de Deng Xiaoping, a permis de convertir le Parti communiste chinois à la doctrine de l'« économie socialiste de marché ». La seconde, au début des années 1990, a relancé le processus d'ouverture économique (réduction des droits de douane, encouragement aux investissements étrangers) qui a permis la croissance record de l'économie chinoise durant la décennie 1990 (un taux de croissance moyen supérieur à 7 %) et qui a abouti à l'adhésion de la Chine à l'OMC en 2001.
Ce mode de développement, délibérément tourné vers les exportations et tiré par l'investissement, a permis de stimuler l'activité intérieure. L'ouverture à l'économie de marché a été toutefois combinée avec un contrôle étatique sur les secteurs structurants de l'économie (grandes entreprises d'État, marchés financiers, secteur bancaire, régulation des prix). Le bilan de ce modèle de croissance est positif : le revenu moyen a été multiplié par huit, la pauvreté a régressé et l'espérance de vie s'est allongée.

Présentation de la Chine, France Diplomatie, 2 juillet 2012, *www.diplomatie.gouv.fr*

Questions

5. Quel rôle a joué l'État chinois dans la mise en œuvre de l'économie de marché ?
6. Quel rôle joue le marché dans l'économie chinoise ?

Document 12 *Le Pirée, porte d'entrée de la Chine en Europe*

Avec la récente signature d'un contrat de concession à 3,3 milliards d'euros dans le port du Pirée, la Chine a commencé à établir ses positions en Europe. [...]
Les investissements chinois dans le port du Pirée ne sont que la première strate d'une vaste stratégie d'implantation sur les marchés européens. À l'heure où certains pays comme l'Espagne, le Portugal et l'Irlande se débattent avec leur dette publique, la Chine lorgne sur ces opportunités d'investissement potentiellement irrésistibles.

Harriet Alexander, *The Daily Telegraph*, 7 juillet 2010.

Questions

7. Quel facteur favorise le développement des firmes multinationales des pays émergents ?
8. Quelle est la conséquence de ce développement pour les pays développés ?

C. Une croissance sur fond d'inégalités internes

Document 13 *Les inégalités de revenus et le développement en Chine*

Le nombre de milliardaires chinois a doublé [en 5 ans].
En contraste, 150 millions de chinois vivent avec moins d'un dollar par jour [...] L'indice de Gini [appliqué à la] Chine, qui rend compte des inégalités dans la distribution primaire des revenus, était de 0,449 en 2005 et avoisine à présent 0,5, franchissant ainsi une ligne dangereuse. De plus, nombreux sont ceux qui pensent que les écarts sont bien plus grands. [...]
La forte croissance chinoise a contribué à l'augmentation du nombre de grandes fortunes, dont la richesse provient principalement du développement du secteur privé, de la spéculation immobilière et des secteurs à forte rémunération salariale. [...]
Ajuster le modèle de développement du pays signifie faire en sorte que la croissance profite aux citoyens ordinaires. La Chine est actuellement une économie faiblement tirée par la consommation intérieure qui ne contribue à la croissance qu'à hauteur de 35 %. Ainsi, la contribution de la consommation dans la croissance en Chine est la plus faible de l'ensemble des économies majeures.

Extrait d'un article de M. Xiao Gang, président d'administration de la Banque de Chine, publié par la quotidien *Chine Daily* du 16 septembre 2011, *www.chinadaily.com.* Traduction effective par les services de l'Ambassade de France en Chine.

Question

9. Quelles observations montrent la montée des inégalités en Chine ?

Entraînement

La compétence attendue

• Repérer les inégalités de richesse au niveau mondial.

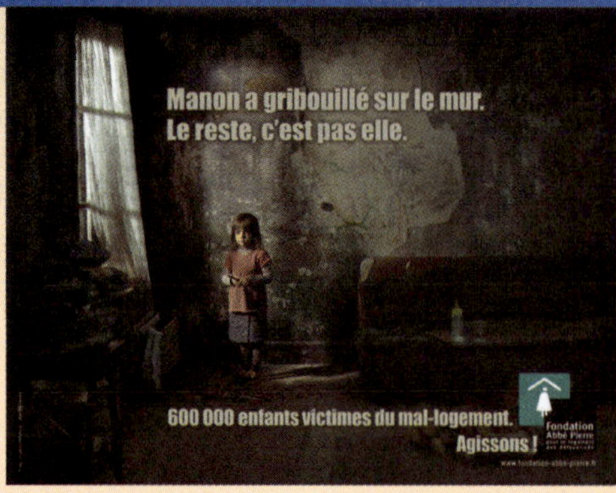

Mise en situation

Vous effectuez un stage professionnel dans une ONG (organisation non gouvernementale) qui mène des actions contre la pauvreté aussi bien en France qu'en Afrique. Cette ONG participe à un colloque sur le thème des pauvretés dans le monde au cours duquel seront abordées tant la pauvreté dans les pays pauvres que la pauvreté dans les pays riches. Afin de préparer l'intervention d'un des responsables de l'ONG, vous disposez d'une documentation à exploiter.

Travail à faire

1. Quels sont les principaux signes de la pauvreté ?
2. Pourquoi les indicateurs de la pauvreté ne peuvent-ils être universels ?
3. Quelle est la géographie mondiale de la pauvreté ?
4. Quelle est la situation de la France en matière de pauvreté ?

Annexe 1

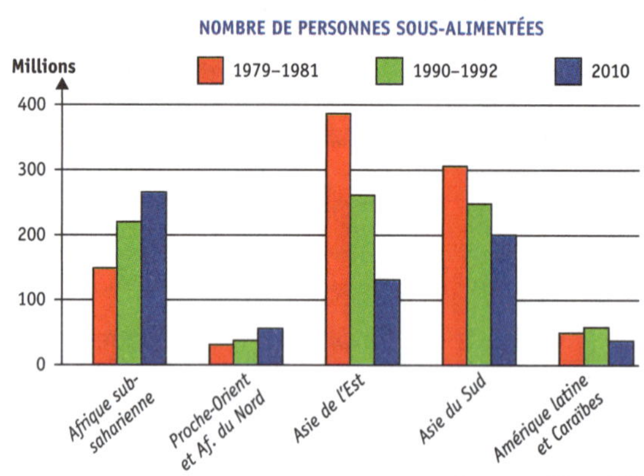

Sources modifiées : FAO

Jean-Pierre Paulet, *La mondialisation*, Armand Colin.

Annexe 2

Qui est pauvre selon l'Insee ?

954 € pour une personne seule

(par mois après impôts et prestations sociales)

1 240 € pour une famille monoparentale avec un enfant

1 431 € pour un couple

1 717 € pour un couple avec un enfant de moins de 14 ans

2 385 € pour un couple avec deux enfants de plus de 14 ans

Source : Insee, août 2011.

La pauvreté dans le monde

ANNEXE 3

Carte de la richesse et de la pauvreté dans le monde

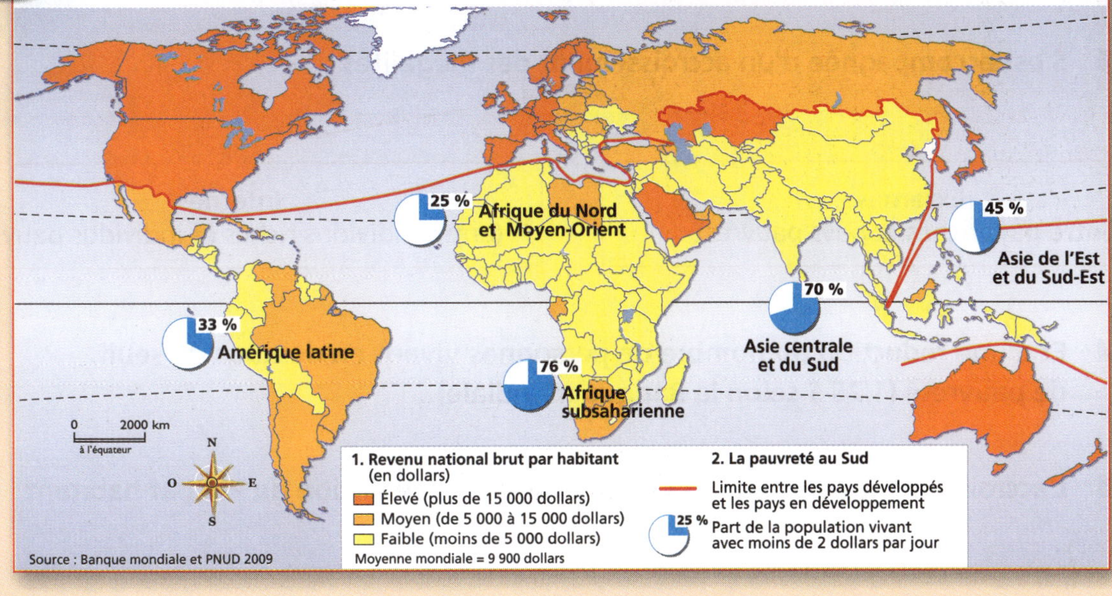

ANNEXE 4

Pauvreté des enfants dans les pays riches : la privation des enfants

Alors qu'elle figure parmi les pays les plus riches et a la plus forte dépense publique pour ses enfants, la France compte près de 10 % d'enfants pauvres. [...]

Le Bilan Innocenti 10 considère comme en situation de privation tout enfant qui n'a pas accès à au moins deux de 14 éléments essentiels à [son] bien-être et à [son] développement : trois repas par jour ; viande, fruits et légumes chaque jour ; endroit calme pour faire les devoirs ; livres appropriés au niveau de connaissance ; connexion Internet ; chaussures ; etc. Les taux de privation les plus élevés sont ceux de pays comme la Roumanie, la Bulgarie et le Portugal (70 %, 50 % et 27 % respectivement). Les pays nordiques possèdent les taux les plus bas, inférieurs à 3 %. Parmi les pays les plus riches, la France (10,1 %) est seule, avec l'Italie (13,3 %), à dépasser le seuil de 10 % d'enfants en situation de privation.

www.unicef.fr

ANNEXE 5

Enfants pauvres, la France dans les moins bons élèves des pays riches

Que veut dire « être un enfant pauvre » aujourd'hui en France ?

Être un enfant pauvre, c'est certainement grandir dans un environnement qui ne permet pas toujours de se développer comme il le faudrait : accès aux soins entravé, conditions de vie parfois délétères, aide à la scolarité trop souvent défaillante, plus grande exposition aux risques sociaux et aspiration dans la vie plus limitée... [...]

Mais il y a aussi tous les « enfants invisibles », comme les nomme le rapport, qui échappent aux statistiques, et pour lesquels, pourtant, les disparités sont les plus grandes : enfants issus de familles en situation administrative précaire (présence illégale sur le territoire français), qui vivent en institution, dans des logements temporaires ou à la rue, dans des hôtels sociaux, foyers pour réfugiés ou demandeurs d'asile, à l'hôpital ou encore en prison... L'Unicef leur accorde une attention particulière.

www.unicef.fr

Sens de la leçon

Les inégalités de richesse au niveau mondial

1 La croissance des revenus au niveau mondial :

- **S'est accompagnée d'un accroissement des inégalités :**
  - **Externes** (entre pays riches et pays pauvres)
  - **Internes** (entre individus riches et individus pauvres)
- **Et d'une réduction du nombre de personnes vivant en dessous du seuil de pauvreté (1,25 $ selon la Banque mondiale).**
- **L'accroissement des inégalités est mesuré par l'évolution du PIB par habitant.**

2 Les pays en voie de développement ont connu des évolutions très contrastées.

- **La pauvreté s'enracine dans les pays les plus pauvres :**
  - Ils sont regroupés majoritairement dans les PMA (pays les moins avancés).
  - Ils ne bénéficient pas d'effets positifs de la mondialisation.
- **Les pays émergents connaissent un décollage économique :**
  - Ils contribuent pour la moitié au PIB mondial en 2010 (60 % en 2030).
  - Ils bénéficient de l'ouverture économique des gouvernements (ex. : la Chine).
  - Ils investissent dans l'acquisition d'entreprises dans les pays développés.
  - Ils connaissent un accroissement des inégalités internes.

Les mots-clés : Inégalités entre pays – Inégalités internes – Mondialisation – Pauvreté – Pays émergent – Productivité

préparation à l'épreuve

S'entraîner au BTS n° 3

Les enjeux de la redistribution

Les compétences attendues

- Caractériser et analyser les différents instruments de la redistribution en France.
- Repérer les orientations des réformes de la politique de redistribution.

Mise en situation

L'Observatoire des inégalités est un organisme indépendant d'information et d'analyse sur les inégalités. Il a proposé d'associer des étudiants de votre école à une étude sur les enjeux d'une politique de redistribution en France.

L'Observatoire des inégalités cherche à établir un état des lieux des politiques de redistribution le plus complet possible. Les résultats et analyses du phénomène seront ensuite publiés avec votre concours sur le site Internet de l'Observatoire.

Il met à votre disposition différents documents d'information et d'analyse sur le sujet. Vous orienterez votre travail sur la mesure de l'efficacité des politiques de redistribution, enjeu majeur de l'action de l'État et des organismes sociaux.

Travail à faire

Présentez les travaux suivants dans le cadre d'une note structurée et argumentée.

1. Le caractère redistributif des différentes interventions de l'État.
2. L'efficacité de la redistribution à la française.
3. Les priorités de la redistribution en France face à la crise.

Ressources documentaires

Annexe 1 La nouvelle question sociale
Annexe 2 Part des différents transferts dans le niveau de vie des ménages
Annexe 3 Les services publics gratuits sont-ils redistributifs ?
Annexe 4 Crise et inégalités de revenus en Europe : le modèle égalitaire français
Annexe 5 Contribution des différents transferts à la réduction des inégalités de niveau de vie

ANNEXE 1 *La nouvelle question sociale*

La crise économique remet en cause non seulement la régulation du capitalisme mondialisé, mais aussi les équilibres des sociétés développées qui éprouvent les conséquences de la remontée durable du chômage. [...]
L'installation d'un chômage de masse et la raréfaction des emplois vont créer une nouvelle question sociale dans les pays riches. Le chômage deviendra endémique pour les travailleurs les plus vulnérables et les moins qualifiés, notamment les précaires, les jeunes et les seniors. La forte hausse du chômage de très longue durée alimentera la grande pauvreté et l'exclusion : ainsi, la France [comptait] 1 million de travailleurs en fin de droits en 2010, dont 400 000 privés d'indemnisation. De nombreux ménages [ont basculé] d'une relative aisance à l'assistance, alimentant une spirale de déclassement. [...]
Face au choc social, les instruments classiques d'intervention de l'État sont d'une efficacité limitée.
Le renforcement des aides peut encourager les trappes à pauvreté et l'exclusion. Les États providence sont de plus en plus impuissants face à l'implosion des trajectoires individuelles, qui enclenche la marginalisation accentuée par la complexité des procédures administratives. Enfin, le sauvetage des banques et l'enrayement de la déflation n'ont été acquis qu'au prix d'une augmentation de 31 % du PIB de la dette publique des pays développés, qui dépassera 110 % de leur produit national en 2014.
La nouvelle question sociale issue du chômage permanent appelle donc une réorientation des politiques publiques : priorité donnée à la croissance et à l'emploi [...] ; ciblage des aides sur les plus vulnérables et sur les jeunes [...] ; mobilisation et innovation sociales pour gérer la complexité, personnaliser les mesures et assurer leur accès aux plus démunis ; maîtrise des finances publiques à moyen terme en intégrant l'impact du vieillissement (3,4 points de PIB par an d'ici à 2050 pour les pays développés). [...]
La recherche d'une issue à la grande crise de la mondialisation implique [...] une redéfinition des normes et des politiques sociales dont la priorité doit aller à la lutte contre le chômage permanent et la constitution d'une nouvelle classe d'exclus.

Nicolas Baverez, *www.lemonde.fr*, 9 mars 2010.

ANNEXE 2 *Part des différents transferts dans le niveau de vie des ménages*

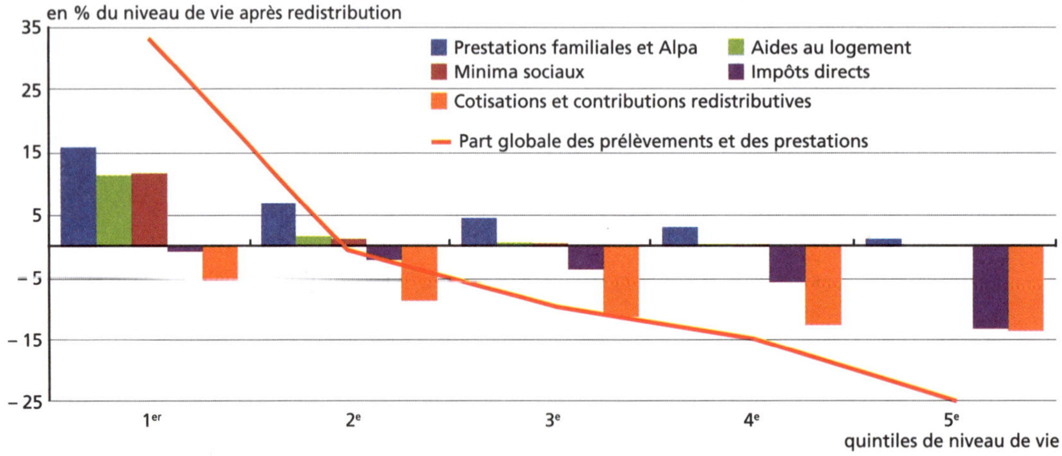

Champ : France métropolitaine, personnes vivant dans un ménage dont le revenu est positif ou nul et dont la personne de référence n'est pas étudiante.
Lecture : la somme des prélèvements acquittés et des prestations perçues représente 33 % du niveau de vie des personnes du 1er quintile de niveau de vie (les 20 % des personnes les plus modestes). Ce gain se décompose en plusieurs éléments : les prestations familiales (additionnées de l'APA) perçues représentent 16 % de leur niveau de vie après redistribution, le versement d'aides au logement 11 %, les minima sociaux reçus 12 %. Les impôts directs (impôts sur le revenu et taxe d'habitation) ne modifient presque pas le niveau de vie des personnes du 1er quintile. Enfin, les cotisations et contributions représentent 5 % de leur niveau de vie.

Jonathan Duval, Alexis Eidelman, Fabrice Langumier, Tania Lejbowicz,
La redistribution : état des lieux en 2011, France, portrait social - Insee Références - Édition 2012
www.insee.fr

Annexe 3 *Les services publics gratuits sont-ils redistributifs ?*

Le fait que, par exemple, l'éducation ou la santé publiques soient gratuites, ou fournies à très faible prix aux ménages au regard de leurs coûts, est spontanément considéré comme un facteur de réduction des inégalités : les pauvres y ont accès tout comme les riches, au nom de droits jugés universels. La dépense publique dans ces domaines semble clairement redistributive. Sans elle, les riches pourraient quand même se payer ces services ; les pauvres ne le pourraient pas. [...]
Il y aura redistribution si, en proportion de leurs revenus, les pauvres reçoivent plus de richesses (sous la forme de services publics) que les riches. [...]
En France, le revenu moyen des 10 % les plus riches est environ neuf fois supérieur à celui des 10 % les plus pauvres. Prenons le cas de la santé publique. De fortes inégalités de santé et d'accès aux soins existent, mais il est clair que les 10 % du haut de l'échelle ne se font pas soigner neuf fois plus que les 10 % du bas. La gratuité (ou le faible coût) des soins y est pour beaucoup. L'existence d'un service public de santé, la couverture maladie universelle (CMU), etc. sont donc de puissants facteurs de redistribution, en dépit d'inégalités persistantes. Le même raisonnement vaut pour la plupart des services publics gratuits.
Qu'en est-il de l'éducation publique, cas généralement cité pour mettre en cause l'impact redistributif des services publics ? Le coût, pour la collectivité, du parcours éducatif des enfants de milieux favorisés (études longues, filières « nobles » à taux d'encadrement et à coût annuel élevés) est en moyenne plus important que celui des études des enfants de milieux modestes.
Les plus grands écarts concernent l'enseignement supérieur, auquel les enfants des ménages aisés accèdent dans une proportion bien plus élevée que ceux des ménages modestes (on passe de 18 % pour les ménages du premier décile à 67 % pour ceux du dernier). La dépense publique d'enseignement supérieur bénéficie donc plus aux ménages riches qu'aux pauvres. [...] Comme les dépenses publiques pour la scolarisation des enfants de moins de 18 ans diffèrent peu selon les déciles de revenus des parents, on peut être certain que l'existence d'un vaste système public d'éducation réduit nettement les inégalités par rapport à une situation « marchande » généralisée.

www.alternatives-economiques.fr

Annexe 4 *Crise et inégalités de revenus en Europe : le modèle égalitaire français*

En termes de revenus, la Suède, avec la Slovénie, est le pays le moins inégalitaire de l'Union européenne. Le Portugal est le membre le plus inégalitaire. La France dispose en revanche d'un haut niveau de redistribution des revenus, c'est un héritage historique des luttes du peuple français avec le rôle joué par un service public, en particulier en matière d'éducation et de santé. Face à la crise, on a pu voir que ce modèle permettait une résistance plus forte. Pourtant, il est à craindre que sous prétexte de l'endettement français dans lequel se sont engouffrés tous les politiciens, ce modèle soit une fois de plus mis en cause. [...]
C'est essentiellement à partir d'une redistribution des services publics en matière de santé et d'éducation que la France atteint ce seuil d'égalité.

socio13.wordpress.com

ANNEXE 5 *Contribution des différents transferts à la réduction des inégalités de niveau de vie*

	Part du transfert dans le niveau de vie (en %) (A)	Contribution à la réduction des inégalités (en %) (B)
Prélèvements	**– 16,3**	**33,8**
Financement de la protection sociale		
Cotisations sociales[1]	– 6,4	2,3
Contributions sociales	– 3,4	3,1
Impôts directs		
Impôt sur le revenu (y c. Prime pour l'emploi et crédits d'impôt)	– 5,0	28,7
Taxe d'habitation	– 1,5	– 0,4
Prestations	**7,3**	**66,2**
Prestations familiales	**4,1**	**27,7**
Allocations familiales	1,7	12,2
Autres prestations familiales sans conditions de ressources[2]	1,3	5,1
Prestations familiales sous conditions de ressources[3]	1,1	10,4
Allocation personnalisée d'autonomie (Apa)	**0,3**	**2,6**
Aides au logement	**1,4**	**17,7**
Minima sociaux[4] et RSA activité	**1,4**	**18,2**
Niveau de vie	**100,0**	**100,0**

1. Les cotisations sociales retenues ici regroupent les cotisations patronales et salariales
2. Allocation de soutien familial, allocation d'éducation de l'enfant handicapé, subventions publiques pour la garde d'enfants en crèches collectives et familiales.
3. Complément familial, allocation de rentrée scolaire, bourses du secondaire.
4. Partie « socle » du revenu de solidarité active, minimum vieillesse (Aspa), allocation pour adulte handicapé

Lecture : les prestations représentent en moyenne 7,3 % du niveau de vie et contribuent pour 66,2 % à la réduction des inégalités.
Note : la colonne (A) représente le rapport moyen entre le prélèvement ou la prestation considéré et le niveau de vie. La colonne (B) estime la contribution (en %) de chaque transfert à la réduction des inégalités.

Jonathan Duval, Alexis Eidelman, Fabrice Langumier, Tania Lejbowicz,
La redistribution : état des lieux en 2011, France, portrait social - Insee Références - Édition 2012
www.insee.fr

Préparation à l'épreuve

Présentation de l'épreuve

L'épreuve écrite U31 d'« Économie et Droit » se compose de deux parties indépendantes : une partie juridique et une partie économique, d'une durée respective de deux heures.

La partie économique porte sur un ou plusieurs thèmes des **programmes des deux années de BTS** et vise à évaluer votre capacité à mobiliser vos connaissances et à mettre en œuvre les compétences acquises tout au long de votre cursus.

L'épreuve écrite d'économie doit vous permettre de faire la preuve de votre capacité à comprendre et analyser des situations ou des problèmes économiques contemporains.

Le sujet qui vous sera remis se présente sous la forme d'un dossier documentaire, décrivant une situation économique et comportant des textes à caractère économique, des graphiques et des tableaux statistiques. Il comporte un questionnement destiné à caractériser et analyser la ou les situations présentées. Il vous est demandé de rédiger une réponse organisée sous la forme d'une note de synthèse argumentée et structurée.

Il s'agit donc d'un **cas pratique** que vous devez résoudre en suivant une **méthodologie** (voir ci-dessous).

Ce travail exige que vous soyez capable, selon le cas :

- d'exploiter un texte à caractère économique → voir fiche outil p. 162
- d'analyser un tableau économique → voir fiche outil p. 164
- d'analyser un graphique économique → voir fiche outil p. 166

Vous disposez d'entraînements tout au long de l'ouvrage, pp. 61, 117 et 155.

Méthodologie du cas pratique

Le cas pratique est une épreuve d'analyse et de réflexion qui prend appui sur des documents et mobilise vos connaissances.

Sa résolution suppose de maîtriser les compétences suivantes.

1. Exploiter un dossier documentaire et faire une analyse économique

Les éléments contenus dans le dossier décrivent une ou plusieurs situations économiques et peuvent prendre des formes très diverses.
L'épreuve exige un travail de regroupement, d'organisation des informations du dossier documentaire et d'argumentation, pour montrer votre capacité à comprendre divers types d'enjeux et de situations économiques concrètes. Le correcteur attend de vous un travail qui ne se limite pas à de la paraphrase ou à un catalogue de données brutes, de faits, d'exemples.

2. Rédiger une note structurée et argumentée

La rédaction d'une note argumentée répond à une double exigence :
– **la sélection des informations** : vous devez repérer les informations pertinentes, dans les documents proposés mais aussi parmi vos connaissances, qui vont vous permettre de répondre aux questions ;
– **la hiérarchisation des informations** : il vous faut estimer l'importance que vous devez accorder à l'information et procéder à un classement (informations essentielles, secondaires…).
Il s'agit de mener un raisonnement destiné à prouver ou à réfuter une proposition. Ce travail consiste également à démontrer, c'est-à-dire à établir des liaisons entre les faits en faisant référence aux mécanismes et théories économiques pertinents.

3. Utiliser ses connaissances

Vos connaissances vont vous servir à comprendre, à exploiter et à regrouper plus rapidement les situations économiques traitées dans le dossier documentaire. Cette nécessité de posséder des connaissances est d'autant plus vraie que les situations économiques et les informations à traiter peuvent être relativement complexes.

Démarche

Étape 1 Répondre au sujet

La réponse au sujet, qui se présente sous la forme d'un questionnement (trois ou quatre questions), constitue naturellement le premier et principal critère de notation.

Le sujet s'impose au dossier documentaire. Il ne vous est pas demandé une synthèse du dossier documentaire, mais de répondre au sujet (aux questions) à l'aide du dossier. En conséquence, toutes les informations contenues dans le dossier documentaire ne sont pas nécessairement utiles. Certains documents peuvent ne comporter que quelques lignes utiles pour répondre aux questions alors que d'autres peuvent contenir de nombreux éléments de réponse. Dans certains cas, la question peut être traitée à partir d'un seul document. Dans d'autres cas, l'utilisation de plusieurs, voire de tous les documents, est nécessaire.

Étape 2 Effectuer une première lecture rapide

Cette phase, essentielle, doit s'effectuer dans l'ordre des documents proposés par le dossier documentaire. Elle consiste à visualiser les informations mises en évidence par les rédacteurs des documents (mise en situation, titres des textes, intitulés des paragraphes, passages en italique ou en gras).

Elle permet d'avoir une vision globale du dossier documentaire :

– première analyse du dossier en distinguant les documents de base et les documents complémentaires ;

– sélection d'informations en réponse aux questions posées avec prise de notes rapide.

Étape 3 Effectuer une seconde lecture approfondie

Au cours de cette seconde lecture, vous procéderez à une prise de notes plus approfondie et active.

Il s'agit de reformuler les idées en évitant la paraphrase. Le surlignage doit se limiter aux passages essentiels et aux exemples particulièrement significatifs. La réussite de cette prise de notes est conditionnée par la compréhension rapide des informations du dossier et par vos connaissances (mécanismes et théories économiques qui s'appliquent à la situation analysée). Vous devez distinguer l'essentiel de l'accessoire. Quelques idées essentielles sont retenues par document (trois ou quatre en général).

La prise de notes doit allier approche linéaire et approche thématique. Dans l'approche linéaire, chaque document fait l'objet d'une analyse destinée à identifier les trois ou quatre idées essentielles. Elle sera utilisée pour répondre aux questions. Dans l'approche thématique, chaque information est classée, hiérarchisée en fonction du thème abordé dans la question concernée. Le surlignage peut constituer une aide importante, à condition de rester limité en volume.

Étape 4 Rédiger la note et présenter

Comme vous devez rédiger une note structurée et argumentée, vous allez organiser les arguments que vous avez notés lors des étapes précédentes. Chaque partie doit correspondre à une des questions posées, être organisée et comporter une introduction rapide se limitant à présenter le problème.

La reformulation constitue une étape importante de votre travail. Rédiger, ce n'est pas juxtaposer des extraits du dossier documentaire. Vous devez reprendre des éléments du dossier en les insérant dans votre réponse à la question posée.

La structuration de la rédaction de chacune des réponses aux questions est importante. Faites apparaître éventuellement des sous-parties. N'hésitez pas à aérer votre présentation en allant à la ligne lorsque vous exposez une nouvelle idée.

La rédaction d'une note suppose que les règles de l'orthographe et de la syntaxe soient respectées. Conservez un temps en fin d'épreuve pour relire votre copie et corriger les fautes éventuelles.

La note doit éviter la partialité. Pour prouver votre propos, vous exclurez les idées toutes faites en nuançant votre approche des problèmes. Votre rédaction va traduire un souci d'objectivité.

Il est important qu'apparaisse l'intitulé, ou une reformulation, de chaque question en titre de partie. Cette présentation accroît la lisibilité de votre copie et facilite le travail du correcteur.

La note doit comporter un titre, mais aucune introduction générale ni conclusion ne sont exigées.

préparation à l'épreuve

Fiche outil

Exploiter un texte à caractère économique

Le sujet d'économie du BTS se présente sous la forme d'un dossier documentaire qui peut comporter un certain nombre de textes à caractère économique. Il est important que vous sachiez repérer les informations essentielles de ce type de document pour répondre correctement aux questions qui vous sont posées. La démarche nécessite une bonne méthode.

Démarche

Étape 1 Repérer les éléments environnant le texte

Le titre et la source du texte permettent d'orienter votre réflexion. L'objet du texte est très souvent indiqué ou suggéré dans le titre. La source fournit des repères pour cerner le genre du texte (journalistique, universitaire, théorique…).

La date détermine l'ancienneté de l'article ou de l'extrait proposé. Il permet de mieux appréhender le contexte dans lequel le document a été écrit. Cette information constitue un élément indispensable à sa compréhension.

Étape 2 Lire et comprendre le texte

Relevez dès la première lecture les mots et expressions clés. Cherchez la définition de ces mots et la signification des expressions relevées. Pendant votre préparation à l'examen, n'hésitez pas à utiliser un dictionnaire général et/ou d'économie.

Analysez le texte en relevant les idées principales : recherchez et résumez l'idée principale de chaque paragraphe.

Étape 3 Comprendre les questions

Un élément central de la question est constitué par les **mots supports** ou **verbes directeurs**. Ils vous permettent de comprendre ce qui est demandé et le type de réponse attendu. Il vous faut donc les repérer et en trouver le sens. Le tableau ci-dessous mentionne les verbes qui sont le plus souvent utilisés.

Mot support ou verbe directeur	Sens du mot support ou du verbe directeur	Exemple
Analyse *ou* analyser	Décomposer, étudier, examiner	Analyse des différentes fonctions des marchés financiers
Identification *ou* identifier	Reconnaître comme appartenant à un certain groupe	Identification des divers modes de financement
Caractère *ou* caractériser	Séparer, faire apparaître la différence, individualiser	Caractères des facteurs de développement économique
Explication *ou* expliquer Description *ou* décrire Justification *ou* justifier	Mettre en évidence, préciser l'intérêt, les avantages et les inconvénients	Explication de la relation de l'action de l'État avec une politique keynésienne
Interprétation *ou* interpréter	Donner une signification claire	Interprétation des soldes du compte des transactions courantes
Appréciation *ou* apprécier	Déterminer, estimer, évaluer	Appréciation d'un pays ou d'une région en termes de développement

Étape 4 Rédiger les réponses

Vous devez porter votre attention sur la forme de la réponse exigée, éviter les paraphrases, les mots et expressions familières, construire des phrases structurées avec des virgules, des points, des majuscules… Dans tous les cas, une écriture lisible mettra vos idées en valeur et facilitera le travail du correcteur.

Application

Le basculement du monde

Les pays dits « riches » ne domineront bientôt plus l'économie mondiale. En 2010, ils ne pèsent déjà plus que 51 % du produit intérieur brut (PIB) mondial. Dix points de moins qu'il y a dix ans. Ce basculement de la richesse au profit des pays émergents est en grande partie dû au décollage des deux géants asiatiques, la Chine et l'Inde. Même s'ils sont encore loin d'avoir rattrapé le niveau de vie des pays les plus riches de l'hémisphère Nord, leur développement extrêmement rapide permet à leur nombreuse population de voir croître son pouvoir d'achat. On assiste ainsi à une relative diminution du nombre de pauvres, au profit d'une classe moyenne grandissante.

Certes, le rattrapage sera encore long. Même en parité de pouvoir d'achat, le PIB d'un Chinois ne représente encore que le cinquième de celui d'un Français. Pourtant, un basculement de grande ampleur paraît lancé. Chine et Inde représentaient près de la moitié du PIB mondial en 1820. En 1980, cette proportion était tombée à 7 % pour remonter à 25 % en 2010. Si les tendances actuelles se poursuivent, elle serait proche de 45 % en 2030.

Mais tous les pays et toutes les populations ne participent pas à ce grand rattrapage. En 2005, 1,4 milliard de personnes vivait encore avec moins de 1,25 dollar par jour. Si l'extrême pauvreté a spectaculairement reculé en Asie de l'Est, où elle ne touchait plus que 16 % de la population en 2005, contre 60 % il y a seulement vingt ans, elle concerne encore plus de la moitié des habitants de l'Afrique subsaharienne.

L. Simbille, S. Moatti, *Alternatives économiques*, hors-série n° 86, 4e trimestre 2010.

Questions

1. Justifiez le titre de l'article « Le basculement du monde ».
2. Analysez l'évolution de l'extrême pauvreté dans le monde.

Corrigé

1. Justifiez le titre de l'article « Le basculement du monde ».

Le partage de la richesse mondiale évolue au profit des pays émergents, dont la Chine et l'Inde. Aujourd'hui, les pays développés réalisent un peu plus de la moitié (51 %) du produit intérieur brut (PIB) mondial. Il y a dix ans, les pays riches réalisaient un peu plus de 60 % de la richesse mondiale. Il est probable que, dans quelques années, les pays développés seront dépassés par les autres pays, émergents et en développement. À titre d'exemple, on peut noter que la Chine et l'Inde, qui ne représentaient que 7 % du PIB mondial en 1980, réalisent aujourd'hui, en 2010, le quart de la production de la richesse mondiale. Le dynamisme de ces deux économies et d'autres pays émergents entraîne un basculement économique du monde au profit des pays en développement.

2. Analysez l'évolution de l'extrême pauvreté dans le monde.

L'extrême pauvreté a reculé dans le monde ces dernières décennies. Cependant, on constate que la situation est contrastée. D'un côté, en Asie de l'Est, et tout particulièrement en Chine, l'extrême pauvreté a diminué grâce à un développement économique très rapide. Dans cette région du monde, elle touchait 16 % de la population en 2005 contre 60 % vingt ans plus tôt. D'un autre côté, en Afrique subsaharienne, la situation est très différente puisque l'extrême pauvreté touche encore plus de la moitié de la population.

préparation à l'épreuve

Fiche outil

Analyser un tableau économique

Le sujet d'économie du BTS se présente sous la forme d'un dossier documentaire qui peut comporter un ou des tableaux économiques.
Les deux objectifs de l'analyse d'un tableau sont d'exploiter le tableau afin de repérer des informations et d'utiliser ces informations pour traiter les questions posées.

Démarche

Étape 1 Identifier le contexte d'un tableau

Le contexte d'un tableau comprend quatre éléments, qu'il convient d'identifier :
– le titre renseigne sur le sujet du tableau. Il informe en particulier sur le cadre spatial (ex. : un pays) et temporel (ex. : sur 5 ans) ; il informe aussi sur les variables ;
– la date et la source situent l'origine des données ;
– les intitulés des lignes et des colonnes précisent le cadre spatio-temporel ;
– les unités de mesure (%, milliers, milliards, euro, K€...) doivent être correctement prises en compte. S'il s'agit de chiffres, on est en valeur absolue ; s'il s'agit de %, on est en valeur relative.

Étape 2 Exploiter un tableau

Certaines précautions sont à respecter : l'élimination des données inexploitables ou inexplicable par vous et l'exploitation des données pertinentes du tableau en fonction du thème et des questions posées.
L'exploitation d'un tableau comporte :
– le relevé des données essentielles du tableau : tendance générale des valeurs observées, totaux, valeurs extrêmes et moyennes, écarts, valeurs atypiques ;
– la sélection d'une quantité limitée de données à exploiter (les plus pertinentes) ;
– la hiérarchisation des informations sélectionnées.

Étape 3 Utiliser les informations d'un tableau

L'analyse doit suivre une démarche structurée. Pour répondre aux questions, la mise en forme des informations doit suivre la logique suivante :
– présenter les données en commençant par le général et en approfondissant au besoin par le particulier ;
– faire suivre la présentation des données observées par les explications issues de votre analyse ou/et de vos connaissances.
Cette démarche constitue la véritable valeur ajoutée de votre travail. Vous allez ainsi apporter des informations complémentaires (le retraitement des données est le plus souvent indispensable) et une meilleure compréhension des informations initiales.

Application

	Évolutions en volume				
	2006	2007	2008	2009	Coéfficients budgétaires[2] (%)
Alimentation et boissons non alcoolisées	0,6	1,6	0,2	0,5	10,4
Boissons alcoolisées et tabac	1,0	– 0,4	– 2,4	– 0,3	2,2
Articles d'habillement et chaussures	1,6	2,4	– 1,6	– 3,1	3,3
Logement, chauffage, éclairage	1,9	1,2	1,9	1,0	19,7
Équipement du logement	3,0	4,6	0,1	– 2,4	4,5
Santé	7,2	4,9	5,8	4,4	2,9
Transport	0,2	2,5	– 2,3	– 0,3	10,9
Communications	8,8	6,3	3,2	– 0,4	2,1
Loisirs et culture	6,2	6,6	2,5	2,9	7,0
Éducation	5,7	1,9	0,9	2,2	0,7
Hôtels, cafés et restaurants	2,5	2,1	– 2,2	– 2,6	4,7
Autres biens et services	3,3	1,9	– 0,4	2,0	8,7
Correction territoriale	11,5	5,3	– 16,0	–14,6	– 0,6
Dépense de consommation des ménages	2,4	2,5	0,5	0,6	76,5
Dépense de consommation des ISBLSM[1]	2,9	4,6	0,9	0,0	2,0
Dépense de consommation individualisable des APU[1]	1,4	1,6	2,1	2,0	21,6
Logement	*– 0,5*	*– 1,0*	*6,2*	*3,5*	*1,0*
Santé	*2,3*	*2,6*	*2,0*	*3,2*	*9,5*

Éducation	*– 0,7*	*– 0,5*	*– 0,3*	*– 0,4*	*6,2*
Consommation effective des ménages	2,2	2,4	0,9	0,9	100

1. Les institutions sans but lucratif au service des ménages (ISBLSM) regroupent l'ensemble des unités privées dotées de la personnalité juridique qui produisent des biens et services non marchands au profit des ménages.
2. Coefficients budgétaires : part de la consommation en valeur relative à un produit ou groupe de produits particuliers dans la consommation totale.

Source : INSEE, comptes nationaux – base 2000.

L'économie française, Insee, 2010.

Question

Analysez la consommation des ménages à partir de ce tableau.

Corrigé

1. Préparation de l'analyse

Le contexte du tableau. Ce tableau présente des données françaises concernant la consommation des ménages de 2006 à 2009. Il s'agit de l'évolution de la consommation en volume selon les différents postes de dépenses. Le tableau présente aussi les coefficients budgétaires par type de produits. Le coefficient budgétaire représente la part de la dépense en valeur consacrée à un bien ou à un service particulier (ou à une catégorie de biens ou de services) dans la dépense de consommation des ménages. Ces coefficients budgétaires sont exprimés en pourcentages.

Exploitation du tableau. Seules les dépenses de consommation des ménages seront analysées, les dépenses de consommation des ISBLSM et des APU seront écartées. Les valeurs négatives signifient une baisse du volume de consommation par rapport à l'année précédente, les valeurs positives une hausse.

Les coefficients budgétaires permettent de déterminer les dépenses les plus importantes dans le budget des ménages. Il s'agit par ordre décroissant du logement, des transports et de l'alimentation.

La ligne rouge « Consommation effective des ménages » donne pour chaque année étudiée l'évolution totale de la consommation en volume : elle est toujours positive pour les quatre années étudiées.

2. Analyse du tableau

Seule cette partie constitue l'analyse demandée (les deux parties précédentes servent de préparation).

L'évolution du rythme de croissance

La dépense de consommation des ménages (en volume) a augmenté chaque année de 2006 à 2009, mais la crise mondiale de 2008 en a fortement ralenti le taux de croissance, qui est passé de + 2,5 % en 2007 à + 0,5 % en 2008, pour se redresser faiblement en 2009 à + 0,6 %.

Le repérage de la crise

La crise de 2008 se perçoit clairement dans le haut du tableau quand on compare les années 2006 et 2007 aux années 2008 et 2009 : pour les deux premières années, la consommation de tous les produits a augmenté (à l'exception des boissons alcoolisées et du tabac en 2008), alors que pour les deux dernières années la consommation de la moitié des produits a chuté.

Les conséquences inégales selon les postes budgétaires

La faible croissance de la consommation totale masque des disparités d'évolution des différents produits, la consommation de certains continuant à progresser (mais à un rythme plus faible qu'auparavant) alors que la consommation des autres diminue.

– Dans la première catégorie, les dépenses qui ont le plus progressé sont les dépenses de santé (+ 4,4 % en 2009, mais + 7,2 % en 2006) ; viennent ensuite les dépenses de loisirs et culture (+ 2,9 % en 2009 contre 6,2 % en 2006) et les dépenses d'éducation (+ 2,2 % contre 5,7 %).

Dans ce groupe, on note aussi la présence de deux postes budgétaires à fort coefficient budgétaire (c'est-à-dire qui représentent une part importante des dépenses de consommation). Il s'agit du poste logement, chauffage, éclairage et de l'alimentation. Le taux de croissance de la consommation de ces deux postes de dépenses est resté relativement stable sur la période étudiée.

– Dans la seconde catégorie, les dépenses qui ont le plus régressé sont les dépenses d'habillement chaussures (– 3,1 % en 2009), les dépenses de consommation dans les hôtels, cafés, restaurants (– 2,6 % en 2009 après – 2,2 % en 2008) et les dépenses d'équipement du logement (– 2,4 % en 2009).

Les transports, qui ont le troisième coefficient budgétaire en importance, n'ont régressé que de 0,3 % en 2009 après une baisse de 2,3 % en 2008.

préparation à l'épreuve

Fiche outil

Analyser un graphique économique

Le sujet d'économie du BTS se présente sous la forme d'un dossier documentaire qui peut comporter un ou plusieurs graphiques économiques.
Les deux objectifs de l'analyse d'un graphique sont les suivants :
– exploiter le graphique afin d'identifier des informations ;
– utiliser ces informations pour traiter les questions posées.

Démarche

Étape 1 Identifier le contexte d'un graphique

Le contexte d'un graphique comprend 4 éléments, qu'il convient d'identifier :
– le titre et la légende renseignent sur la ou les variables étudiées dans le graphique ;
– la date et la source situent l'origine des données ;
– les intitulés de l'axe des abscisses (horizontal) et de l'axe des ordonnées (vertical) déterminent les unités de mesure retenues mais aussi les valeurs en relation les unes avec les autres ;
– les unités de mesure (%, milliers, milliards, euro, K€...) et les échelles (valeur d'une unité) doivent être correctement prises en compte, sous peine de fausser l'analyse ultérieure. S'il s'agit de chiffres, on est en valeur absolue ; s'il s'agit de %, on est en valeur relative.

Étape 2 Reconnaître le principe de construction du graphique

La reconnaissance du principe de construction du graphique est déterminante pour l'analyse. Les questions à vous poser dépendent du type de graphique :
– les graphiques de répartition (camembert, à barres, en bâtons...) témoignent d'une situation à un moment donné. La question principale porte sur la part de chaque composante dans la répartition ;
– les graphiques chronologiques (courbes, lignes brisées...) étudient l'évolution d'une ou de plusieurs séries statistiques dans le temps. La question principale porte sur l'existence de tendance(s) ;
– les graphiques d'évolution structurelle (histogramme accolé...) montrent la répartition d'un phénomène sur plusieurs années. La question principale porte sur l'existence d'une évolution de la répartition entre la date de début et la date de fin du graphique.

Étape 3 Exploiter un graphique

L'exploitation du graphique comporte :
– le repérage du phénomène ou de la variable étudiée en ordonnées et en abscisses ;
– l'identification des différentes périodes ou secteurs du graphique en utilisant la légende ;
– le relevé de la tendance générale du graphique, des points de rupture et des valeurs extrêmes ;
– la sélection d'une quantité limitée de données à exploiter (les plus pertinentes) ;
– la hiérarchisation des informations sélectionnées ;
– la compréhension des données retenues qui serviront de base à l'étape 4.

Étape 4 Utiliser les informations d'un graphique

L'analyse des informations retenues à l'issue de l'étape 3 doit suivre une démarche structurée.
Vous devez être capable de présenter l'évolution ou la répartition des données, de mettre en évidence les valeurs extrêmes, d'expliquer l'évolution ou la répartition de ces données. Cette démarche constitue la véritable valeur ajoutée de votre travail. Vous allez ainsi apporter des informations complémentaires et une meilleure compréhension des informations initiales.
La mise en forme des informations pour répondre aux questions doit suivre la logique suivante :
– présenter les données en commençant par le général et en approfondissant au besoin par le particulier ;
– faire suivre la présentation des données observées par les explications issues de votre analyse ou/et de vos connaissances.

Application

Dépenses de consommation et contributions des biens manufacturés et des services à la consommation

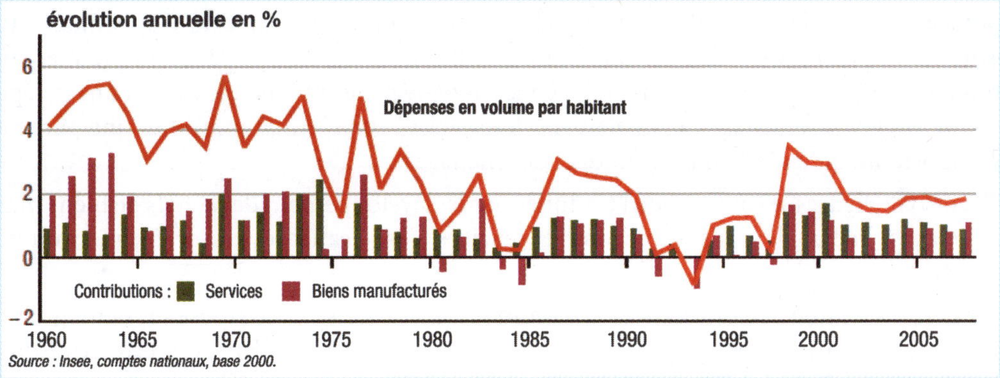

Cinquante ans de consommation en France, Insee Références, Édition 2009.

Question

Analysez le graphique.

Corrigé

1. Préparation de l'analyse

Le contexte du graphique. Ce graphique retrace l'évolution annuelle en pourcentage des dépenses par habitant de 1960 à 2007.

Attention : une baisse de la courbe ne signifie pas une diminution de la consommation, mais un ralentissement de la croissance des dépenses, sauf en 1993 où l'évolution annuelle est négative (– 1 %, c'est-à-dire que les dépenses régressent de 1 %).

Principe de construction du graphique. Ce graphique juxtapose deux types de graphiques :
– un graphique chronologique de l'évolution des dépenses de consommation en volume par habitant ;
– un graphique d'évolution structurelle de la part respective des biens et des services dans ces dépenses.

Exploitation du graphique. Identification des différentes périodes :
– courbe chronologique : 1960-1974, augmentation annuelle de la consommation d'environ 4 % ; 1975-1990, progression moyenne annuelle de presque 2 % ; 1990-1998, quasi-stagnation de la consommation ; 1994-2007, progression annuelle d'environ 1,8 % ;
– histogramme : jusqu'en 1974, les biens manufacturés contribuent davantage à la croissance de la consommation ; de 1975 à 1990, biens et services contribuent dans les mêmes proportions à cette croissance ; depuis 1991, la contribution des services dépasse celle des biens ;
– tendance générale de la courbe de consommation : de 1960 à 2007, la consommation a toujours augmenté, sauf en 1993 ;
– tendance générale de l'histogramme : les services prennent progressivement une part prépondérante dans la consommation des ménages. Alors que, en début de période, les achats de biens sont deux à trois fois plus importants que les achats de services, en fin de période, l'écart se resserre et, depuis 1991, la part des services est plus importante que celle des biens manufacturés ;
– compréhension des données : la période des Trente Glorieuses se termine avec le premier choc pétrolier de 1973.

2. Analyse du graphique

Seule cette partie constitue l'analyse demandée (les trois parties précédentes servent de préparation).

Depuis 1960, les Français ont consommé un peu plus chaque année, sauf en 1993. La France est pourtant passée de la période des Trente Glorieuses, caractérisée par le développement d'une consommation de masse, à une période beaucoup moins dynamique à partir du premier choc pétrolier de 1973. Cette progression globale recouvre de profonds changements dans la répartition du budget des ménages. Globalement, les services prennent aujourd'hui une part bien plus importante qu'en 1960 dans le budget des ménages.

Les Trente Glorieuses se sont d'abord traduites par le développement des achats de biens matériels. Depuis, l'écart de croissance avec les services s'est beaucoup resserré, sans toutefois s'inverser.

Sur la période étudiée, la croissance économique en France se décompose en deux grandes périodes. Dans un premier temps, après la période de pénurie de l'après-guerre et jusqu'au milieu des années 1970, les Trente Glorieuses sont caractérisées par un cercle « vertueux » alliant forte croissance des revenus distribués et avènement d'une consommation de masse. De 1960 à 1974, la consommation de masse s'est traduite par une augmentation annuelle des dépenses par habitant en volume d'environ 4 % par an.

Le premier choc pétrolier a marqué à partir de 1974 une rupture dans le rythme de croissance de l'économie française. Le pouvoir d'achat des ménages et donc leur consommation ont depuis lors progressé moins vite.

La part prise par la consommation de services dans la croissance de la consommation totale s'est accrue au cours du temps. Plus précisément, jusqu'en 1974, la croissance totale de la consommation en volume était essentiellement tirée par les biens manufacturés. De 1975 à 1990, biens et services ont contribué à cette croissance en moyenne à parts égales. Depuis 1991, un écart de contribution s'est creusé en faveur des services.

A

Agrégats monétaires

→ Grandeurs statistiques qui regroupent des actifs monétaires selon leur degré de liquidité (M_1, M_2, M_3).

Analyse coût/avantage/risque

→ Les agents économiques sont amenés à faire des prévisions en fonction des coûts et des avantages anticipés, qui les conduisent à une prise de risques.

Arbitrage

→ Choix entre plusieurs possibilités. Un individu va arbitrer entre tel ou tel bien, entre plus de revenus ou plus de loisirs. Le gouvernement arbitre entre déficit public et hausse des impôts.

B

Banque mondiale

→ La Banque mondiale, créée en 1944 (accords de Bretton Woods), siège à Washington. Sa mission est de réduire la pauvreté et de promouvoir le développement économique des pays en développement. Pour cela, elle peut leur accorder des aides et des prêts à long terme et à faible taux d'intérêt.

Bien public

→ Bien ou service qui, une fois produit, profite même à ceux qui ne le paient pas ; de plus, le fait de le consommer ne le rend pas indisponible pour les autres.

BRIC

→ Brésil, Russie, Inde, Chine : quatre pays émergents regroupés en raison de leur taille et de leur croissance.

C

Change

→ Opération de conversion d'une monnaie dans une autre monnaie, appelée « devise ».

Chômage

→ « Une personne est en situation de chômage quand elle est sans emploi, tout en étant apte au travail et désireuse de travailler, et qu'elle recherche activement un travail rémunéré. » (Bureau international du travail)

Commerce extérieur

→ Échanges de biens et de services entre nations. Il regroupe le total des exportations et des importations mondiales.

Commerce intrabranche

→ Échange de produits similaires appartenant à une même branche ou à une même industrie.

Compétitivité

→ Capacité d'une économie ou d'une entreprise à faire face à la concurrence nationale et étrangère.

Compétitivité-hors prix

→ Forme de compétitivité reposant sur des facteurs autres que le prix (capacité d'innovation, qualité, efficacité du réseau commercial, image de marque, etc.).

Compétitivité-prix

→ Capacité de produire des biens et des services à des prix inférieurs à ceux des concurrents.

Compte des transactions courantes

→ Compte qui retrace l'ensemble des échanges entre la France et le reste du monde. Il se décompose en quatre postes : les opérations sur biens (ou balance commerciale), les échanges de services, les revenus et les transferts courants. Son solde (déficit ou excédent) est l'indicateur du besoin ou de la capacité de financement d'un pays par rapport au reste du monde.

Concurrence

→ Compétition entre les offreurs d'un même bien ou service sur un marché.

Confiance

→ L'existence même de la monnaie est fondée sur la confiance (*fiducia* en latin) en sa pérennité qu'ont les agents qui échangent.

Convention collective

→ Accord entre les syndicats d'employeurs et de salariés, négocié le plus souvent au niveau d'une branche. La convention collective définit les conditions d'emploi, de travail et les garanties sociales qui doivent être appliquées dans le cadre des contrats de travail individuel dans cette branche.

Cotisations sociales

→ « Ensemble des versements que les individus et leurs employeurs effectuent aux administrations de Sécurité sociale et aux régimes privés. Elles se décomposent en cotisations à la charge des employeurs, cotisations à la charge des salariés et cotisations à la charge des travailleurs indépendants et des personnes n'occupant pas d'emploi. » (INSEE)

Courbe de Kuznets

→ Cette courbe, qui a une forme de U renversé, illustre la théorie de Kuznets : lorsqu'un pays se développe, les inégalités s'accroissent dans un premier temps puis elles diminuent.

Courbe de Laffer

→ Représentation imagée de l'expression : « Trop d'impôt tue l'impôt ! » Cette courbe, avec le taux d'imposition en abscisses et la recette fiscale totale en ordonnées, a la forme d'une cloche. Elle montre qu'au-delà d'un certain taux d'imposition, les recettes procurées par l'impôt diminuent.

Croissance économique

→ Augmentation du PIB en termes réels (en volume).

Croissance endogène

→ Théorie qui fait reposer la croissance économique non pas sur un progrès technique « qui tomberait du ciel », mais sur des investissements financés par le système lui-même. Selon cette théorie, la croissance est cumulative car elle dépend du stock de connaissances accumulé.

Croissance extensive

→ La croissance est extensive quand elle est obtenue par une utilisation accrue des facteurs de production : plus de travail et/ou plus de capital.

Croissance intensive

→ La croissance est intensive quand elle est obtenue par une utilisation plus efficace des facteurs de production : une augmentation de la productivité du travail et/ou du capital.

Cycle économique

→ Alternance de périodes de croissance économique, de récession, de dépression, puis de reprise économique qui débouche sur la phase d'expansion du cycle suivant.

→ D

Décile

→ Si on étudie les revenus par ordre croissant de revenu perçu, le premier décile regroupe les 10 % les plus pauvres de la distribution. La valeur d'un décile peut être déterminée par sa limite de classe (les 10 % les plus pauvres gagnent moins de *x* euros) ou par sa moyenne (les 10 % les plus pauvres gagnent en moyenne *x* euros).

Degré d'ouverture d'une économie

→ Taux de participation d'un pays au commerce international de biens et de services mesuré par le rapport entre la moyenne de ses exportations et de ses importations par rapport à son PIB.

Délocalisation

→ Transfert géographique de tout ou partie d'une activité à l'étranger pour bénéficier de conditions plus favorables afin de la réimporter, à moindre coût, sur le territoire national.

Demande

→ Quantité d'un bien ou d'un service que les acheteurs sont prêts à acheter à un certain prix.

Destruction créatrice

→ Selon Joseph Schumpeter, une innovation est un processus détruisant des activités anciennes et créant de nouvelles activités.

Développement durable

→ Mode de développement « qui répond aux besoins du présent sans compromettre la capacité des générations futures à répondre à leurs propres besoins » (ONU).

Développement économique

→ Ensemble des transformations techniques, sociales, démographiques et culturelles accompagnant la croissance économique. Le développement est à la fois une conséquence et une cause de la croissance économique. La croissance permet de financer les progrès de la santé, de la scolarité. Et ces mêmes progrès sont une source de croissance.

Dialogue social

→ « Le dialogue social inclut tous les types de négociation, de consultation ou simplement d'échange d'informations entre les représentants des gouvernements, des employeurs et des travailleurs sur des questions présentant un intérêt commun relatives à la politique économique et sociale. » (Organisation internationale du travail)

Disparités salariales

→ Les disparités salariales représentent l'éventail des salaires qui s'explique à la fois par les caractéristiques des salariés et celles des entreprises qui les emploient.

Diversité culturelle

→ « La culture prend des formes diverses à travers le temps et l'espace. Cette diversité s'incarne dans l'originalité et la pluralité des identités qui caractérisent les groupes et les sociétés composant l'humanité. Source d'échanges, d'innovation et de créativité, la diversité culturelle est, pour le genre humain, aussi nécessaire que l'est la biodiversité dans l'ordre du vivant. En ce sens, elle constitue le patrimoine commun de l'humanité et elle doit être reconnue et affirmée au bénéfice des générations présentes et des générations futures. » (UNESCO, déclaration universelle sur la diversité culturelle)

Division internationale du processus productif (DIPP)

→ Délocalisation de certains morceaux ou segments de la chaîne de valeur (ex. : l'assemblage) avec, le plus souvent, exportation préalable de composants (ex. : les tissus, les composants automobiles, les composants électroniques, les pièces détachées) puis importation de produits finals.

Division internationale du travail (DIT)

→ Répartition des différentes spécialisations productives entre tous les pays du monde.

→ E

Échange

→ Transfert de biens ou de services qui suppose une contrepartie (produits contre produits dans le cas du troc, bien ou service contre monnaie dans une économie monétaire).

Élasticité de la demande par rapport au prix

→ Sensibilité de la demande d'un produit suite à une variation de son prix.

Empreinte écologique

→ Indicateur de pression humaine sur l'environnement. Surface de la planète dont dépend une population donnée compte tenu de ce qu'elle consomme.

Espérance de vie

→ Durée statistique de vie d'une génération d'une population donnée à un âge donné (généralement, à la naissance).

État-providence

→ Intervention de l'État dans le domaine de la protection sociale (pour protéger les individus contre les risques liés à l'emploi, à la vieillesse, à la santé et à la famille) et des politiques de lutte contre la pauvreté et l'exclusion (les prestations versées sous conditions de ressources, ex. : le RSA).

Externalités (ou effets externes)

→ Conséquences sur les tiers, sans que ceux-ci aient participé à l'action, des décisions prises par un agent économique. Elles peuvent être positives ou négatives.

→ F

Facteurs de production

→ Éléments dont la combinaison permet la production de biens ou de services. On distingue généralement deux catégories de facteurs de production : le travail et le capital.

Firme multinationale (FMN)

→ Entreprise de grande dimension implantée dans plusieurs pays par le biais de filiales. L'ONU parle de « firme transnationale » (FTN).

→ G

Grappe d'innovation

→ On doit cette expression à J. Schumpeter. Elle signifie que, périodiquement, une innovation majeure en entraîne un très grand nombre d'autres, d'où une période de forte croissance (ex. : les chemins de fer, l'électricité, l'automobile).

→I

IDH (Indicateur de développement humain)

→ Indicateur élaboré par le PNUD (Programme des Nations unies pour le développement) et utilisé depuis 1990. Il combine trois éléments :
– la durée de vie, mesurée d'après l'espérance de vie à la naissance ;
– le niveau d'instruction, mesuré par le taux d'alphabétisation des adultes (pour 2/3) et le taux brut de scolarisation tous niveaux confondus (pour 1/3) ;
– le niveau de vie, mesuré d'après le PIB réel par habitant (exprimé en parité de pouvoir d'achat).

Indice de Gini

→ Indicateur synthétique de mesure de la répartition du revenu au sein de diverses populations ou au sein de la même population au fil du temps. Il varie entre 0 et 1, le chiffre 0 mesurant une égalité parfaite (tous les revenus sont identiques) et le chiffre 1, une inégalité totale (une seule personne possède l'ensemble du revenu de l'économie).

Indice de Sen

→ Indice de mesure de la pauvreté qui prend en compte simultanément le taux de pauvreté, l'intensité de la pauvreté et l'inégalité de distribution des revenus parmi les pauvres.

Inégalité externe

→ Situation marquée par une disparité de revenus, de niveau de vie, d'espérance de vie, d'éducation, etc., entre habitants de pays différents.

Inégalité interne

→ Situation marquée par une disparité de revenus, de niveau de vie, d'espérance de vie, d'éducation, etc., entre habitants d'un même pays.

Inflation

→ Hausse généralisée et durable du niveau général des prix. Elle se traduit par une perte du pouvoir d'achat de la monnaie.

Instrument d'échange

→ La monnaie est un moyen de paiement, accepté par tous, qui évite la double coïncidence des besoins du troc. La monnaie est un équivalent général.

Investissement

→ Opération réalisée par un agent économique pour acheter des biens de production.

Investissements directs à l'étranger (IDE ou IED)

→ Investissements qu'une entreprise d'un pays effectue dans un autre pays pour acquérir un intérêt durable dans une entreprise (10 % au moins du capital) ou pour construire une unité de production ou de distribution.

IPH (Indice de pauvreté humaine)

→ Le PNUD a complété en 1997 l'indicateur de développement humain (IDH) par un indicateur spécifique de la pauvreté, l'indice de pauvreté humaine, qui repose sur trois variables :
– le risque de mourir avant 40 ans ;
– le taux d'analphabétisme parmi les adultes ;
– les conditions de vie mesurées à la fois par l'accès aux services de santé, l'accès à l'eau potable et la sous-nutrition chez les enfants de moins de cinq ans.

IPV (Indicateur de progrès véritable)

→ L'IPV mesure l'évolution du bien-être d'un pays. Il est calculé à partir de la mesure traditionnelle de la consommation des ménages, à laquelle on ajoute diverses contributions (ex. : le travail domestique) et on retranche des coûts sociaux (ex. : les accidents, le chômage) et environnementaux (ex. : la pollution).

→L

Liquidité

→ Plus ou moins grande facilité de conversion d'un actif en moyen de paiement. La monnaie constitue un actif parfaitement liquide puisqu'elle sert à régler les échanges.

→M

Maison mère (holding)

→ Société qui possède une ou plusieurs filiales.

Marché

→ Lieu, réel ou fictif, où se rencontrent l'offre des vendeurs et la demande des acheteurs dans le but de réaliser un échange.

Marché des changes

→ Lieu de rencontre fictif entre l'offre et la demande de devises, qui aboutit à la formation des taux de change.

Masse monétaire

→ Ensemble des moyens de paiement en circulation dans une économie ou une zone monétaire. Elle est mesurée par le biais d'agrégats monétaires (très souvent, M_3).

Mondialisation

→ Processus d'ouverture des économies nationales qui conduit à la création d'un marché planétaire et à l'interdépendance des nations.

Monnaie

→ Actif liquide à la disposition des agents économiques pour régler leurs transactions.

Multiplicateur d'investissement

→ Dans une économie, l'investissement joue le rôle d'accélérateur grâce aux dépenses induites par l'augmentation des ressources des agents qui en bénéficient.

→N

Niveau de vie

→ Revenu disponible d'un ménage/Nombre d'unités de consommation (uc).

→O

Offre

→ Quantité d'un bien ou d'un service que les vendeurs sont prêts à vendre à un certain prix.

→P

Parité de pouvoir d'achat (PPA)

→ Taux de conversion monétaire qui permet d'exprimer, dans une unité commune, les pouvoirs d'achat des différentes monnaies. Ce taux exprime le rapport entre la quantité d'unités monétaires nécessaire dans des pays différents pour se procurer le même « panier » de biens et de services.

Partenaires sociaux
→ Organisations professionnelles représentatives d'employeurs et de salariés.

Patrimoine
→ Le patrimoine d'un individu ou d'un ménage est l'ensemble des biens moins les dettes qu'il détient à un moment de l'existence.

Pauvreté
→ Incapacité des individus à satisfaire leurs besoins essentiels. En septembre 2000, l'Assemblée générale des Nations unies a adopté la Déclaration du millénaire. 189 gouvernements ont décidé d'unir leurs efforts en matière de développement.

Pays émergent
→ Pays en développement ayant déjà rattrapé en partie les pays développés grâce à une forte croissance et une forte intégration dans le commerce international.

Pays en développement
→ Pays en situation intermédiaire entre les PMA et les pays développés et qui appartient au groupe des pays à développement humain moyen (IDH compris entre 0,500 et 0,799).

PIB (Produit intérieur brut)
→ Le PIB mesure la production de biens et de services dans un pays donné au cours d'une année donnée avec comme critère retenu la production sur le territoire national, quelle que soit la nationalité des producteurs. Il additionne l'ensemble des activités créatrices de revenus. L'activité de chaque agent est mesurée à partir de la valeur ajoutée qu'il crée. PIB = somme des valeurs ajoutées de tous les agents sur le territoire d'un pays.

PIB par habitant
→ Somme des valeurs ajoutées/Nombre d'habitants.

PIB vert
→ PIB corrigé des coûts engendrés par la pollution.

PMA (Pays les moins avancés)
→ Pays à faible développement humain (IDH < 0,500) n'ayant pas amorcé le processus d'industrialisation.

PNUD
→ Programme des Nations unies pour le développement.

Pôle de compétitivité
→ Combinaison, sur un espace géographique donné, d'entreprises, de centres de formation et d'unités de recherche publiques et privées, engagés dans une démarche partenariale destinée à dégager des synergies autour de projets communs au caractère innovant.

Prélèvements obligatoires
→ Ensemble des impôts, taxes et cotisations sociales prélevés au bénéfice des administrations publiques.

Prélèvements sociaux
→ Cotisations sociales obligatoires.

Prestations sociales
→ Prestations versées en espèces ou en nature aux assurés sociaux.

Prise de participation
→ Acquisition, dans une société, d'actions représentant au moins 20 % de cette dernière.

Prix
→ Valeur d'échange d'un bien ou d'un service sur un marché.

Prix d'équilibre
→ Prix qui égalise les offres et les demandes sur un marché.

Production marchande
→ Biens et services payants dont le prix est déterminé par le marché.

Production non marchande
→ Biens et services produits par le secteur non marchand, destinés à la consommation collective et fournis gratuitement ou à un prix inférieur à leur coût de production.

Productivité
→ Quantité produite d'un bien ou d'un service/Nombre d'unités du facteur de production utilisé.

Progrès technique
→ Ensemble des innovations permettant d'améliorer l'efficacité du système productif, d'augmenter la productivité, de créer de nouveaux produits ou de nouveaux procédés commerciaux.

Propension à consommer
→ Part du revenu supplémentaire consacrée à la consommation.

Protection sociale
→ Système collectif de prise en charge d'un certain nombre de risques (maladie, chômage...) et de situations économiquement contraignantes (maternité, famille nombreuse, invalidité...).

Protocole de Kyoto
→ Accord international pour la réduction des gaz à effet de serre.

→ R

Rareté
→ Degré de disponibilité d'un bien par rapport aux besoins qu'on en a. Les biens économiques sont des biens rares car ils répondent à un besoin et n'existent pas en quantité illimitée.

Redistribution
→ Modification des revenus primaires par un transfert de revenus : une partie des revenus primaires est prélevée par les impôts et cotisations sociales puis reversée par les aides ou prestations sociales. Le revenu disponible est le revenu après redistribution.

Relance keynésienne
→ La politique économique de relance repose sur une analyse de type keynésien du rôle de l'État : ce dernier est chargé de régulariser l'activité économique. Il injecte du pouvoir d'achat et relance la demande.

Rémunération
→ Ensemble des sommes que l'employeur verse à ses salariés en contrepartie du travail qu'ils accomplissent.

Répartition primaire des revenus
→ Répartition du revenu national s'effectuant selon la contribution à la production de chaque apporteur de facteur de production (capital, travail).

Répartition secondaire des revenus
→ Revenu primaire + Prestations sociales reçues – Prélèvements obligatoires supportés.

Réserve de valeur

➜ La monnaie peut être conservée, elle rend possible l'utilisation différée du pouvoir d'achat qu'elle représente.

Revenu disponible

➜ Revenu après répartition secondaire.

Revenu disponible médian

➜ Revenu tel que la moitié de la population dispose d'un revenu supérieur et l'autre moitié d'un revenu inférieur.

Risques sociaux

➜ Situations susceptibles d'intervenir dans la vie d'une personne et pouvant provoquer une baisse de ses ressources (vieillesse, invalidité, chômage...) ou une hausse de ses dépenses (maladie, charges de famille...) et dont la prise en charge est assurée par la collectivité.

RSA

➜ Le revenu de solidarité active est une allocation qui vise à la fois à remplacer des minima sociaux existants [comme le RMI et l'API (allocation de parent isolé)] et à se substituer à des dispositifs d'intéressement de retour à l'emploi [comme la prime de retour à l'emploi (PRE) et la prime forfaitaire de retour à l'emploi].

➜ S

Salaire

➜ Rémunération du travailleur lié à une entreprise par un contrat de travail.

Services publics

➜ Activités d'intérêt général assurées sous contrôle public par une administration (ex. : l'Éducation nationale), par une entreprise publique (ex. : la SNCF) ou par une entreprise privée agissant dans le cadre d'une délégation, avec un cahier des charges spécifiant ses obligations de service public (ex. : les concessions d'eau).

Seuil de pauvreté

➜ Selon la définition la plus courante, le seuil de pauvreté équivaut à la moitié du niveau de vie médian (par unité de consommation). En France, il est fixé à 50 % du revenu médian mais en général, les études européennes considèrent qu'il équivaut à 60 % du revenu médian.

Smic

➜ Le salaire minimum interprofessionnel de croissance est fixé par le gouvernement. Il fait l'objet d'une hausse automatique dès que l'augmentation de l'indice des prix dépasse les 2 % au cours de l'année. Il est également revalorisé pour assurer une progression du pouvoir d'achat égale à la moitié de la hausse du salaire horaire ouvrier.

Stabilité interne et externe

➜ La stabilité interne d'une monnaie correspond à celle des prix et du pouvoir d'achat des citoyens en biens et services nationaux. La stabilité externe correspond à celle du taux de change de la monnaie nationale en devises étrangères dont dépend le pouvoir d'achat en biens et services produits dans le reste du monde.

Standard de pouvoir d'achat

➜ Monnaie fictive qui élimine les différences de niveau des prix entre les pays.

➜ T

Taux de change

➜ Prix relatif d'une monnaie par rapport à une autre.

Théorème HOS

➜ Pour Heckshер, Ohlin et Samuelson, les nations se spécialisent dans les productions qui incorporent une forte quantité des facteurs de production qu'elles détiennent en abondance, et donc les moins coûteux.

Théorie des avantages comparatifs

➜ Théorie développée par D. Ricardo (1817), pour qui chaque nation doit se spécialiser dans la production dans laquelle elle connaît le moindre désavantage, c'est-à-dire pour laquelle elle dispose de la productivité la plus forte ou la moins faible vis-à-vis de ses partenaires. Cette production est celle pour laquelle elle détient un « avantage comparatif » lui permettant d'accroître la richesse nationale.

Transferts sociaux

➜ Revenus sociaux ou revenus indirects perçus par les ménages en fonction de droits accordés par la collectivité.

Troc

➜ Échange direct de biens ou de services sans usage de monnaie. Les produits s'échangent contre d'autres produits et non contre de la monnaie.

➜ U

Unité de compte

➜ La monnaie sert à évaluer les biens et les services échangés ainsi que les revenus versés.

Unité de consommation (UC)

➜ Dans un ménage, le premier adulte compte pour 1 UC, les autres personnes de plus de 14 ans pour 0,5 UC chacune et les enfants de moins de 14 ans pour 0,3 UC chacun.

Crédits photographiques : p. 5 et p. 14 : Gerhard Seybert/Fotolia ; p. 7 ht g : JPPM Seijger/Shutterstock ; p. 7 bas g : Valinco/Sipa ; p. 7 bas d : Daniel Roland/AFP ; p. 8 : Blackberry, Apple, Samsung ; p. 11 : Kin Chung/AP/Sipa ; p. 17 et p. 26 : Jorg Hackemann/Shutterstock ; p. 20 : C. Lebedinsky/Challenges-REA ; p. 22 : Philimon Bulawayo/Reuters ; p. 29 et p. 36 : Dudarev Mikhail/Shutterstock ; p. 35 ht g ; Ph Sergio/Fotolia ; p. 35 ht d : Nuno Fonseca/Shutterstock ; p. 35 bas g : Paul Atkinson/Shutterstock ; p. 35 bas d : Netfalls/Shutterstock ; p. 39 et p. 48 : NZ-Photos/Fotolia ; p. 46 : Henny Ray Abrams/AP/SIPA ; p. 51 et p. 58 : Africa Studio/Shutterstock ; p. 57 et p. 63 : Africa Studio/Shutterstock ; p. 65 et p. 72 : Dominique Faget/AFP ; p. 75 et p. 82 : Hoand Dinh Nam/AFP ; p. 78 : Attila Jandi/Shutterstock ; p. 85 et p. 98 : Zoran Karapancev/Shutterstock ; p. 86 : ht g : Think4photop/Shutterstock ; p. 86 : ht d : © 2011 by U.S. Coast Guard/Zuma/REA ; p. 86 bas : Vladimir Melnik/Fotolia ; p. 89 : Singye Wangchuk/Reuters ; p. 95 et p. 104 : ChameleonsEye / Shutterstock ; p. 103 : BdLatitudes/Fotolia ; p. 115 : Peter Macdiarmid/Getty/AFP ; p. 118 : Barnaby Chambers/Shutterstock ; p. 121 et p. 130 : Goodluz/Shutterstock ; p. 133 et p. 142 : Ministère des Affaires sociales ; p. 145 et p. 152 : Fondation Abbé Pierre ; p. 151 : Evangelos/Shutterstock

Dessins : Hubert Blatz

Infographies : Coredoc – Vincent Landrin – Christophe Vallée

FSC
www.fsc.org
MIXTE
Papier issu
de sources
responsables
FSC® C022030

Nº de projet 10209976
Dépôt légal: Août 2014
Imprimé en ESPAGNE par ROTÄBOOK, S.L., Añover de Tajo (Toledo)